Bayerische Landesstelle für den Schulsport, München

Auf- und Abwärmen
... aber richtig!

Ⱥ Auer Verlag GmbH

**Erarbeitet im Auftrag des
Bayerischen Staatsministeriums für Unterricht und Kultus**

Autoren

RALPH APFEL	Bayerischer Tennis-Verband München
GERHARD BAUER	Sportzentrum der TU München
REINHARD BÖGLE	Yoga-Forum München
PETER DÄXLE	Gymnasium Hohenschwangau
VERA DILL	Max-Josef-Stift München
MARION DORFNER	Albrecht-Altdorfer-Gymnasium Regensburg
MARION EISENHOFER	Grundschule Pfarrer-Grimm-Straße München
WALTER EISENMANN	Gymnasium Feuchtwangen
PETER FÄTH	Ohm-Gymnasium Erlangen
ROBERT GAPP	Chiemgau-Gymnasium Traunstein
HANS KATZENBOGNER	Volksschule Kranzberg
RUDOLF KUHN	Volksschule Berg
DR. JÜRGEN MENG	Röntgen-Gymnasium Würzburg
ANDREA POLNIK	Gymnasium Eschenbach
JENS-PAUL RABE	Laurentius-Fachoberschule Neuendettelsau
BIRGIT REUTER	Bernhard-Strigel-Gymnasium Memmingen
HARTMUT SCHNUCHEL	Willibald-Gluck-Gymnasium Neumarkt i. d. Opf.
KARL STEGER	Georg-Ludwig-Rexroth-Realschule Lohr
EVA WEINGANDT	Theresia-Gerhardinger-Gymnasium München
WOLFGANG WEISER	Friedrich-Dessauer-Gymnasium Aschaffenburg

Die vorliegende Neuauflage wurde durch Herrn Otto Schneider redaktionell betreut.

Herausgeber

Bayerische Landesstelle für den Schulsport
Widenmayerstraße 46a, 80538 München
Telefon (0 89) 21 63 45-0
Telefax (0 89) 21 63 45-38
Internetadresse: http://www.laspo.de
E-Mail: laspo@laspo.de

Mit Unterstützung des Bayerischen Gemeideunfallversicherungsverbandes und der Bayerischen Landesunfallkasse

Herstellung und Vertrieb

Auer Verlag GmbH – Postfach 11 52 – 86601 Donauwörth
Telefon (09 06) 73-2 40
Telefax (09 06) 73-1 77

2. aktualisierte Auflage, 2002
© by Auer Verlag GmbH, Donauwörth
Alle Rechte für die gedruckte Version vorbehalten
Gesamtherstellung: Ludwig Auer GmbH, Donauwörth
ISBN 3-403-03529-8

Inhalt

Vorwort 8

I. Einführung, Zielsetzung der Handreichung 9

II. Allgemeine Grundlagen des Auf- und Abwärmens 10

1. Aufwärmen 10

1.1 Allgemeine Grundlagen des Aufwärmens 10
1.1.1 Vorbemerkungen 10
1.1.2 Arten des Aufwärmens 10
1.1.3 Wirkungen des Aufwärmens 11
1.1.4 Grundsätze 13
1.2 Didaktisch-methodische Grundsätze des Aufwärmens 16
1.2.1 Vorbemerkungen 16
1.2.2 Aufwärmen – richtig verstanden und umgesetzt 16
1.2.3 Das allgemeine Aufwärmen 16
1.2.4 Überprüfungsmethoden 23
1.2.5 Zusammenfassung 24

Anhang: Dehn- und Kräftigungsübungen 26
– Übungsauswahl I: Dehnübungen allein 26
– Übungsauswahl II: Dehnübungen mit Partner 29
– Übungsauswahl III: Kräftigungsübungen ohne Geräte 30

2. Abwärmen 42

2.1 Allgemeine Grundlagen des Abwärmens 42
2.1.1 Begriffsbestimmung 42
2.1.2 Arten des Abwärmens 42
2.1.3 Allgemeine Anmerkung zur Entspannung und Entspannungsfähigkeit 42
2.1.4 Wirkungen des Abwärmens 43
2.1.5 Aktives Abwärmen 46
2.1.6 Passives Abwärmen 47
2.1.7 Begleitende Maßnahmen zur Beschleunigung der Regeneration . . . 47
2.1.8 Zusammenfassung 47
2.2 Didaktisch-methodische Grundsätze zum Entspannungstraining und Praxisbeispiele . . . 49
2.2.1 Grundsätzliches für alle Entspannungstechniken 49
2.2.2 Entspannung durch Körperbewusstseinsübungen, gelenkte Körperwahrnehmung
       und Üben mit Bewusstheit 52
2.2.3 Beruhigungsatmung 59
2.2.4 Progressive Muskelrelaxation 59
2.2.5 Autogenes Training 65
2.2.6 Entspannung durch Entspannungsgeschichten, geführte Phantasiereisen und
       Meditationen 71
2.2.7 Entspannungshaltungen 73
2.2.8 Sonstige Entspannungs-, Energie- und Konzentrationsübungen 76
2.2.9 Kombination verschiedener Entspannungsmethoden 76

2.3 Auf- und Abwärmen aus der Sicht des YOGA 79
2.3.1 Grundsätzliches 79
2.3.2 Didaktisch-methodische Überlegungen 79
2.3.3 Übungsformen zum Aufwärmen / Herz-Kreislauf-Aktivierung 81
2.3.4 Übungsformen zum Abwärmen 83
2.3.5 Ausblick 84

3. *Spielformen zur Schulung koordinativer Fähigkeiten beim Aufwärmen* 86

3.1 Didaktisch-methodische Vorbemerkungen 86
3.2 Spielformen 86

4. *Kleine Spiele zum Auf- und Abwärmen* 90

4.1 Allgemeine Hinweise 90
4.2 Einstieg 90
4.3 Kommunikationsspiele 91
4.4 Laufspiele 93
4.5 Fangspiele 95
4.6 Abenteuerspiel 97
4.7 Kleine Spiele mit dem Ball 97
4.8 Ausklang 100

5. *Weitere Möglichkeiten des allgemeinen Aufwärmens* 101

5.1 Didaktisch-methodische Vorbemerkungen 101
5.2 Aufwärmen mit Kleingeräten und Alltagsmaterialien 102
5.3 Aufwärmen mit Übungen aus der Skigymnastik 116
5.4 Aufwärmen mit Stationstraining 117
5.5 Aufwärmen mit Aerobic/Step-Aerobic 118

III. Sportartspezifisches Auf- und Abwärmen 121

1. *Auf- und Abwärmen bei den großen Sportspielen* 121

A. **Auf- und Abwärmen im Basketball** 121

1. Didaktisch-methodische Vorbemerkungen 121
2. Übungsformen zum Aufwärmen 121
2.1 Vorbereitende Übungsformen 121
2.2 Dehn- und Kräftigungsübungen 123
2.3 Aufwärmarbeit in der Gruppe 124
2.4 Komplexübungen 125
3. Übungsformen zum Abwärmen 126

B. **Auf- und Abwärmen im Fußball** 129

1. Didaktisch-methodische Vorbemerkungen 129
1.1 Auf- und Abwärmen vor und nach Wettspielen 129
1.2 Auf- und Abwärmen in Abhängigkeit von Unterrichtsinhalten und methodischen
    Verfahren 130
1.3 Auf- und Abwärmen in Abhängigkeit von der Dauer des Hauptteils der
    Unterrichtseinheit 132
1.4 Auf- und Abwärmen in Abhängigkeit von Alter und Geschlecht der Schüler 132

2.	Übungsformen zum Aufwärmen	133
2.1	Vorbereitende Übungsformen	133
2.2	Dehn- und Kräftigungsübungen	135
2.3	Aufwärmarbeit in der Gruppe/spielnahe Übungen	137
3.	Übungsformen zum Abwärmen	138

C. Auf- und Abwärmen im Handball 141

1.	Didaktisch-methodische Vorbemerkungen	141
2.	Übungsformen zum Aufwärmen	141
2.1	Vorbereitende Übungsformen	141
2.2	Dehn- und Kräftigungsübungen	144
2.3	Aufwärmarbeit in der Gruppe/Komplexübungen	145
3.	Übungsformen zum Abwärmen	149

D. Auf- und Abwärmen im Volleyball 151

1.	Didaktisch-methodische Vorbemerkungen	151
2.	Übungsformen zum Aufwärmen	151
2.1	Vorbereitende Übungsformen	151
2.2	Dehn- und Kräftigungsübungen	153
2.3	Aufwärmarbeit in der Gruppe	154
2.4	Komplexübungen	155
3.	Übungsformen zum Abwärmen	156

2. Auf- und Abwärmen bei den Individualsportarten des BSU 157

A. Auf- und Abwärmen in Gymnastik und Tanz 157

1.	Didaktisch-methodische Vorbemerkungen	157
2.	Übungsformen zum Aufwärmen	157
2.1	Themenbereich Körper- und Bewegungsschulung	158
2.2	Themenbereich Koordination	160
2.3	Themenbereich Ausdrucksschulung	161
2.4	Themenbereich Gymnastik mit Handgeräten	162
2.5	Themenbereich Tanz	165
3.	Übungsformen zum Abwärmen	167
3.1	Entspannen der Füße	167
3.2	Entspannen des Rückens	167
3.3	Bewegungsspiele	168

B. Auf- und Abwärmen in der Leichtathletik 169

1.	Didaktisch-methodische Vorbemerkungen	169
2.	Allgemeine Übungsformen zum Aufwärmen	169
2.1	Vorbereitende Übungsformen	169
2.2	Dehn- und Kräftigungsübungen	170
3.	Spezielle Aufwärmarbeit	171
3.1	Lauf und Sprint	171
3.2	Sprung	173
3.3	Wurf	176
4.	Übungsformen zum Abwärmen (Cool-down)	177
4.1	Lauf und Sprung	177

4.2	Wurf	177
4.3	Übungen zum Ausklang der Stunde	178
5.	Zusammenfassung	178

C.	**Auf- und Abwärmen beim Schwimmen**	180
1.	Didaktisch-methodische Vorbemerkungen	180
2.	Übungsformen zum Aufwärmen	180
2.1	Bewegungsvorbereitende Übungen	180
2.2	Einschwimmen	182
2.3	Belebender Auftakt in spielerischer Form	183
3.	Übungsformen zum Abwärmen	187

D.	**Auf- und Abwärmen beim Turnen an Geräten**	189
1.	Didaktisch-methodische Vorbemerkungen	189
2.	Übungsphasen zum allgemeinen Aufwärmen	189
2.1	Vorbereitende Übungsformen	189
2.2	Dehn- und Kräftigungsübungen	189
3.	Spezielles Auf- und Abwärmen	190
3.1	Spielformen zum Turnen	190
3.2	Turnen am Boden	190
3.3	Turnen am Reck	192
3.4	Turnen am Barren und Stufenbarren	193
3.5	Turnen an den Ringen	195
3.6	Turnen an der Langbank	195
3.7	Turnen am Kasten	196
3.8	Erlebnisturnen	197
4.	Schlussbemerkung	198

3.	***Auf- und Abwärmen bei den Rückschlagspielen des DSU***	200
A.	**Auf- und Abwärmen im Badminton**	200
1.	Didaktisch-methodische Vorbemerkungen	200
2.	Übungsformen zum Auf- und Abwärmen für die Lauf- und Schlagtechnik und die Turnierform ‚Kaiserspiel'	200
2.1	Allgemeines Aufwärmen	200
2.2	Spezielles Aufwärmen	201
2.3	Kaiserspiel	203
2.4	Entspannung	203

B.	**Auf- und Abwärmen im Hockey**	204
1.	Didaktisch-methodische Vorbemerkungen	204
2.	Übungsformen zum Aufwärmen	205
2.1	Vorbereitende Übungsformen	205
2.2	Dehn- und Kräftigungsübungen	206
2.3	Aufwärmen in der Gruppe	206
2.4	Spielnahe Übungen und Komplexübungen	207
3.	Übungsformen zum Abwärmen	208
4.	Zusammenfassung	208

C. Auf- und Abwärmen im Tennis 210

1. Didaktisch-methodische Vorbemerkungen 210
2. Übungsformen zum Aufwärmen 210
2.1 Vorbereitende Übungsformen 210
2.2 Dehn- und Kräftigungsübungen 213
2.3 Aufwärmen in der Gruppe 213
2.4 Spielnahe Übungen/Komplexübungen 216
3. Übungsformen zum Abwärmen 217

D. Auf- und Abwärmen im Tischtennis 218

1. Didaktisch-methodische Vorbemerkungen 218
2. Übungsformen zum Aufwärmen 219
2.1 Vorbereitende Übungsformen 219
2.2 Dehn- und Kräftigungsübungen 219
2.3 Aufwärmspiele mit Tischtennisschläger 220
2.4 Aufwärmen in Rundlaufformen 221
2.5 Einspielen am Tisch 223
3. Übungsformen zum Abwärmen 224
3.1 Abwärmen im Training 224
3.2 Abwärmen im Wettbewerb 224

Vorwort

Das Bayerische Staatsministerium für Unterricht und Kultus und der Bayerische Gemeinde-unfallversicherungsverband (BayGUVV) möchten mit der Erstellung dieser Broschüre Anregungen und Informationen zur Gestaltung eines unfallfreien Sportunterrichts geben und damit einen weiteren Bei-trag zur Sicherheit im Schulsport leisten. Gleichzeitig wird mit dieser Broschüre dem Anliegen der Fachlehrpläne für Sport entsprochen, insbesondere des Lernbereichs Gesundheit, die Schüler schon frühzeitig durch gezieltes und richtiges Auf- und Abwärmen an eine gesundheitsorientierte Lebens-weise zu gewöhnen. Richtiges Auf- und Abwärmen zu vermitteln, in jeder Sportstunde und bei allen sportlichen Aktivitäten, innerhalb und außerhalb der Schule, waren Beweggrund für die Konzeption dieser Broschüre.

Die in dieser Broschüre enthaltenen anatomisch-physiologischen Basisinformationen („Allgemeine Grundlagen des Auf- und Abwärmens"), das reichhaltige Spiel- (z. B. Spielformen zur Schulung koor-dinativer Fähigkeiten) und Übungsangebot (Übungsformen zum Auf- und Abwärmen) sowie die didaktisch-methodischen Hinweise für die Unterrichtsstunde (im Rahmen des Themenbereichs „Sportartspezifisches Auf- und Abwärmen") wurden auf Grundlage der gegenwärtigen Forschungs-ergebnisse und der angeführten Literatur zusammengetragen. Darüber hinaus brachten die Autoren die Erfahrungswerte aus ihrer eigenen Unterrichtstätigkeit in Schule und Verein mit ein, erprobten die Inhalte im Rahmen einer mehrjährigen Lehrerfort- und -weiterbildung mit den Lehrgangsteilnehmern, setzten diese für die Erhaltung der körperlichen und sportlichen Leistungsfähigkeit ein und nutzten diese zur Optimierung des Trainingserfolgs. Es wurde besonderer Wert auf schulische Akzeptanz gelegt. Basis-Übungen, die für alle Sportarten angewendet werden konnten, wurden im Hauptteil (Punkt II) zusammengefasst. Die verwendete/empfehlenswerte Literatur wurde am Ende jedes Kapi-tels angeführt, um dem Leser Gelegenheit zu geben, bestimmte Themenbereiche zusätzlich zu vertie-fen. Die Broschüre wurde als Lehr- und Nachschlagwerk gestaltet; aber nicht für den Bücherschrank, sondern zur praktischen Anwendung für die Sportstunde in Schule und Verein oder für das selbst-ständige Sporttreiben.

Die Bezeichnungen Schüler, Spieler oder Lehrer wurden in dieser Veröffentlichung als geschlechts-neutrale Begriffe verwendet und schließen stets Schülerin, Spielerin oder Lehrerin mit ein.

Allen Autoren und dem Bayerischen Gemeindeunfallversicherungsverband, die zum Gelingen dieser Veröffentlichung beigetragen haben, sei an dieser Stelle herzlich gedankt. Besonderer Dank gebührt den Autoren Hartmut Schnuchel und Wolfgang Weiser für die Überprüfung, Ergänzung und inhaltliche Neugestaltung der ersten Fassung.

Den Lesern dieser Broschüre wünsche ich viel Erfolg bei der praktischen Umsetzung der Inhalte.

Otto Schneider

OTTO SCHNEIDER

I. Einführung, Zielsetzung

Nur wer seinen Körper optimal vorbereitet, kann von ihm auch optimale Leistung erwarten. Nicht vorbereitete und kalte Muskeln sind weniger elastisch, reagieren schlechter, sind langsamer, verletzungsanfälliger und ermüden schneller. Dies bedeutet für den Sportunterricht in der Schule: An den Anfang jeder Sportstunde gehört die **Aufwärmphase**; ohne sie reagiert der Muskel mit Rissen, die Sehnen mit Zerrungen und die Gelenke verschleißen schneller. Deshalb: Jede Aufwärmform – wie sie auch für den einzelnen Schüler aussehen mag – ist immer besser als Nicht-Aufwärmen.

Ferner bestätigt die Praxis, dass jeder Sportler neben einem allgemeinen und speziellen Aufwärmen seine eigene bzw. sportartspezifische Vorbereitung hat. Im Rahmen dieser Vorbereitung auf den Belastungshöhepunkt einer Sportstunde, des Trainings oder Wettbewerbs können auch Erregungszustände reguliert oder pädagogisch-psychologische Hilfen angeboten werden. Darüber hinaus soll nach BAUMANN (1996, 93)[1] beachtet werden:

Motivation und Denken – Motivation stärken und stabilisieren; Denkrichtungen erlernen
Erregungsregulation – Spannungs- und Erregungszustände kontrollieren und optimieren
Mentales Üben/mentale Techniken – Im Mentalen erfolgreiches Durchspielen der zu erwartenden Anforderungen
Pädagogisch-psychologische Hilfen – Ermuntern, Lob, Optimismus verbreiten, Selbstakzeptanz
Gefühlsregulation – Affektausbrüche verhindern, Ängste und Zweifel beseitigen
Konzentrationshilfen – sich vor und während des Wettkampfs konzentrieren können.

Die gleiche Bedeutung wie das Aufwärmen hat nachweisbar das **Abwärmen** bzw. die Abschlussphase einer Sportstunde für die Leistungsoptimierung. Da in einer Sportstunde die Körperkerntemperatur beim Schüler auf Werte von mehr als 40° C ansteigen kann, ist es Hauptziel des Abwärmens, des Cool-down, diese hohen Werte „herunterzufahren", den Organismus bewusst – ggf. mit pädagogisch-psychologischen u. a. Hilfen – neu einzustimmen und gezielt in eine Stoffwechsellage zu versetzen, wo – biochemisch gesprochen – „Ermüdungsstoffe" abgeleitet und Glycogen- und Triglyceridspeicher aufgefüllt werden.

Mit dieser Handreichung sollen die Kriterien des richtigen Auf- und Abwärmens vorgestellt und erläutert werden, um Lehrkräfte und Schüler schon frühzeitig an eine gesundheitsorientierte Lebensweise zu gewöhnen, die sportartorientierte Fitness zu optimieren und die Verletzungs- und Schädigungsrisiken im Sportunterricht einzuschränken. Es werden Form, Intensität und Umfang des Auf- und Abwärmens erklärt, um ein korrektes Anwenden und ein fachliches Verständnis für die richtige Auf- und Abwärmarbeit zu entwickeln. Im Rahmen der Ausführungen werden zuerst die wichtigsten theoretischen Grundlagen des Auf- und Abwärmens vorgestellt, dann die didaktisch-methodischen Grundsätze im theoretisch-praktischen Bezug vermittelt und abschließend das Auf- und Abwärmen sportartspezifisch behandelt. Dabei stellt jeder Autor sein eigenes Auf- und Abwärmprogramm vor. Es werden somit viele Übungen und Spiele geliefert, die es dem Leser ermöglichen, sein eigenes Auf- und Abwärmprogramm zu finden und immer wieder neu und attraktiv zu gestalten. Die angeführte Literatur kann diese Gestaltungsarbeit zusätzlich bereichern.

---

1 BAUMANN, S.: Psychologische Vorbereitung für Spieler und Betreuer. In: Weiterbildung in Tischtennis. München: Landesstelle f. d. Schulsport, 1996.

II. Allgemeine Grundlagen des Auf- und Abwärmens

1. Aufwärmen

DR. JÜRGEN MENG

1.1 Allgemeine Grundlagen des Aufwärmens

1.1.1 Vorbemerkungen

Beim Aufwärmen für den Sportunterricht sind unterschiedliche Handhabungen zu beobachten:

- Sportstunden ohne vorherige Erwärmung
- intensive Vorstartphase
- Beobachtung einer unfunktionellen Aufwärmung

Spitzenathleten vollziehen ein intensives Vorbereitungsprogramm, sie wissen um den psychischen und physischen Verstärkereffekt.

Begriffsbestimmung:

Unter dem Begriff **Aufwärmen** versteht man aktive und passive, allgemeine und spezielle Maßnahmen zur Herstellung einer optimalen psycho-physischen Verfassung vor Training oder Wettkampf (GOTTSCHALK 1989). Wesentlich sind auch soziale Aspekte (vgl. WHO-Definition).

1.1.2 Arten des Aufwärmens

Man unterscheidet verschiedene Arten des Aufwärmens:

▶ *Allgemeines Aufwärmen*

Dies bedeutet: Aktives Bewegen großer Muskelgruppen (nicht sportartspezifisch). Zweck des allgemeinen Aufwärmens ist die Steigerung der Körperkerntemperatur und die psychische Einstimmung. Alle Übungen sollen mit geringer Intensität ausgeführt werden.

▶ *Spezielles Aufwärmen*

Darunter versteht man die psycho-physische Vorbereitung auf die besonderen Anforderungen einer Disziplin. Das Aufwärmen erfolgt durch Bewegungen, die mit den sportartspezifischen Bewegungsabläufen identisch sind; hinzu kommen spezielle Dehn- und Kräftigungsübungen mit disziplinspezifischer Einstimmung (KNEBEL 1985: „funktionelle" Erwärmung).

▶ *Aktives Aufwärmen*

Der Sportler führt die Bewegungen selbst aus.

▶ *Passives Aufwärmen*

Die Muskeln sollen von außen erwärmt werden (Massagen, heiße Duschen, hyperämisierende Einreibemittel, Wärmekleidung usw.). Es kommt zu keiner gesteigerten Durchblutung der Muskeln. Damit verändert sich auch nicht die Kontraktionsarbeit in der Muskulatur. Es besteht Verletzungsgefahr, da nur ein oberflächlicher Erwärmungseffekt erzielt wird; man glaubt, die gesamte Muskulatur für die sportliche Leistung vorbereitet zu haben. Es kann zwar ein psychologischer Effekt eintreten, jedoch können leistungssteigernde Wirkungen kaum erzielt werden. Das passive Aufwärmen kann als Ergänzung zur aktiven Bewegung sinnvoll sein.

▶ *Mentales Aufwärmen*

Es handelt sich dabei um das gedankliche Durchspielen eingeübter Bewegungsabläufe (wichtig z. B. in der Kollegstufe und bei „Jugend trainiert für Olympia"). Leistungssteigernd kann es jedoch nur bei automatisierten Bewegungsabläufen sein. Es sollte ebenfalls als Ergänzung zur aktiven Erwärmung eingesetzt werden.

1.1.3 Wirkungen des Aufwärmens

Fast immer dient das Aufwärmen auch der Verletzungsprophylaxe. Auch wenn die Verletzungsgefahr bei Kindern und Jugendlichen nicht so groß ist wie bei Erwachsenen, ist ein sinnvolles Erwärmen auch aus physiologischen, psychologischen, sozialen und pädagogischen Gründen erforderlich. Das Aufwärmen dient einer direkten Vorbereitung auf eine sportliche Leistung, erhöht die neuromuskuläre Arbeits- und Leistungsbereitschaft und verbessert die Belastungsverträglichkeit, was wichtig ist für das sichere Bewegen. Dies gilt besonders für Bewegungen, die unfallträchtig sind, wenn sie nicht mit ausreichender Bewegungsgenauigkeit ausgeführt werden.

▶ *Physiologische Wirkungen*

Der wesentliche Effekt ist die Erhöhung der Körpertemperatur. Es laufen Stoffwechselvorgänge schneller ab, und es ergeben sich daraus weitere positive Effekte für die nachfolgende Leistung. Kurz zusammengefasst können folgende für die sportliche Leistungsfähigkeit positiven Effekte eintreten:

▶ Stoffwechselprozesse

Stoffwechselprozesse und die Geschwindigkeit chemischer Reaktionen korrelieren positiv mit der Temperatur. Die Ablaufgeschwindigkeit biochemischer Prozesse wird wesentlich vom Enzymverhalten bestimmt. Man nimmt an, dass die optimale Wirkung der leistungsbestimmenden Schlüsselenzyme bei einer erhöhten Körpertemperatur liegt. Die Erhöhung der Körpertemperatur ist also ganz wesentlich.

▶ Atmung und Herz-Kreislaufsystem

Es geht um die Versorgung der Muskelzellen mit Sauerstoff. Mit dem Beginn der Muskelarbeit kommt es sofort zu einem Mehrbedarf an Sauerstoff, damit die notwendige Energie zur Verfügung steht (je nach Intensität der Muskelarbeit aerobe/anaerobe Energiebereitstellung):

- Bei einer erhöhten Körpertemperatur kommt es zu einer *leichteren Freisetzung des Sauerstoffs* im Blut, was eine bessere Ausnutzung des Sauerstoffgehaltes bewirkt.
- Aufwärmen kann bei der Umstellung von der Ruhefrequenz des Herzens auf die Belastungsfrequenz die unökonomische *Primärphase* (steiler Frequenzanstieg) verkürzen.
- *Anpassung des Kapillarsystems*
  Bei einem vermehrten Gasaustausch ist eine möglichst große Berührungsfläche zwischen Blut und Gewebe notwendig – in Ruhe sind drei Viertel aller Muskelkapillaren geschlossen. Es kommt bei

einer körperlichen Leistung zu einer Umverteilung der zirkulierenden Blutmenge (in die aktive Muskulatur/weniger in geringer beanspruchte Muskeln). Wesentlich hierbei sind der „nervus sympaticus" (Vasokonstriktion) und der „nervus parasympaticus" (Vasodilatation). Die entsprechenden Blutgefäße werden also verengt bzw. weitergestellt. Durch richtig angewendetes Aufwärmen laufen diese Prozesse rechtzeitig an, womit optimale Leistungsvoraussetzungen gegeben sind.

- *Verbesserung der Sauerstoffbindungseigenschaften*
  Mit steigender Temperatur verbessert sich die Sauerstoffbindungsfähigkeit des Blutes und die Abgabefähigkeit vor allem an das Gewebe. Daher ist also wiederum die Erhöhung der Körperkerntemperatur durch Aufwärmen wichtig.

- *Atemäquivalent*
  Der Quotient aus Atemminutenvolumen und Sauerstoffaufnahme pro Minute (= Atemäquivalent) verbessert sich bei maximaler körperlicher Leistung (25 % der Sauerstoffutilisation in Ruhe – 75 % bei max. Arbeit).

Zusammenfassung

Ein richtiges Aufwärmen vor der sportlichen Leistung kann also

- gegen Startverzögerungen wirken (vgl. auch Sauerstoffschuld und „steady-state"),
- für eine vermehrte „Anlieferung" von Sauerstoff sorgen,
- den Sauerstoff sofort besser ausnutzen,
- für einen sofortigen schnelleren Abtransport des Kohlendioxids und
- anderer Abfallprodukte sorgen durch
  - erhöhten pulmonalen Gasaustausch (Atemzeit- und Herzzeitvolumina),
  - schnelleren Transport der Atemgase (Herzzeitvolumen),
  - verbesserten Austausch im Gewebe durch schnellere Blutzirkulation, größere Austauschfläche (Kapillarisierung) und veränderte Bindungseigenschaften des Blutes.

● Neurodynamik

Aufwärmen kann sich positiv auf das neuromuskuläre Zusammenspiel auswirken: Mit steigender Körpertemperatur steigt die Geschwindigkeit der Nervenimpulse und auch die Empfindlichkeit der Rezeptoren in Haut, Muskeln und Sehnen nimmt zu (wichtig für Körpergefühl, Timing usw.). Koordination und Präzision von Bewegungen hängen von den Informationen der Rezeptoren ab.
Durch Überkreuzbewegungen (gegengleiche Bewegungen von Armen und Beinen), wie sie u. a. in der Kinesiologie praktiziert werden (LESCH/FÖRDER 1994, 57), wird das Zusammenspiel beider Gehirnhälften angeregt, was eine generelle Verbesserung der Koordinationsfähigkeit bewirkt.

● Muskulatur

Durch die Temperatursteigerung verringern sich innere visköse und elastische Widerstände in der Muskulatur, die Kontraktion und Entspannung können schneller erfolgen. Dadurch kann es zu einer höheren Beweglichkeit kommen und auch die Verletzungsanfälligkeit wird reduziert. Weiterhin lässt sich durch Aufwärmen die Krampfneigung in der Muskulatur vermindern. Bei intensivem Beginn kann es zu Überspannungen kommen, wodurch Blutzirkulation und notwendige Austauschprozesse behindert werden.

● Gelenke

Bei vielen sportlichen Bewegungen kommt es zu extremen Belastungen der Gelenke. Durch einfache Bewegungen (Gymnastik) lassen sich die Ernährungsbedingungen in den Gelenkknorpeln insgesamt verbessern. Die Gelenkknorpel haben bei Erwachsenen keine Verbindung zum Blutsystem. Sie werden allein über die Gelenkflüssigkeit ernährt (Produktion in Gelenkinnenhaut). Durch Bewegung wird diese Flüssigkeit z. T. in den Knorpel hineingepresst. Schon bei kurzzeitiger Belastung kommt es zu einer Zunahme der Gelenkknorpeldicke und einwirkende Kräfte können besser aufgefangen werden (wichtig vor allem beim Krafttraining, vor Sportspielen usw.).

▶ *Psychische Wirkungen des Aufwärmens*

Die psychischen Wirkungen des Aufwärmens können je nach Persönlichkeitsstruktur eine ganz entscheidende Rolle für einen nachfolgenden Wettkampf spielen.

▶ Motivation

Durch die richtige psychische Einstimmung kann die nachfolgende Belastung und sportliche Leistung vorbereitet werden. Es kommt darauf an, den Sportler auf das Training oder den Wettkampf zu konzentrieren, d. h. weg von der Alltagssituation und hin auf seine sportliche Tätigkeit. Das Aufwärmprogramm sollte möglichst variabel gestaltet werden.

▶ Psychoregulation

Der Leistungsdruck kann sich in einem bestimmten Erregungsgrad äußern (übermäßiges Startfieber/Startapathie). Aufwärmen kann diesen Druck reduzieren, evtl. Verkrampfungen vermeiden und Erregungs- und Hemmungszuständen entgegenwirken (durch Progressive Muskelrelaxation, Beruhigungsatmung oder Autogenes Training). Aufwärmen kann zu einer emotionalen Stabilisierung führen.

▶ *Soziale Gesichtspunkte*

Das Aufwärmen vor dem Sportunterricht kann auch das Sozialverhalten beeinflussen. Stress, Aggressionen und Leistungsdruck nach anstrengendem Unterricht können reduziert werden. Das Gemeinschaftsgefühl bei auflockernden Spielen kann sich positiv auf das Sozialverhalten der Schüler auswirken.

1.1.4 Grundsätze

Das Aufwärmprogramm sollte verschiedene Faktoren berücksichtigen. Wesentliche Grundsätze, besonders für den Schulsport, sind:

▶ *Allgemein geltende Grundsätze*

- Je nach Alter ändern sich Dauer, Umfang und Intensität der Erwärmung.
- Zum Aufwärmen gehört die richtige Kleidung (Wärmespeicherung/Transpiration).
- Der Biorhythmus hat Einfluss auf die Aufwärmdauer, und die maximale Arbeitsbereitschaft ist abhängig von der Tageszeit.
- Außentemperatur und klimatische Bedingungen haben Bedeutung für die Dauer und Intensität des Aufwärmens.
- Aufwärmen und funktionelle Gymnastik sollten besonders aus pädagogischen Gesichtspunkten bereits am Ende des Grundschulalters in das Programm jeder Sportstunde aufgenommen werden.

▶ *Aufwärmen im Schulsport*

Wesentlich für den Schulsport ist das **allgemeine** und das **spezielle** Aufwärmen. Zu beachten sind folgende Grundsätze:

- Das allgemeine sollte dem speziellen Aufwärmen vorausgehen.
- Die Vorbereitung auf das Stundenziel sollte langsam und stufenweise geschehen.
- Nach dem Aufwärmen keine zu langen Bewegungspausen einlegen.
- Möglichst einen Organisationsrahmen mit offenen Handlungsmöglichkeiten finden (jeder nach seinen Bedürfnissen): subjektive Belastung.
- Dauer und Intensität des Aufwärmprogramms haben die geringere Leistungsfähigkeit schwächerer und jüngerer Schüler zu berücksichtigen.

- Zu intensives Aufwärmen führt zu einer Verminderung der Leistungsfähigkeit.
- Die Länge der Aufwärmzeit verkürzt sich mit steigender Außentemperatur und fortschreitender Tageszeit.
- Immer vor der sportlichen Tätigkeit aufwärmen, nicht vor dem Geräteaufbau.
- Ins Aufwärmprogramm gehören nur leichte Kräftigungsübungen.
- Vorteilhaft kann es sein, sich zu zweit oder in Gruppen aufzuwärmen.
- Die allgemeine Aufwärmzeit sollte mindestens 5 Minuten betragen (dann sind in der Regel schon 50 % des Aufwärmeffektes erreicht); optimal sind in der Regel 10 Minuten für aerobes Aufwärmen und Funktionsgymnastik.
- Inhalte des Aufwärmens sollten sein: **Herz-Kreislauf-Aktivierung** (Einlaufen, auflockernde Spiele), **Dehnen** (Funktionsgymnastik), **Kräftigen** (Funktionsgymnastik) und **koordinative Übungen** (vgl. Kapitel II Pkt. 1.2, 3 und 4).
- Auch beim Aufwärmen kommen nur dann Lerneffekte zustande, wenn den Schülern Sinn und Notwendigkeit der Maßnahmen klar sind.

Schülergemäßes Aufwärmen sollte Reglementierungen, unnötige Eingrenzungen individueller Handlungsspielräume und langweilige Stereotype vermeiden. Ein interessantes und abwechslungsreiches Aufwärmen vermag auch „lustlose" Schüler zu motivieren.

Kleine Faustregel:

Schwitzen ja, Triefen nein!

Verstärktes Atmen ja, Hecheln nein!

Empfinden nach dem Aufwärmen: „Jetzt kann es losgehen!"

Literatur:

BALSTER, K.: Anmerkungen zum Aufwärmen im Schulsport. In: Sportunterricht, Lehrhilfen Heft 2 (1990). Schorndorf: Hofmann.

BUCHER, W.: 1000 Spiel- und Übungsformen zum Aufwärmen. Schorndorf: Hofmann 1994[6].

DÜRRWÄCHTER, G.: Aufwärmen, nicht nur lästige Pflichtübung. Schorndorf: Hofmann 1996.

FREIWALD, J.: Aufwärmen im Sport. Reinbek: Rowohlt 1991.

GOTTSCHALK, S.: Fakten zum Aufwärmen. In: Sportunterricht, Lehrhilfen Heft 6 (1989). Schorndorf: Hofmann.

KNEBEL, K.-P.: Funktionsgymnastik. Reinbek: Rowohlt 1985.

LESCH, M./FÖRDER, G.: Kinesiologie. München: Gräfe/Unzer 1994.

MAEHL, O./HÖHNKE, O.: Aufwärmen – Anleitungen und Programme für die Sportpraxis. Ahrensburg: Czwalina 1988.

DE MAREES, H.: Sportphysiologie, Band I–III. Frankfurt a. M.: Diesterweg 1981.

QUITSCH, G.: Aufwärmen im Sportunterricht – bloßes Ritual oder Berufsroutine? In: Sportunterricht Heft 8 (1989). Schorndorf: Hofmann.

WEINECK, J.: Optimales Training. Erlangen: Perimed 1983.

ZIESCHANG, K.: Aufwärmen bei motorischem Lernen, Training und Wettkampf. In: Sportwissenschaft Heft 8 (1978). Schorndorf: Hofmann.

Aerobe Belastung

Faustregel: Puls = 180 – Alter

„Schwitzen ja, Triefen nein!
Verstärktes Atmen ja, Hecheln nein!"
Empfinden nach dem Aufwärmen:
„Jetzt kann es losgehen!"

**Individuelle
(„subjektive") Belastung/
individuelle Handlungsspielräume**

„Jeder nach seinen Möglichkeiten!"

6

**wesentliche
Elemente
eines
funktionellen
Aufwärmens**

**Integration
verschiedener Lernbereiche**

– Fairness/Kooperation
– Gesundheit (z. B. Körpergefühl/
  Körperbewusstsein/Koordination)
– Leisten/Gestalten/Spielen

**Vielseitigkeit und
Abwechslung**

– Einsatz von Musik
– Variation von Laufwegen und
  Übungen
– Verwendung von Geräten
– Aufbau von Hindernis- und
  Gerätebahnen

**Funktionelle
Kräftigungsübungen**

– richtige Übungsauswahl
– korrekte und körperschonende
  Bewegungsausführung
– geringe Belastung/
  hohe Wiederholungszahlen

**Funktionelle
Dehnübungen**

– richtige Übungsauswahl
– richtige Dehntechnik
– korrekte und körperschonende
  Bewegungsausführung

© Gapp, 2001

Wolfgang Weiser

1.2 Didaktisch-methodische Grundsätze des Aufwärmens

1.2.1 Vorbemerkungen

In den letzten Jahren hat sich mehr denn je gezeigt, dass ein funktionelles Aufwärmen aus keiner sportlichen Aktivität mehr wegzudenken ist. Doch *Aufwärmen* ist nicht gleich *Aufwärmen*. Die einen betreiben noch immer eine zerrende Schwunggymnastik, die anderen sind durch eine überaus große Zahl von Veröffentlichungen im Bereich Stretching, Krafttraining, Funktionsgymnastik usw. so verunsichert, dass sie nicht mehr wissen, was eigentlich zu tun ist.

Ziel dieses Kapitels ist es, dem Leser einen Einblick in den derzeitigen Kenntnisstand zu geben und kombiniert mit Vorschlägen aus der eigenen Sportpraxis als Lehrer bausteinhaft aufzuzeigen, wie *Aufwärmen* heute optimal gestaltet werden sollte. Schwerpunkt ist in jedem Fall die Gesundheit und die Fitness der Schüler.

Folgende Empfehlungen gelten für eine Leistungsmobilisation und eine Verletzungsprophylaxe:

- Aufwärmen mit 50 % der maximalen Leistungsfähigkeit
- Pulsfrequenz ca. 120–140 Schläge/Minute
- langsamer Belastungsanstieg

Anmerkung: Jedes Beispiel des folgenden Programmes ist ersetzbar durch ein anderes, welches in der Übungssammlung nachgelesen werden kann.

1.2.2 Aufwärmen – richtig verstanden und umgesetzt

Definitionsgemäß beinhaltet Aufwärmen Tätigkeiten, die der Herstellung eines optimalen psychophysischen, aber auch sozialen Vorbereitungszustandes dienen. Ziel ist vor allem die Verletzungsprophylaxe. Das Thema der folgenden Ausführungen beschränkt sich auf das **allgemeine Aufwärmen**, durch das der Körper – einfach ausgedrückt – auf ein höheres Temperaturniveau gebracht werden soll. Dieses geht nicht ohne eine aktive Ausführung der Bewegungen (= **aktives Aufwärmen**). Das **passive Aufwärmen** (Vorbereitung auf eine Belastung durch Massage usw.) sowie das **mentale Aufwärmen** (gedankliches Durchspielen von Aktionen) sollen hier nur am Rande erwähnt werden. Im Anschluss (S. 25) wird kurz das **spezielle Aufwärmen** (z. B. mit Sportgeräten) angesprochen, das sportartspezifisch von jedem Sportler individuell durchgeführt werden kann.

1.2.3 Das allgemeine Aufwärmen

Das allgemeine Aufwärmen gliedert sich in drei Phasen:
- Herz-Kreislauf-Aktivierung
- Dehnung
- Kräftigung

Begründung der Reihenfolge:
Zunächst muss die Durchblutung gesteigert werden, um eine verstärkte Versorgung der Organe und der beanspruchten Körperteile zu gewährleisten. Da nur ein vorgedehnter Muskel eine optimale Leistung erbringen kann, ist nach der Herz- und Kreislaufmobilisation ein kurzes Stretching-Programm notwendig. Die so vorbereitete Muskulatur sollte jetzt zur Verbesserung des neuromuskulären Zusammenspiels mit einigen Kräftigungsübungen zur Haltungsschule und für die nachfolgenden Bewegungen „präpariert" werden.

- *Herz-Kreislauf-Aktivierung*

Am Anfang steht die Aktivierung des Herz-Kreislauf-Systems, die je nach Einzel- oder Doppelstunde etwa 5 bis 10 Minuten umfassen sollte. Der Einstieg in die Ausdauerbelastung kann wie „früher" selbstverständlich auch durch **langsames Einlaufen** gefunden werden. Besser aber sind vor allem **kleine Spiele** geeignet, da sie sehr variabel verwendet werden können und bei Schülern aller Altersstufen beliebt sind (vgl. Kapitel II, Pkt. 4).

Aus der Trainingslehre ist bekannt, dass bei diesem Einlaufen oder bei den Spielen vorwiegend nach der **Dauermethode** bzw. nach der **extensiven Intervallmethode** gearbeitet wird, d. h. der Sportler bewegt sich fast immer im aeroben Niveau oder macht Pausen, um sich zu erholen. Atmung und Muskulatur werden langsam progressiv, aber behutsam auf weitere Belastungen vorbereitet.

Wie anfangs angesprochen, kommt es zunächst zu einem Herzfrequenzanstieg, und die Stoffwechselvorgänge werden aktiviert. Mit der stärker zirkulierenden Blutmenge (Blut wird vermehrt in die Arbeitsorgane abgegeben) und einer Steigerung des peripheren Widerstandes (Hautgefäße werden verengt, Blut gelangt in die Muskeln) werden die arbeitenden Muskeln besser versorgt. Sie erhalten mehr Sauerstoff und die entstandenen Stoffwechselschlacken werden schneller abtransportiert.

Dauermethode: Puls etwa 120–140 Schläge/Minute, Belastung ab 5 Minuten aufwärts

Beispiele zur Dauermethode:

a) **Zeitschätzläufe** (z. B. 2, 3, 4, 5 Minuten laufen, die gelaufene Zeit schätzen)

b) **Alterslauf** (jeder Schüler läuft sein Alter in Minuten)

c) **Aufholläufe** (z. B. 400-m-Bahn; in Abständen von 50m stehen kleine Gruppen von Schülern, am Start die doppelte Anzahl; auf Pfiff traben alle Schüler los, die Hälfte der Gruppe am Start läuft zur nächsten Gruppe; die eingeholte Gruppe läuft wieder zur nächsten Gruppe, während die anderen weitertraben usw.)

Hinweis: Man kann diese Aufholläufe auch als Intervalltraining organisieren, wenn das Traben entsprechend langsam gestaltet wird (lohnende Pause).

d) **Walking**

Vorbemerkung

Walking ist der optimale Einstieg in das Ausdauertraining und aktiviert so das Herz-Kreislauf-System auf eine sanfte, aber dennoch äußerst effektive Art und Weise. Dieses forcierte „Gehen" mit Armeinsatz ist nicht zu verwechseln mit der Wettkampfsportart Gehen und zeigt auch nicht das für diese Sportart charakteristische „Hüftwackeln". Der große Vorteil für Schüler/Sportler liegt einerseits in der geringen Belastung für Sehnen, Bänder, Gelenke und Wirbelsäule, andererseits sind Anfänger und Übergewichtige nicht gleich überfordert.

Walking-Technik:

- Gemäßigtes Tempo zu Beginn
- Fersen bei leicht gebeugten Knien aufsetzen
- Füße über die ganze Fußsohle abrollen
- Fußspitzen möglichst in Gehrichtung setzen
- Arme anwinkeln und möglichst seitlich neben dem Körper mitschwingen
- Arme gegengleich schwingen
- bewusst ein- und ausatmen
- ca. 4 bis 5 m nach vorne schauen
- Schultern locker hängen lassen
- Brustkorb anheben

Tipps zur Durchführung:

1. Gute Ausrüstung verwenden
2. regelmäßig Puls kontrollieren
3. Dehnen vor und nach dem Walking

Effekte des Walking:

- Gewichtsabnahme
- Muskelausdauertraining
- Ruhepulssenkung
- psychophysisches Training
- Stärkung des Immunsystems
- …

Auf geht's: let's walk …

Extensive Intervallmethode: Puls bis etwa 160 Schläge/Minute, Wechsel zwischen Belastung und Erholung, „lohnende" Pause zwischen den Belastungen sowie Pulsrückgang auf 120 Schläge/Minute

Beispiele zur extensiven Intervallmethode:

a) **Pulsschätzläufe** (alle Schüler laufen Puls 120, 130, 140)
Überprüfung nach einer gewissen Zeit: Stimmt der Pulsschlag?
- 10-Sekunden-Wert × 6
- 15-Sekunden-Wert × 4
- 12-Sekunden-Wert: 0 anhängen und den Wert halbieren

b) **Minutenläufe** (L = eine Minute laufen, G = eine Minute gehen: LGL – LGLL – LGLLGL …)

c) Ausdauerbetonte kleine Spiele:
- **Kegelfußball**

In einem begrenzten Feld werden in jeder Ecke drei Kegel (Hütchen) beliebig aufgestellt und es wird eine nicht vorgeschriebene Anzahl von Mannschaften, mindestens jedoch 5, eingeteilt (z. B. je 3 Schüler). Es spielen immer 4 Mannschaften gegeneinander, die übrigen Mannschaften pausieren. Jede der spielenden Mannschaften muss ihre Kegel bewachen und gleichzeitig versuchen, mit einem Fußball einen Kegel bei einer anderen Mannschaft umzuschießen. Die Mannschaft, bei der ein Kegel fällt, muss das Feld verlassen und wird durch eine „pausierende" Mannschaft ersetzt. Welche Mannschaft bleibt am längsten im Spiel?

- **Wäscheklammernsammeln**

Jeder Schüler bekommt 3 Wäscheklammern, die er sich beliebig an sein T-Shirt heftet. Auf Zeit versucht jetzt jeder so viel Wäscheklammern zu erhaschen wie möglich und klammert seine Beute an die Hose.

- **Bierdeckelball**

Jeder Schüler erhält einen Bierdeckel. Es werden nun 2 Mannschaften gebildet, die auf 2 Matten als Tore „Bierdeckelball" spielen. Der Ball (z. B. ein Tennisball) darf nur mit dem Bierdeckel geschlagen werden.
Variante: Schlappenball

- **Handfesselball**

Das allseits bekannte Jägerballspiel wird so abgewandelt, dass jeweils 2 Schüler an jeweils einem Arm mit einem Seil zusammengebunden werden …

- **Schlangenfangen**

Ca. 10–15 Personen fassen sich an den Händen und bilden eine Schlange. Der Kopf dieser Schlange muss nun versuchen, das Ende zu fangen. Die Schlange soll dabei möglichst nicht reißen. Ist das Ende gefangen, kommt diese Person an den Anfang.

Anmerkung: Weitere kleine Spiele sind im Kapitel II Pkt. 4 zu finden. Ideen zur koordinativen Aufwärmarbeit sind im Kapitel II Pkt. 3 zu finden.

▶ *Dehnung (Stretching):* vgl. Übungsauswahl I und II (S. 27–30)

An die Aktivierung des Herz-Kreislauf-Systems schließt sich ein altersgerechtes Dehnprogramm an. Wissenschaftlich nicht ganz geklärt sind einige Fakten zum Dehnen. KNEBEL (1988) hat nach der Dehnung einen Dehnungsrückstand gemessen, WIEMANN (1993) fand lediglich eine verbesserte Gelenkbeweglichkeit heraus. Zusammengefasst lassen sich vor allem auch aus der Praxis folgende Effekte eines richtig angewandten Dehnprogrammes auflisten:

● Verbesserung der Beweglichkeit
● Vergrößerung des maximal erreichbaren Gelenkwinkels
● Aushalten höherer dehnender Kräfte
● Verbesserung der Kraftfähigkeit
● Vorbeugen von Verletzungen
● Vermeiden und Abbauen von muskulären Dysbalancen
● Beschleunigung von Rehabilitation und Regeneration
● verbesserte Entspannungsfähigkeit
● verbessertes Körpergefühl, Wohlbefinden

Zu dehnen sind im Aufwärmprogramm zunächst diejenigen Muskelgruppen, die n der nachfolgenden Belastungsphase hauptsächlich beansprucht werden. Andererseits sollen auch die Muskelgruppen, die zur Verkürzung neigen, nicht unberücksichtigt bleiben. Dazu gehören auf der Körpervorderseite vor allem die Brustmuskulatur, die Hüftbeugemuskulatur und die Oberschenkelmuskulatur. Auf der Körperrückseite sind dies die Muskeln des oberen bzw. unteren Rückens und die Muskeln der Beinrückseite. Übrigens: Bauch- und Gesäßmuskeln müssen nicht oder nur selten gedehnt werden. In der einschlägigen Literatur kristallisieren sich vier Basis-Dehnmethoden heraus (BOECKH-BEHRENS/ BUSKIES 1998/I, 123 ff.):

a) Methode der Dauerdehnung

Einnehmen der Dehnposition, so dass eine deutliche Dehnspannung spürbar ist (Andehnen). Halten der Dehnposition, Muskulatur entspannen, Ausatmung und Atempause betonen. Wenn das Spannungsgefühl nachlässt, Verstärkung der Dehnung und erneutes Halten der Dehnposition (Nachdehnen). Bis zu 20 Sekunden andehnen, bis 20 Sekunden nachdehnen, 2–3 Wiederholungen.
Eignung: ca. ab 5. Jahrgangsstufe
Die Methode des Dauerdehnens ist auch sehr gut zum Entspannen geeignet.

b) Methode der Dauerdehnung durch Anspannung der Antagonisten

Die Dehnung erfolgt durch aktive Anspannung der antagonistischen Muskulatur. Durch aktive Kontraktion des Antagonisten wird im Agonisten eine Dauerdehnung erzeugt. Auch während der Anspannung soll kontinuierlich weitergeatmet werden (10–20 Sekunden, 1–3 Wiederholungen).
Einsatz: etwa ab 6. Jahrgangsstufe

c) Methode der wiederholten Dehnung

Wiederholtes, geführtes, nicht ruckhaftes „Schieben" in die Dehnposition mit kleiner Bewegungsamplitude und Betonung der Ausatmung. Bewegungsgrenze weiter hinausschieben (bis 20 Wiederholungen möglich).
Einsatz: alle Jahrgangsstufen, Tipp: auch in der Grundschule verwendbar (z. B. 3. Klasse 3x schieben)

Der Dehnreflex wird so nicht ausgelöst!

d) Methode der Anspannungs-Entspannungs-Dehnung

Einnehmen der Dehnposition, so dass eine Dehnspannung spürbar ist. Zusätzlich isometrische Anspannung der gedehnten Muskulatur. Ausatmen beim Entspannen der Muskulatur unter Beibehaltung der Gelenkstellung und sofortiges Nachdehnen. Dauerdehnung in der neuen Position. Wiederholung des gesamten Vorgangs (alle Phasen etwa 5 Sekunden, 3 Wiederholungen).
Anderer Name: Contract-Hold-Relax-Stretch-Methode (CHRS-Methode)
Einsatz: etwa ab 10. Jahrgangsstufe

Hinweis:　– Es gibt auch Kombinationen dieser Methoden
　　　　　　– Die Zeitangaben sind subjektiv variabel

Dehnübungen allein (Boeckh-Behrens/Buskies 1998[4]/I), Boeckh-Behrens/Buskies 2000
(weitere Dehnübungen auch bei Übungsauswahl I, S. 26–29)

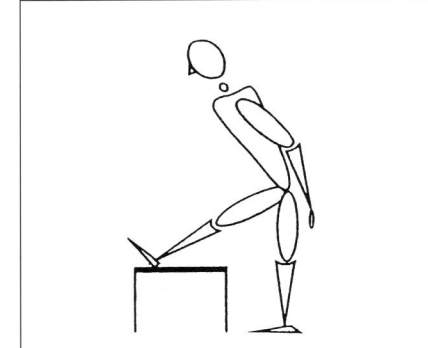

„Good morning" (Beinrückseite)

● Beckenachse im 90°-Winkel zum gestreckten Bein
● Fußspitze nach innen drehen
● Becken nach vorne kippen, Rücken gerade halten, Hüfte beugen
● Fühlen der Dehnung in der Oberschenkelrückseite
● Mit der Hand irgendwo festhalten, um das Gleichgewicht zu halten.

Abb. 1

Dehnübungen mit Partner (Boeckh-Behrens/Buskies 1998[4]/I)
(weitere Dehnübungen auch bei Übungsauswahl II, S. 29)

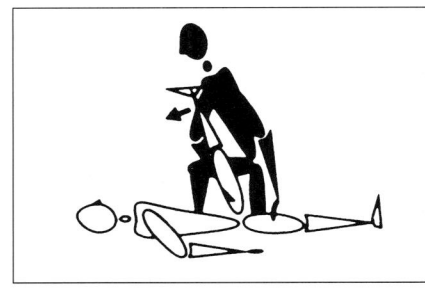

Ischio-Partnerdehnung (Beinrückseite)

● Beide Beine gestreckt; Ferse an der Schulter des Partners stabilisieren, Kniestreckung kontrollieren.
● Der Partner drückt das Bein langsam nach vorne.
● Der Übende teilt dem Partner die Zunahme der Dehnung in der Oberschenkelrückseite mit.

Es sind folgende Regeln zu beachten:

Abb. 2

1. Die Dehnposition liegt entgegengesetzt zu der Kontraktionsposition des Muskels:
Langsam und kontrolliert dehnen nach dem Grundsatz „andehnen, entspannen, nachdehnen".
2. Bei mehrgelenkigen Muskeln muss ein Gelenk fixiert und über das freie Gelenk gedehnt werden. (Siehe „Good morning")
3. Immer weiteratmen (entsprechende Wirkung der Ausatmung und der Atempause)
4. Merke: Nur ein entspannter Muskel kann gedehnt werden!
5. Stretching erfordert Geduld, Ruhe und Konzentration.
6. Dehnen darf nicht schmerzen (Verletzungen ausheilen).
7. Stretching ist in seiner Wirkung von Mensch zu Mensch unterschiedlich.
8. Gute Bedingungen sind wichtig: weiche Unterlage, angenehme Temperatur.
9. Stretching erfordert Körpergefühl.
10. Stretching soll regelmäßig betrieben werden; ist in jedem Alter sinnvoll und möglich.

Merke: … nicht stressen, sondern stretchen …

▶ **Kräftigung:** *vgl. Übungsauswahl III (S. 30–32)*

Die anschließende Kräftigungsgymnastik hat ähnlich wie der Stretchingteil vor allem zwei **Aufgaben:**
● Vorbereitung der für die Belastung im Hauptteil benötigten Muskelgruppen
● Kräftigung der Rumpfmuskulatur (Haltemuskulatur), Dauer ca. 5 Minuten

Da heute die körperlichen Aktivitäten enorm zurückgegangen sind, häufen sich u. a. Rückenbeschwerden und Verspannungen. Diesen vorzubeugen oder zur Abhilfe beizutragen vermag ein regelmäßiges, sinnvolles Kräftigungsprogramm im Rahmen des Aufwärmens. In der Regel erfolgt beim Aufwärmen kein *intensives* Kräftigen, so dass auf ein nachfolgendes Dehnen verzichtet werden kann.

Präventive Ziele:

● Erhalt und Verbesserung der Leistungsfähigkeit und der Belastbarkeit des Stütz- und Bewegungsapparates
● Verringerung des Verletzungs- und Verschleißrisikos
● Erhöhung der Festigkeit und Belastbarkeit von Sehnen, Bändern und Knochen
● Vorbeugung gegen Rückenbeschwerden, Haltungsschwächen und muskuläre Dysbalancen

Rehabilitative Ziele:

● Beschleunigung der Rehabilitation nach Verletzungen
● Verringerung von Rückenbeschwerden
● rascher Aufbau von Muskulatur

Leistungssteigerung/Körperformung/Psychische Effekte:

● Kraftzuwachs, Gewichtsreduktion
● Verringerung des Körperfettanteils
● Steigerung des Selbstbewusstseins/Körperbewusstseins

Folgende Methode sollte zur Anwendung kommen:

Geeignet im Aufwärmprogramm ist ein Anpassungs- und Gewöhnungstraining, also ein **Kraftausdauertraining**, das mit mittleren Krafteinsätzen und hohen Wiederholungszahlen betrieben wird.

Belastungsdosierung: Kraftausdauer
Intensität: 15–25 Wiederholungen
Sätze: 2
Pause: kurz (ca. 30 Sekunden)
Krafteinsatz: technisch korrekt, kontinuierlich, regelmäßige Atmung

Sanftes Krafttraining im Aufwärmprogramm

Beim sanften Krafttraining wird die einzelne Trainingsserie (Satz) nicht bis zur letztmöglichen Wiederholung durchgeführt, sondern vorher abgebrochen, und zwar je nach individuellem, subjektivem Belastungsempfinden bei „leicht bis mittel", d. h. bei einer Wiederholungszahl von 15 bis 25 Wiederholungen. Für das Kraftausdauertraining bei Anfängern bedeutet dies, dass ein Trainingsgewicht gewählt wird, und zwar durch Probieren, bei dem die individuelle Anstrengung bei ca. der 20. Wiederholung als „mittel" eingeschätzt wird. Hier wird dann die Serie beendet, obwohl weitere Wiederholungen möglich wären.
Die Ergebnisse im Kraftausdauerbereich – so zeigen es erste Untersuchungen – sind enorm. Der Trainierende hat die Möglichkeit, während der ganzen Serie die Körperhaltung, die Technik und die Bewegungsausführung besser zu kontrollieren und sich nicht zu überlasten.

Die Vorteile zusammenfasst:
● geringere Belastung des aktiven und passiven Bewegungsapparates
● kaum Überbeanspruchung und Muskelkater

- niedrigere Herz-Kreislaufbelastung und reduzierte Laktatwerte.
- verminderte Pressatmung und verkürzte Regeneration.
- …

Kräftigungsübungen ohne Geräte
(BOECKH-BEHRENS/BUSKIES 1998[4]/I, BOECKH-BEHRENS/BUSKIES 2000)
(weitere Kräftigungsübungen auch bei Übungsauswahl III, S. 31)

Gerader Crunch (gerade und schräge Bauchmuskeln)
- Kopf und Schulter vom Boden abheben und imaginäre Wand mit den Händen wegschieben
- kleine Bewegungsamplitude
- beim Hochgehen des Oberkörpers ausatmen!
- Lendenwirbelsäule bleibt am Boden!

***Abb.* 3**

Liegestütz (Arm-, Brust- und Schultermuskulatur)
- Anspannung der Rumpfmuskulatur, Körper gerade
- Fingerspitzen zeigen leicht nach innen
- Ellbogen nicht ganz strecken
- einfache Form für Ungeübte: **Knieliegestütz**

***Abb.* 4**

Funktionalität:

Einige Tipps zur Durchführung sollten immer beachtet werden:

1. Eine fitnessorientierte Kräftigungsgymnastik ist in jedem Alter sinnvoll und möglich.
2. Zu Beginn kann häufig Muskelkater (Mikroverletzungen in den Muskelfasern) auftreten.
3. In den ersten Wochen und Monaten gibt es deutliche Leistungssteigerungen.
4. Die Wiederholungen werden nicht bis zur Erschöpfung ausgeführt.
5. Anfänger: 2 Sätze mit je 15–20 Wiederholungen
6. Die Pausenzeiten sind subjektiv, sollten aber im Aufwärmprogramm kurz gehalten werden (ca. 30 Sekunden).
7. Die Reihenfolge der Übungen kann frei gewählt werden.
8. Die Übungen sollten ruhig und mit korrekter Bewegungsausführung absolviert werden. Die Muskelspannung soll während der gesamten Übung kontinuierlich aufrecht erhalten werden. Wichtig ist ein kontrolliertes und langsames Arbeiten.
9. Man muss regelmäßig weiteratmen oder – falls möglich – in die Belastung ausatmen. **Pressatmung vermeiden**!
10. Regelmäßig trainieren!

Weitere Tipps:

Funktionell versus unfunktionell – diskutiert am Beispiel der geraden Bauchmuskulatur

In vielen bekannten Übungen zur Kräftigung der Bauchmuskulatur (Klappmesser, Sit-ups, …) wird neben der beabsichtigten Kräftigung der Bauchmuskeln auch der Hüftbeuger stark aktiviert. Dies kann problematisch werden. Die Bauchmuskulatur ermüdet rascher als die Hüftbeugemuskulatur, die im Allgemeinen gut trainiert ist, und so kommt es häufig zu einer Verstärkung der Lendenlordose. Andererseits neigt die Hüftbeugemuskulatur durch langes Sitzen oft zur Verkürzung und somit werden die muskulären Dysbalancen im Hüftbereich nur verstärkt.

Die Bezeichnung unfunktionell muss demnach in Richtung Zielsetzung (welche Muskeln für welchen Zweck) und Zielgruppe (Anfänger/Fortgeschrittene) differenzierter verwendet werden, d. h. während

z. B. ein Leistungssportler (Turner, Stabhochspringer, ...) die Hüftbeuger in sein Aufwärmprogramm integrieren sollte, so ist dies beim Freizeitsportler keinesfalls notwendig.

Merke:
Schüler mit Rückenbeschwerden oder muskulären Dysbalancen sollten beim Training der Bauchmuskulatur Übungen mit Einsatz der Hüftbeuger vermeiden, indem sie die Lendenwirbelsäule am Boden lassen und die Beine anwinkeln (s. Übung „Gerader Crunch").

Anfänger:

Ziel:	Bauchmuskulatur
Übung:	Gerader Crunch
unfunktionell:	Klappmesser

Fortgeschrittener:

Ziel:	Bauchmuskulatur
Übung:	Gerader Crunch und, je nach Sportart, z. B. Klappmesser bei gutem Muskelkorsett (es dürfen keine muskulären Dysbalancen vorliegen)

1.2.4 Überprüfungsmethoden

Die Überprüfungsmethoden zum Aufwärmen umfassen ergänzende bzw. motivierende Vorschläge für ein optimales Programm. Sie dürfen nicht als Ersatz für einen Ausdauer-, Beweglichkeits- oder Kräftigungsteil gesehen werden. Sicherlich ist ein standardisiertes Aufwärmkonzept für viele Schüler wichtig, da die einzelnen Übungen eher verinnerlicht werden, doch verhindert der eine oder andere Trick eine möglicherweise aufkommende Monotonie. Voraussetzung für den Einsatz sind selbstverständlich pädagogische Überlegungen.

▶ *Pulsmessung mit einem Pulsmessgerät* (BUSCHMANN/LAGERSTROM 1996)

Die Pulsmessung kann – wie bereits bekannt – am Handgelenk, Hals etc. nach der 10-Sekunden- oder 15-Sekunden-Zählmethode erfolgen. Ganz wertvoll ist allerdings der Einsatz eines Pulsmessgerätes, das um den Brustkorb geschnallt wird. Der Belastungspuls kann am Handgelenk des Schülers (Gegenkontrolle bei der Lehrkraft) ermittelt werden. Je nach Komfort des Gerätes ist die Einstellung von Ober- bzw. Untergrenzen möglich; konditionell gut trainierte Schüler oder vor allem leistungsschwache Schüler sind mit einem solchen Gerät sehr gut zu beobachten.

▶ *Muskelfunktionstests* (BOECKH-BEHRENS/BUSKIES 1998[4]/I)

● **Testübung** zum Stretching:

Um die Wirkungsweise eines geeigneten Beweglichkeitstrainings den Schülern noch transparenter zu machen, ist es sinnvoll, anhand von Testübungen aufzuzeigen, welche Effekte Stretching zeigt.
Bei diesen Testübungen sollte – um das Testergebnis nicht zu verfälschen – auf die sonst übliche Herz-Kreislauf-Aktivierung vor dem Stretching verzichtet werden.

Folgende **Übung** ist zu absolvieren:
● Vorsicht beim Andehnen im kalten Zustand, 10 Sekunden halten
● Oberkörper vorbeugen und weiterdehnen, halten, 3× wiederholen

Kontrolle:

Bei einer Rumpfvorbeuge mit geschlossenen Beinen spürt der Übende die etwas mehr „verspannte" Muskulatur im Standbein auf der Rückseite und die vergleichsweise „gedehnte" Muskulatur im anderen Bein (Rückseite).

● **Testübung** für die verkürzte Muskulatur (Hüftlendenmuskel) (BOECKH-BEHRENS/BUSKIES 1998[4]/I):

Die Versuchsperson liegt in Rückenlage auf einem Kasten und zwar so, dass die Hüfte mit dem Kasten abschließt. Beide Beine sind angewinkelt und wer-

Abb. 5

den mit den Händen am Knie kräftig zum Körper gezogen. Jetzt wird eine Hand gelöst und ein Bein locker weggestreckt. Häufig – vor allem bei Fußballern – sieht man den Oberschenkel nicht waagerecht wegstehen, sondern leicht angewinkelt nach oben zeigen (siehe Darstellung: c, d). Dies ist ein deutliches Zeichen dafür, dass der Hüftlendenmuskel verkürzt ist, sich infolgedessen das Becken neigt und die Rückenmuskulatur verkürzt (Gefahr des Bandscheibenvorfalls/Muskuläre Dysbalance).

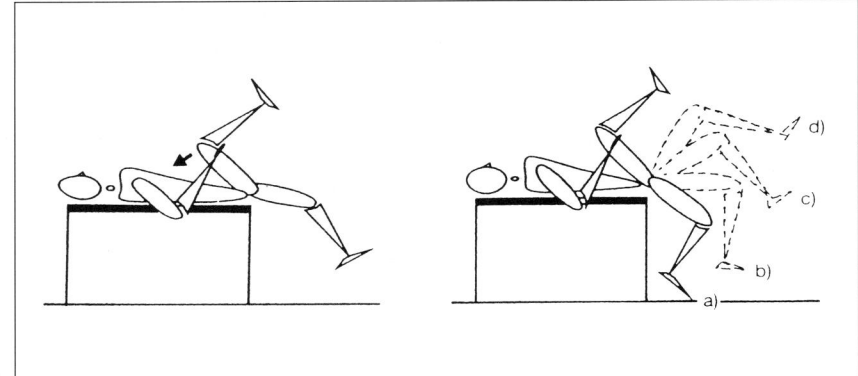

Abb. *6*

▶ *Hautfaltendickenmessung* (DE TOIA 1988)

In der Schule muss den Schülern aller Altersstufen, wann immer möglich, der Gesundheitswert pädagogisch sinnvoll verdeutlicht werden. Aus diesem Grund ist die Hautfaltendickenmessung durchaus vertretbar und zusätzlich ein „toller" Gag. Die Messung der kombinierten Hautfalte (Armrückseite, Beckenkamm, Bauch) gibt einen Anhaltspunkt für den Prozentanteil „Körperfett" im Verhältnis zum Alter. Dieser Wert hat bei den jüngeren Schülern verständlicherweise keinen so hohen Stellenwert wie bei den Kollegiaten. Jedoch sollten sich nach einem längeren Kräftigungstraining meßbare Unterschiede aufzeigen lassen (z. B. im Bereich der Bauchmuskulatur).

1.2.5 Zusammenfassung

▶ *Allgemeines Aufwärmen*

Für alle Bereiche des allgemeinen Aufwärmens sind pädagogische Vorüberlegungen notwendig. Je nach Einzel- oder Doppelstunde sind die Zeiten flexibel zu halten. In einer Einzelstunde sind für die Herz-Kreislauf-Aktivierung knapp 5 Minuten anzusetzen, ebenso für das Stretching und die Kräftigungsgymnastik. Die Erfahrungen in der Praxis zeigen, dass die Zeit für ein ausdauerbetontes Spiel und für etwa 3 Dehn- und 3 Kräftigungsübungen reicht. In dem „Baukasten" Aufwärmen sind das Spiel wie auch die Dehn- und Kräftigungsübungen variabel. Beispielsweise kann die Methode der Dauerdehnung durch die CHRS-Methode ersetzt werden. Es ist auch möglich, nach einem anstrengenden Kräftigungsteil erneut zu dehnen, um eine Verkürzung der Muskulatur zu verhindern. Generell ist es sinnvoll, beim Aufwärmen erst zu dehnen und dann zu kräftigen, weil der Muskel so bereits „vorinnerviert" ist (Einstieg etwa ab Jahrgangsstufe 3).

Alle Inhalte sind dem Leistungsstand, vor allem auch dem Körperempfindungsvermögen und der Zusammensetzung der Klasse anzupassen. Es ist auch ohne Weiteres möglich, das eine oder andere Baukastenteil in das Abwärmprogramm zu integrieren (vgl. „Abwärmen", Kapitel II).

Abschließend ist festzuhalten, dass immer die Individualität des Sportlers, die Belastungsparameter der entsprechenden Sportart und die speziellen Trainings- und Wettkampfbedingungen bei gegebenen Rahmenbedingungen zu berücksichtigen sind.

▶ *Spezielles Aufwärmen*

Je nach Stundenziel kann/muss nach dem **allgemeinen Aufwärmen** noch das **spezielle Aufwärmen** für die künftige sportartspezifische Belastung erfolgen. Diese oft anaerobe Mobilisationsphase mit submaximalen Belastungen sollte mit dem Sport- oder Spielgerät stattfinden und/oder für die Sportart spezifische Übungen enthalten, die beispielsweise auch die **Koordination** verbessern. An dieser Stelle wird auf die Anmerkungen bei den einzelnen Sportarten in dieser Broschüre sowie auf das Kapitel II Pkt. 3 hingewiesen.

Es wird Kapitel III empfohlen, wo für ausgewählte Sportarten des Basissportunterrichts und des Differenzierten Sportunterrichts neben den Hinweisen auf das allgemeine Aufwärmen insbesondere das **spezielle**, d. h. das **sportartspezifische Aufwärmen** behandelt wird.

Literatur:

AOK: Die fitte Schulklasse. Fitneß-Timer. Frankfurt a. M.: WDV 1995.

BOECKH-BEHRENS, W.-U./BUSKIES, W.: Gesundheitsorientiertes Fitneßtraining. Band 1. Lüneburg: Wehdemeier & Pusch 1998[4].

BOECKH-BEHRENS, W.-U./BUSKIES, W.: Fitness-Krafttraining. Reinbek. Rowohlt 2000.

BUSCHMANN, J./LAGERSTROM, D.: Fühlen – Erfahren – Verstehen. Körperwahrnehmungsschulung mit Herzfrequenzmeßgeräten. Klein-Gerau: Polar 1996.

DE TOIA, M.: Fat Caliper (Hautfaltendickenmesser). Frechen 1988.

HABERKORN, C./PLASS, R.: Leichtathletik 1. Frankfurt a. M.: Diesterweg 1992.

JOCH, W./ÜCKERT, S.:: Aufwärmen im Sport. In: Sport Praxis 6 (1999), 6–9.

KNEBEL, K.-P.: Funktionsgymnastik. Reinbek: Rowohlt 1988.

LENHART, P./SEIBERT, W.: Funktionelles Bewegungstraining. Oberhaching: Sportinform 1991.

SCHMIDT, U.: Optimiertes Auf- und Abwärmen beim Sporttreiben. In: Sport Praxis 6 (1995), 9 ff.

SEIBERT, W.: Gezieltes Krafttraining. Oberhaching: Sportinform 1987.

WIEMANN, K.: Stretching. Grundlagen, Möglichkeiten, Grenzen. In: Sportunterricht Heft 42 (1993) 3, 91–106.

WIEMANN, K./KLEE, A.: Dehnen und Stretching-Effekte, Methoden, Hinweise für die Praxis. Teil I und II. In: Sport Praxis 3, 4 (1999), 8–12, 37–41.

ANHANG:
Dehn- und Kräftigungsübungen

Übungsauswahl I: Dehnübungen allein
(BOECKH-BEHRENS/BUSKIES 1998[4]/I), BOECKH-BEHRENS/BUSKIES 2000

Antistress-Übung (Hals- und Armmuskulatur)

- Den Arm anheben, so dass der Oberarm am bzw. hinter dem Kopf liegt
- Das Ellbogengelenk maximal beugen
- Mit der freien Hand durch Zug am Oberarm die Dehnung verstärken

Abb. 1

Der entspannte Nacken (Halsmuskulaur)

- Kopf zur Seite neigen
- Schulter der Gegenseite aktiv nach unten ziehen, unterstützt durch Griff am Stuhl
- Variation durch unterschiedliche Kinnpositionen
- „Spüren Sie die Dehnung in der seitlichen Halsmuskulatur und im Nacken?"

Abb. 2

Kopfneigen (Halsmuskulatur)

- Kopf nach vorne neigen!
- die Hände unterstützen durch vorsichtigen Zug
- Dehnung spüren im Nacken und im oberen Rücken

Abb. 3

Der Adler (Arm-, Schulter- und Brustmuskulatur)

- Arme rück-hoch ziehen, Handflächen nach oben
- Leicht nach vorne beugen mit geradem Rücken
- Position der Arme variieren, seitlich schräg-hoch
- „Fühlen Sie die Dehnung der Brust- und die Anspannung der Rückenmuskulatur?"

Abb. 4

Wegweiser (Schultermuskulatur)

- Drehen des Armes, so dass der kleine Finger nach oben zeigt
- Fast gestreckten Arm an den Körper ziehen
- Gedehnt werden die Außenrotatoren des Schultergelenks, der Deltamuskel

Abb. 5

Der Türsteher (Brustmuskulatur)

- Oberarm waagerecht, Unterarm und Hand an einen Widerstand anlegen
- Drehung des Rumpfes vom Arm weg
- Variation der Griffhöhe
- „Spüren Sie die Dehnung in der Brustmuskulatur?"

Abb. 6

Ausfallschritt (Hüftlendenmuskulatur)

- Im Ausfallschritt den Oberkörper auf den Oberschenkel vorklappen; Hände evtl. am Boden abstützen
- Hüfte Richtung Boden drücken, hinteres Knie strecken
- „Spüren Sie die Dehnung im Hüftlendenmuskel?"

Abb. 7

Schräger Käfer (Oberschenkelvorderseite)

- Seitenlage, unteres Bein gebeugt, Unterarmstütz
- Endposition fixieren
- Unterschenkel zum Gesäß ziehen
- „Spüren Sie die Dehnung in der Hüfte und der Oberschenkelvorderseite?"

Abb. 8

Stütz die Wand (Wadenmuskulatur)

- Die Ferse des hinteren Beines bleibt am Boden
- Hüfte zur Wand drücken
- „Spüren Sie die Dehnung in der Wadenmuskulatur?"
- „Beugen Sie das Kniegelenk des hinteren Beines, um die untere Wadenmuskulatur und die Achillessehne zu dehnen!"

Abb. 9

Knoten (Rumpf- und Gesäßmuskulatur)

- Ein Bein gebeugt über das andere Bein setzen
- Den Oberschenkel mit dem Arm diagonal zur Brust drücken

Abb. 10

Der Kniedrücker (Beininnenseite)

- Aufrechter Sitz, gebeugte Beine, Fußsohlen berühren sich
- Hände fassen die Füße, Ellbogen berühren die Innenseite der Knie
- Knie langsam nach außen fallen lassen, die Ellbogen drücken die Knie weiter in Richtung Boden, Becken etwas nach vorne kippen

Abb. 11

Kobra (Bauchmuskulatur)

- Vorsicht: LWS-Lordose, Becken gekippt
- Bauchmuskeln sind entspannt (aus dem Yoga entnommen)

Abb. 12

Banane (seitliche Körpermuskulatur*)*

- Hoch über den Kopf greifen
- Zug nach unten ausüben
- Körper seitlich wegdrücken

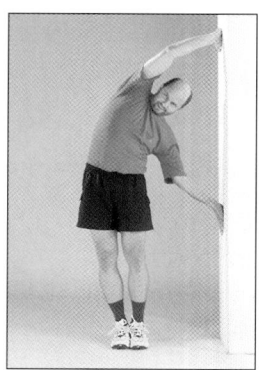

Abb. 13

Übungsauswahl II: DEHNÜBUNGEN mit Partner

(Boeckh-Behrens/Buskies 1998[4]/I)

Iliopsoas-Partnerdehnung (Hüftlendenmuskel)

- Rückenlage, bis zum Hüftgelenk auf einem Tisch/Kasten
- ein Bein beugen und mit beiden Händen maximal zur Brust heranziehen
- Partner drückt den herabhängenden Oberschenkel nach unten und fixiert das gebeugte Bein
- der Übende teilt dem Partner die Zunahme der Dehnung des Hüftlendenmuskels mit

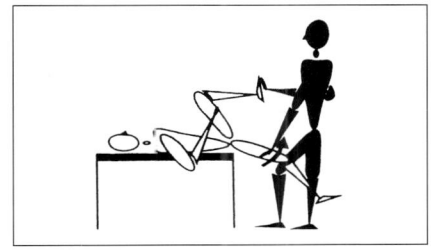
Abb. *1*

Rectus-Partnerdehnung (Oberschenkelvorderseite)

- weiche Unterlage unter das Knie legen!
- Hüfte vorschieben und in dieser Endposition bleiben!
- der Partner drückt den Unterschenkel sanft in Richtung Gesäß
- der Übende teilt dem Partner mit, wenn die Dehnung der Oberschenkelvorderseite zu stark wird

Abb. *2*

Rücken-Partnerdehnung

- Kopf liegen lassen, Kinn leicht anziehen!
- dem dosierten Partnerdruck leicht entspannt nachgeben, dabei die Beine öffnen und die Knie neben dem Körper in Richtung Boden drücken lassen
- es ist in der Regel kein starkes Dehngefühl im Rücken spürbar, dennoch ist die Übung wirksam

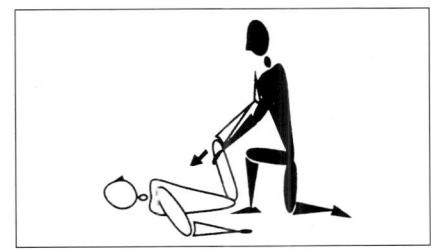
Abb. *3*

Pectoralis-Partnerdehnung (Brustmuskulatur)

- der Partner stabilisiert den geraden Rücken mit seinem seitlich gestellten Bein
- Arme heben, Handflächen nach oben
- Partner zieht die Arme – Griff am Oberarm – nach hinten oben, bis eine deutliche Dehnung der Brustmuskulatur spürbar wird

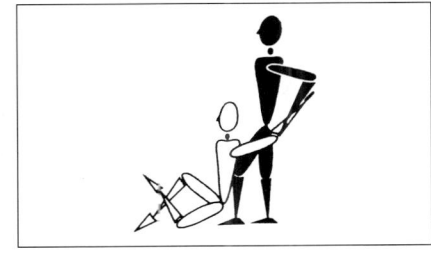
Abb. *4*

Waden-Partnerdehnung

- Beine heben und gestreckt an den Partner lehnen
- Partner drückt Fußballen nach unten
- „Spüren Sie die Dehnung in den Wadenmuskeln?"

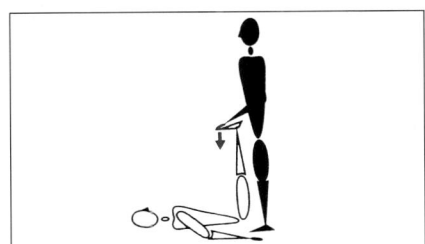
Abb. *5*

Übungsauswahl III: KRÄFTIGUNGSÜBUNGEN ohne Geräte

(Boeckh-Behrens/Buskies 1998[4]/I), Boeckh-Behrens/Buskies 2000

Total Crunch (Gerade und schräge Bauchmuskulatur)

- Rückenlage – Knie etwas nach oben-hinten heben und halten, Kopf und Schulter etwas vom Boden abheben und imaginäre Wand mit den Händen wegschieben
- Kleine Bewegungsamplitude
- Beim Hochgehen ausatmen, Lendenwirbelsäule am Boden lassen

Abb. 1

Ausfallschritt (Oberschenkel- und Gesäßmuskulatur)

- Nach vorne oder seitlich
- Aus dem Stand einen weiten Schritt vorwärts oder seitwärts in die Ausfallschrittposition und wieder zurück in den Stand durch Abdruck des vorderen Beines
- Kniespitze über dem Fuß
- Oberkörper aufrecht

Abb. 2

Kickback einbeinig (Oberschenkel-, Gesäß- und Rückenmuskulatur)

- Bankstellung, ein Bein waagerecht nach hinten strecken, Fußspitzen angezogen, Ferse nicht höher als Gesäß
- Kopf in Verlängerung des Rumpfes, Blick zur Stützhand

Abb. 3

Einbeinkniebeugen (Oberschenkel- und Gesäßmuskulatur)

- Einbeiniger Stand auf einer Bank
- Halt beider Hände sichert das Gleichgewicht und die achsengerechte Ausführung
- Tiefes Beugen des Standbeines und leichtes Aufsetzen des Spielbeines
- Kontinuierliche, langsame Einbeinkniebeuge
- Standfuß bleibt die gesamte Übungszeit auf der ganzen Sohle
- Fuß, Knie und Hüftgelenk auf einer Achse

Abb. 4

Nackenbrücke (Oberschenkel- und Gesäßmuskulatur)

- Rückenlage, Gesäß abheben bis zur Hüftstreckung
- Variation: ein Bein wegstrecken

***Abb.** 5*

Bein abspreizen (Abduktorenmuskeln)

- Seitenlage, Hüfte gestreckt
- Oben liegendes Bein nach oben abspreizen, Fußspitze anziehen

***Abb.** 6*

Statue in Bauchlage I
(gesamte Rücken- und Gesäßmuskulatur)

- Bauch und Gesäßmuskel anspannen
- Handrücken und Fußspitze anziehen; versuchen, Handballen und Ferse weit voneinander zu entfernen
- regelmäßig atmen
- Kopf in Verlängerung des Rumpfes halten, Blick zum Boden
- Rechten Arm und linkes Bein minimal vom Boden abheben und umgekehrt

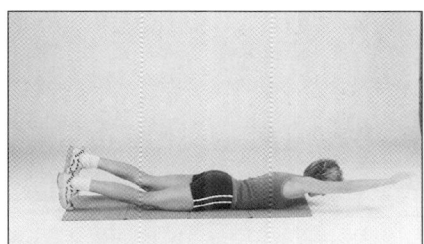

***Abb.** 7*

Wadenheben (Wadenmuskulatur)

- Evtl. Stand auf einem kleinen Podest oder auf einer Stufe
- Fersen unter die Stufenhöhe absenken
- Kniegelenke bleiben gestreckt
- Körper senkrecht heben und senken
- Variationen: beidbeinig, einbeinig, mit Zusatzgewicht, Fußstellung variieren

***Abb.** 8*

Statue in Bauchlage II
(gesamte Rücken- und Gesäßmuskulatur)

- Handflächen oder Fäuste neben den Schultern aufsetzen
- Ellbogen zeigen nach oben – Ellbogen so weit nach oben-hinten ziehen, bis sich die Handflächen vom Boden lösen

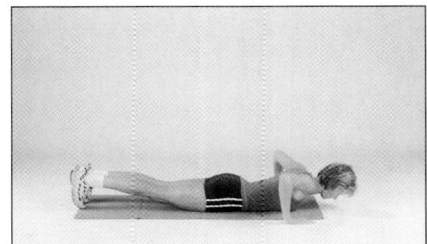

***Abb.** 9*

Statue in Bauchlage III
(gesamte Rücken- und Gesäßmuskulatur)

- Beide Arme unter Spannung etwas vom Boden abheben

Abb. 10

„Rad fahren" in Bauchlage
(Rücken-, Gesäß- und Beinrückseitenmuskulatur)

- Rumpf in Bauchlage auf einer Bank ablegen
- Kopf in Verlängerung der Wirbelsäule
- Ein Bein bis zur Waagerechten strecken und halten; das andere Bein ist angezogen
- Stellung 3–5 Sekunden halten
- Mehrfacher Beinwechsel

Abb. 11

Weitere Übungen und Informationen zum Thema Kräftigung:

Die Übungssammlung wurde auf der Grundlage von EMG-Messungen (Elektromyographie) für die einzelnen Muskelgruppen erstellt, da von der Höhe der EMG-Aktivität auf die Intensität der Muskelkontraktion, somit auf die erzeugte Muskelkraft und auch indirekt auf die Effektivität der Übung geschlossen werden kann.

Die ausgewählten Übungen sind ohne besondere Geräte einsetzbar und leicht verständlich. Anmerkungen sind auf das Notwendigste beschränkt worden. Dem interessierten Leser wird zusätzlich zur Vertiefung das Buch von BOECKH-BEHRENS/BUSKIES (Fitness-Krafttraining, Reinbek 2000) empfohlen, in dem für alle Muskelgruppen spezielle Übungsranglisten angeboten werden.

Hinweis: Da der Körper vorwiegend mit Muskelschlingen arbeitet, können mehrere Übungen bei unterschiedlichen Muskelgruppen verwendet werden.

Auswahl von Muskelgruppen:

Bauchmuskulatur

Mögliche Grundpositionen:

Für die Beinhaltung gibt es bei allen Varianten des Crunch drei Grundpositionen:

Rückenlage, Beine angezogen, Hüftgelenkwinkel kleiner als 90° oder Unterschenkel auf einer Bank ablegen. Ist der Winkel bei frei gehaltenen Beinen größer als 90°, so muss das Gewicht der Beine gegen die Schwerkraft isometrisch durch die Hüftbeugemuskulatur (vor allem M. iliopsoas und M. rectus femoris) gehalten werden.

Rückenlage, Becken aufgerichtet und Beine angewinkelt, Füße mit den Fersen auf den Boden stellen. Durch das Drücken der Fersen auf den Boden bzw. eine leichte Zugbewegung mit den Fersen entsteht eine isometrische Anspannung der Muskulatur der Waden und der Oberschenkelrückseite.

Rückenlage, ein Bein überschlagen. Dies verhindert das Beugen des Hüftgelenks und das Lösen des unteren Rückens vom Boden. Auch hier kann ein Druck mit der Ferse des Stützbeines auf den Boden ausgeübt werden.

Weitere Beispiele:

Gerader Crunch,
Arme gestreckt nach hinten

Reverse Crunch

Twisted Crunch,
Händen an den Ohren

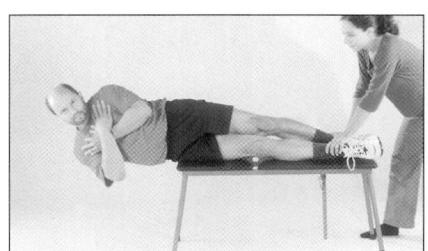

Rumpfseitheben

Seitlicher Unterarmstütz,
einbeinig

Bodendrücker, Knie abgehoben

„Käfer"

Rumpfdrehen mit Stab

Twisted Crunch,
Arme gestreckt nach vorn

Variation der Intensität:

Bei allen Varianten des Crunch lässt sich die Intensität durch eine Veränderung der Armposition modifizieren.

1. Arme gestreckt nach vorn
2. Arme vor der Brust gekreuzt
3. Arme gebeugt, seitlich neben dem Kopf
4. Arme gestreckt nach hinten in Verlängerung des Rumpfes

Möglichkeiten mit Ball/Partner:

Übungen für die Baumuskulatur mit Kleingeräten bzw. Partnerübungen lenken vom Arbeitscharakter des Krafttrainings ab, steigern die Motivation und bieten eine große Fülle von abwechslungsreichen Übungsvarianten. Die Ausgangsposition Crunch bleibt erhalten. Als Alternative zum Gymnastikball können auch Luftballons, Zeitungsbälle, Stäbe u. Ä. verwendet werden.

Ball um Oberschenkel (oder Unterschenkel) kreisen.

Ball auf den Unterschenkel ablegen und wieder abholen.

Ball mit Einrollen des Oberkörpers von den Knien zu den Füßen rollen, beim Absenken des Oberkörpers Ball zurückrollen.

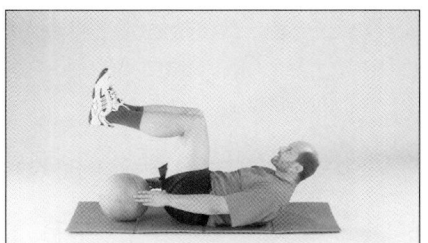

Den Ball um das Gesäß und unter dem Kopf rollen, ohne dass die Schultern auf dem Boden abgelegt werden.

Versuchen, mit dem Ball die Fersen links bzw. rechts zu erreichen.

Die Füße schulterbreit nebeneinander aufstellen und den Ball in einer Acht um die Oberschenkel kreisen.

Der Partner zeigt mit der Hand die Richtung an, wo der Ball vom Trainierenden mit beiden Händen abgeholt und wieder übergeben werden soll. Statische Variante: versuchen, mit der verlängerten Ausatmung den Ball gegen den Partnerwiderstand wegzuschieben.

Beide Trainierenden liegen sich gegenüber. Der Ball wird mit beiden Händen übernommen, zweimal um die eigenen Oberschenkel gekreist und wieder übergeben (Variante: statisch nur Druck gegen den Ball ausüben oder dynamisch mit zwei Bällen).

Der Partner gibt leichten Druck/Zug auf die Beine und/oder die Arme. Der Trainierende hält dagegen und lässt sich nicht verschieben.

Rückenmuskulatur:

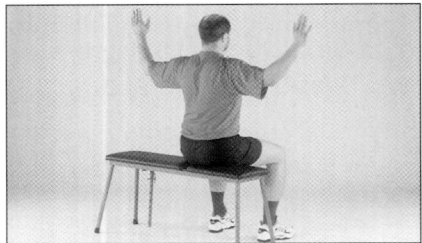

Armrückheben beidarmig
(Adler)

Rumpfheben

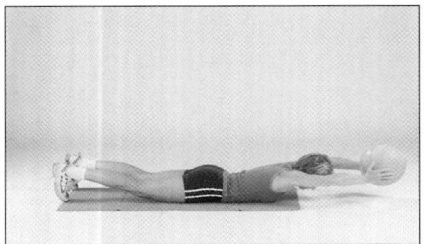

- Einen Ball mit gestreckten
  Armen anheben und kleine
  Kreisbewegungen durch-
  führen.
- Intensitätserhöhung durch
  dosierten Partnerwiderstand
  links, rechts oder oben; der
  Trainierende lässt sich nicht
  verschieben.

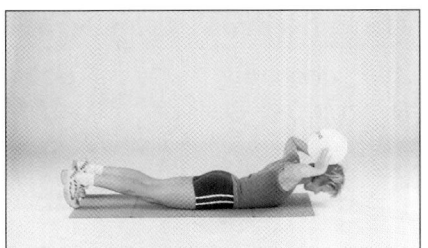

- Einen Ball in den Nacken
  legen und festhalten.
- Die Ellbogen maximal nach
  oben führen, Schulterblätter
  zusammenziehen.

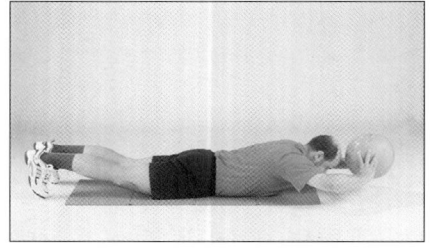

- Einen Ball gegen imaginären
  Widerstand unter Muskelspannung langsam
  wegdrücken und wieder
  heranziehen.

- Die Partner liegen sich mit
  ausgestreckten Armen gegenüber.
- Den Ball vom Partner übernehmen, hinter dem Rücken
  in die andere Hand übergeben und dann dem Partner
  wieder zurückgeben. Je
  nach Trainingszustand kann
  der Partner ohne Ball die
  gestreckten Arme vorn abgehoben halten oder auf den
  Boden absenken.

- Einen Ball an der Körper-
  seite mit gestrecktem Arm
  zum Oberschenkel rollen
  und wieder zurück zur anderen Seite; Handwechsel.
  Der freie Arm wird jeweils
  gestreckt vor dem Kopf
  abgehoben.

Hüft- und Beinmuskulatur:

Beinrückheben einbeinig auf dem Boden mit Endkontraktion

Fersendrücker, Kniegelenkwinkel 100°

Unterarmklemme

Seitlicher Unterarmstütz

Ein Bein abspreizen im Sitz am Boden (Callanetic-Variante)

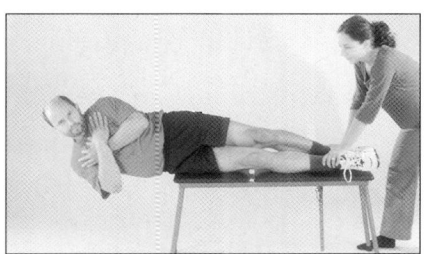

Rumpfseitheben, Arme vor der Brust verschränkt (Variante mit über Kopf gestreckten Armen), evtl. mit Partner

Beine schließen gegen Partnerwiderstand

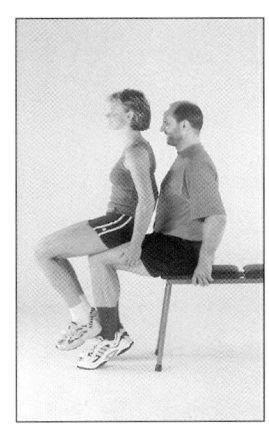

Fersenheben im Sitz mit Partner

Fersenheben mit vorgebeugtem Oberkörper mit Partner, evtl. mit Sprossenwand etc.

Wichtige Aspekte bei Kniebeugeübungen (ohne Gerät)

Ausfallschritt

Einbeinkniebeuge
(evtl. mit erhöh-
tem Fußaufsatz)

- Kniebeugeübungen sind Basiskraftübungen mit komplexer Wirkung für die Muskeln der Streckschlinge, die Oberschenkelvorderseite, den unteren Teil des Rückenstreckers und bei tiefer Kniebeugung auch für den großen Gesäßmuskel und die Oberschenkelrückseite.
- Die **beidbeinige Kniebeuge** ohne Gewicht ist beim Aufwärmen und bei Personen mit geringer Leistungsfähigkeit effektiv.
- Der **Ausfallschritt** ist eine trainingswirksame Übung, die auch im Aufwärmen eingesetzt werden kann.

Einbeinkniebeuge mit erhöhtem Fußaufsatz

- Effektives Beintraining ohne Rückenbelastung
- Einbeiniger Stand auf einer Bank, einem Hocker oder Kasten, deren Höhe je nach Leistungsfähigkeit variiert werden kann.
- Der Griff von beiden Händen z. B. an der Sprossenwand sichert das Gleichgewicht und die achsengerechte Ausführung.
- Beugen des Standbeins und möglichst frühes Aufsetzen des freien Beines am Boden. Der Standfuß bleibt während des gesamten Bewegungsablaufs auf der ganzen Sohle, die Ferse darf nicht angehoben werden.
- Bei der Streckung hält das Spielbein den Bodenkontakt so lange wie möglich aufrecht.
- Während des gesamten Bewegungsablaufs wird die Knie-Fuß-Einstellung beachtet und die Muskelspannung aufrechterhalten, damit der Übende im tiefsten Punkt nicht passiv im Band- und Kapselapparat des Kniegelenks hängt (BOECK-BEHRENS/BUSKIES: 2000, S. 237, 268, 269).

Weitere Beispiele:

Beinbeugen einbeinig kombiniert
mit Beinrückheben im Unterarmstütz
mit Partnerwiderstand

Beinbeugen einbeinig kombiniert mit Beinrückheben mit aufgerichtetem Becken in Bauchlage
mit Partnerwiderstand

- Die mangelhafte Möglichkeit zur Fixierung des Körpers erschwert maximale Krafteinsätze und minimiert die Effektivität der Übung ein wenig. Wenn auf Partnerwiderstand verzichtet wird, verringert sich die Intensität deutlich.

- Abheben des Beins vom Boden mit gleichzeitiger Beugung gegen Partnerwiderstand am Oberschenkel und Fuß.
- Das seitlich-frontale Anziehen eines Beines zum Aufrichten des Beckens ist nur für bewegliche Personen möglich.

Beinbeugen kombiniert mit Beinrückheben in Bauchlage mit Partnerwiderstand

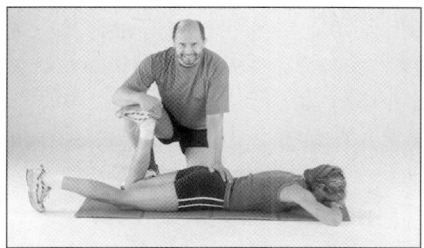

- Bei dieser Übung ist das Becken nicht aufgerichtet. Sie kann ein- oder beidbeinig durchgeführt werden.

Beinbeugen einbeinig kombiniert mit Beinrückheben in der Bankstellung mit Partnerwiderstand

- Beinbeugen in der Bankstellung ohne Partnerwiderstand ist weniger günstig, weil ein maximales Überstrecken des Hüftgelenks zu einer verstärkten Lendenlordosierung (Hohlkreuz) führt. Bei einem dosierten Beinrückheben nur bis zur Waagerechten muss eine Intensitätsminderung in Kauf genommen werden. Ein Partner kann sowohl eine unerwünschte Lendenlordosierung unterbinden als auch die Intensität durch einen angemessenen Widerstand erhöhen (siehe Bild).

Beinbeugen einbeinig kombiniert mit Beinrückheben auf der Flachbank mit Partnerwiderstand

- Die optimale Übung für die ischiocrurale Muskulatur mit Erfüllung aller drei Funktionen, Beinbeugen, Becken aufrichten und Hüftgelenk strecken, kann auch ohne Beinbeugemaschine, mit oder ohne Partnerhilfe, auf einer Langbank ausgeführt werden.
- Bauchlage auf einer Flachbank, so dass das Hüftgelenk mit dem Bankende abschließt. Ein Bein wird nach vorn gesetzt, um das Becken aufzurichten. Fixierung des Körpers durch Griff der Hände an der Bank.
- Der Trainierende versucht, das Bein maximal nach oben zu heben (Streckung des Hüftgelenks) und gleichzeitig die Ferse zum Gesäß zu ziehen (Beugung des Kniegelenks). Ein Partner gibt Widerstand auf der Oberschenkelrückseite sowie an der Ferse.
- Die Übung ist hochintensiv, koordinativ schwierig und erfordert vom Partner einen wohldosierten Krafteinsatz.

Beinbeugen beidbeinig am Boden gegen Partnerwiderstand

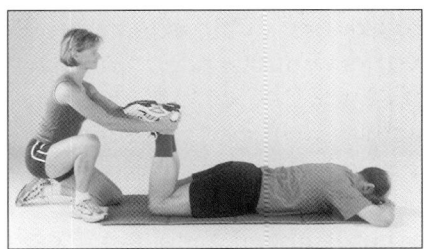

- Die Übungseffektivität ist vom Partnerwiderstand abhängig.
- Bauchlage, Kopf in Verlängerung der Wirbelsäule, Blick zum Boden. Die Rumpfmuskulatur anspannen.
- Der Partner kniet im Einbeinkniestand hinter dem Trainierenden und gibt Zugwiderstand an den Fersen.
- Der Trainierende beugt die Knie und bremst die Streckung gegen den Partnerwiderstand.
- Die Hüftbeugemuskulatur wird durch den Druck der Oberschenkel gegen den Boden statisch aktiviert. Bei stärkerem Widerstand und bei Muskelermüdung kippt der Übende das Becken (Zug ins Hohlkreuz).
- Die Übung kann auch einbeinig ausgeführt werden. Der Partner kniet dabei seitlich in Hüfthöhe des Trainierenden und gibt Druckwiderstand gegen die Ferse.

Arm- und Brustmuskulatur:

Liegestütz

- Die Hauptübung für die Kräftigung der Brust- und Armstreckmuskulatur ohne Gerät ist der Liegestütz mit seinen Varianten. Wichtig ist bei allen Übungsausführungen die Ganzkörperspannung. Der Rumpf und der Kopf werden in einer geraden Linie gehalten, der Blick ist zwischen die Hände gerichtet. Der Liegestütz mit schulterbreiter gerader Handstellung und anliegenden Armen aktiviert alle drei Anteile des großen Brustmuskels am stärksten.
- Beim Knieliegestütz bzw. Wandliegestütz (für Personen mit schwacher Stützkraft) ist die Aktivität deutlich geringer als beim horizontalen Liegestütz. Der horizontale Liegestütz ist eine gute Trainingsübung ohne Gerät. Beim Liegestütz mit erhöhten Beinen ist die Aktivierung noch höher.

| Knieliegestütz | Liegestütz mit erhöhten Beinen | Liegestütz rücklings zwischen zwei Bänken |

- Effektivste Übung ohne Gerät für die kurzen Trizepsköpfe.
- Stütz rücklings auf den Handballen zwischen zwei Bänken (oder an der Kante einer Bank). Die Fersen werden auf eine zweite Bank gestellt.
- Den Rumpf kontrolliert bis maximal 90° Ellbogenwinkel absenken (Arme beugen) und anschließend die Ellbogen wieder strecken.
- Es besteht eine hohe Belastung der vorderen Schultergelenkstrukturen. Die Übung sollte zumindest im gesundheitsorientierten Fitnesstraining – wenn überhaupt – nur mit kleiner Bewegungsamplitude im Bereich der annähernd gestreckten Ellbogengelenke durchgeführt werden. Ein tiefes Absenken mit einem Ellbogenwinkel kleiner als 90° erhöht die Schultergelenkbelastung zusätzlich, ohne dass der Vorteil einer höheren Aktivierung gegeben ist. In tiefen Winkelstellungen lässt die Aktivierung sogar nach, weil ein Teil des Gewichts jetzt auf den passiven Strukturen des Schultergelenks lastet.
- Die Übung ist eher eine Variante des Stützbeugens als eine Liegestützübung.

| breit | gerade, schulterbreit | innenrotiert, Finger zeigen schräg nach innen |

2. Abwärmen

Hartmut Schnuchel, Robert Gapp

2.1 Allgemeine Grundlagen des Abwärmens

2.1.1 Begriffsbestimmung

Synonym: Cool-down

Maßnahmen zur Vorbereitung der Physis und der Psyche auf die Erholungsphase nach dem Training. Das Abwärmen hat die Muskelentspannung und -entmüdung zum Ziel. Die Übungen (z. B. Stretching, lockeres Auslaufen) sollen den Regenerationsprozess einleiten. Gegensatz: Aufwärmen (Multerer in: Bös/Feldmeier 1992, 6)

2.1.2 Arten des Abwärmens

Beim Abwärmen lassen sich wie beim Aufwärmen **aktive** Verfahren (z. B. lockeres Auslaufen, auflockernde Spiele, bewusste funktionelle Dehnung, Entspannungsübungen) von **passiven** Verfahren (Duschen nach dem Sportunterricht) unterscheiden (Weineck 1990[3], 468), mit denen **allgemeines, spezielles,** sich an der vorhergehenden Belastung orientierendes, und **individuelles**, auf den Schüler mit seinen ganz persönlichen Gegebenheiten abgestimmtes Abwärmen möglich ist.

Da der Sportunterricht zeitlich eng begrenzt ist, steht für das Abwärmen im Rahmen des Schulsports nur wenig Zeit zur Verfügung. In einer Einzelstunde (45 Minuten) wird Abwärmen kaum länger als **3–5** Minuten in Anspruch nehmen können und bei einer Doppelstunde in der Regel auch nur **5–10** Minuten dauern. Im Vereinstraining bzw. im Wettkampfsport hingegen kann das aktive Abwärmen auf 10–30 Minuten ausgedehnt werden.

Mangels Zeit wird im Schulsport daher das **individuelle** Abwärmen höchstens in der Kollegstufe oder bei den Schulwettkämpfen eine Rolle spielen. Sinnvoll ist es, in das **allgemeine** Abwärmen Formen des **speziellen** Abwärmens aufzunehmen, die einen Bezug zur vorher betriebenen Sportart herstellen (z. B. Kombination der Beruhigungsatmung mit einem bewussten Dehnen der Wadenmuskulatur nach einer Ausdauerschulung). Abwärmende Maßnahmen müssen dabei nicht nur am Ende einer Unterrichtsstunde stehen, sondern eignen sich ausgezeichnet zum **Energietanken** und **Spannungsabbau** nach einer anstrengenden Belastungsphase.

Durch das Einbeziehen einer verstärkten Körperwahrnehmung/-beobachtung und der Atmung sowie das Schaffen einer angenehmen Atmosphäre (ruhige Stimme, Musik) eignen sich zum Abwärmen viele der Übungsformen, die beim allgemeinen, speziellen und individuellen Aufwärmen eingesetzt werden (z. B. variantenreiches Einlaufen, funktionelles Dehnen), um einen Übergang vom wissenschaftlichen Unterricht auf den Sportunterricht zu schaffen und um den Körper für den Hauptteil der Sportstunde zu aktivieren.

2.1.3 Allgemeine Anmerkung zur Entspannung und Entspannungsfähigkeit

Ein wichtiges Ziel des Abwärmens ist, dass sich die Schüler nach einer anstrengenden körperlichen Belastung entspannen und erholen können und wieder die **richtige** Spannung haben.

Sich entspannen können ist eine wesentliche Voraussetzung für ein gesundes Leben. Jeder Mensch ist ständig Spannungsschwankungen und somit *Stress* unterworfen. Stresssituationen werden dabei ganz unterschiedlich erlebt. Während Erfolgserlebnisse bei Prüfungen oder Wettkämpfen als angenehm empfunden werden, wirkt sich zu häufiger Stress, hervorgerufen beispielsweise durch Rastlosigkeit, Unzufriedenheit oder Angst vor Misserfolgen bzw. Versagen, als unangenehm, belastend und gesundheitsbeeinträchtigend aus.

Ein gewisser Spannungszustand ist immer notwendig, um bei sportlichen Anforderungen bzw. schulischen Prüfungen eine entsprechende Leistung erbringen zu können. Erforderlich sind jedoch auch Entspannungsphasen, in denen ein physischer, psychischer und psycho-sozialer Stressabbau stattfinden kann. Ein harmonischer Wechsel von Spannung und Entspannung ist Grundlage für persönliches Wohlbefinden, Ausgeglichenheit und Harmonie. Er unterstützt das körperliche Immunsystem, stärkt die biologischen Abwehrkräfte und verringert damit die Krankheitsanfälligkeit.

Bei Kindern und Jugendlichen nehmen Stressbelastungen immer mehr zu, und oftmals gelingt es ihnen nicht mehr, selbstständig psychische und soziale Spannungen abzubauen und eine ausgeglichene emotionale Befindlichkeit wiederherzustellen. Um den alltagsbedingten Spannungen besser begegnen zu können, müssen Kinder und Jugendliche die Fähigkeit zur gezielten Entspannung und Erholung bewusst entwickeln, erhalten und erweitern. Deshalb sind Entspannungsübungen sowie das Kennenlernen und Erlernen von Entspannungstechniken ein wichtiger Bestandteil des Sportunterrichts und auch der Bewegungspause im Klassenzimmer. Das sichere Beherrschen einer Entspannungsmethode und deren regelmäßige Anwendung verbessert die Fähigkeit zu einer vertieften Erholung und schafft damit eine wichtige Grundlage für eine erhöhte Aktivität und Leistungssteigerung.

Entspannung sollte nicht nur am Ende einer Sportstunde Eingang finden, Entspannung kann auch gezielt in das Aufwärmen integriert werden. Mit Atemübungen, Übungen aus der Kinesiologie oder der Progressiven Muskelrelaxation lassen sich beispielsweise negative Spannungen nach Schulaufgaben abbauen und die Aufmerksamkeit und Aufnahmefähigkeit erhöhen. **Entspannung ist ein wichtiger Bestandteil eines gesundheitsorientierten Sportunterrichts und der ganzheitlichen Erziehung unserer Schülerinnen und Schüler.**

2.1.4 Wirkungen des Abwärmens

Da der Sportunterricht den Körper vielseitig belasten soll, kann es zu peripherer Ermüdung (Anhäufung von Stoffwechselprodukten) und zur zentralen Ermüdung (Abnahme der Konzentration) kommen. Deshalb ist es empfehlenswert, den Unterricht mit Abwärmen zu beenden. Es ist auch wenig sinnvoll, hohe körperliche Belastungen bis zum Ende der Sportstunde zu fordern, wenn Schüler ihre **Energiedepots** bereits aufgebraucht haben, keine Lust mehr verspüren weiterzumachen und die Aggressivität z. B. im Spiel zunimmt. Bei einem gut geplanten Unterricht sollten daher immer 3 bis 5 Minuten für das **Cool-down** zur Verfügung stehen.

Der Einsatz **aktiver** Abwärmmaßnahmen vermag die Wiederherstellungsprozesse des Körpers unter physischen und psychischen Gesichtspunkten zu beschleunigen, eine erhöhte und schnellere Wiederbelastbarkeit im sportlichen Bereich herbeizuführen und psycho-soziale Spannungen abzubauen. Gezieltes Abwärmen kann eine kontrollierte Rückführung der Körperkerntemperatur auf den Ausgangswert und eine Beruhigung der durch die sportliche Betätigung verursachten, „kurzfristig reversiblen (wieder umkehrbaren) Auslenkungen" bei den verschiedenen Funktionssystemen bewirken (Freiwald 1991, 30). Insbesondere wird die Produktion jener Hormone zurückgefahren, die während einer Leistungsphase vermehrt ausgeschüttet werden (Adrenalin, Noradrenalin, Katecholamin, zuckerspaltende Hormone) und auf eine Stoffwechsellage umgeschaltet, die für Erholungsprozesse typisch ist. Somit ist ein schnelleres Auffüllen der Glycogen- und Triglyceridspeicher in den Muskel-, Leber- und Fettzellen möglich (Freiwald 1991, 19 f.).

Abwärmende Maßnahmen führen zu einer Beruhigung und kontrollierten Rückführung aller auf Leistung eingestellten Parameter des Herz-Kreislauf-Systems, der Muskulatur, des Kapsel-Band-Sehnen-Knorpel-Systems, des nervösen und psychischen Systems.

▶ *Physiologische Wirkungen* (VAITL/PETERMANN 1993, 27–60)

Die Auswirkungen von abwärmenden, entspannenden Maßnahmen im Training sind vielfältig:

● **Neuromuskuläre Veränderungen**

Durch Entspannung wird der **Muskeltonus** gesenkt. Gerade darauf zielt beim Autogenen Training die Schwere- und Wärmeübung ab. Es ist allerdings anzunehmen, dass die während der Schwere- und Wärmeübung auftretenden Effekte wahrscheinlich allein schon durch die Ruheposition zustande kommen und sich im Laufe der Übung weiter entwickeln. Auch durch Atemübungen, eine bewusste Körperwahrnehmung und durch die Progressive Muskelrelaxation lässt sich der Muskeltonus reduzieren.

● **Kardiovasculäre Veränderungen**

Die peripheren **Blutgefäße** werden erweitert und führen zu einem vermehrten Blutfluss in den Extremitäten. Dadurch kann es schon in einem frühen Stadium des Entspannungstrainings zu Wärmeempfindungen kommen. Erstes Anzeichen kann ein Kribbeln in den Händen sein.

Beim Autogenen Training zielt die Wärmeübung auf eine Zunahme des Blutflusses ab, aber auch durch Übungen aus der Eutonie kann dieser Effekt verstärkt werden. Wird das Autogene Training beherrscht, können „Wärmesensationen" bereits vor der Wärmeübung auftreten, wenn der Übende die gewohnte Ruheposition einnimmt oder sich die Schwere vorstellt.

Durch den Wegfall körperlicher Belastung kommt es zu einer Verlangsamung des **Pulsschlages**. Eine Abnahme der Herzrate, die über das Maß hinausgeht, welches allein schon durch den Wegfall körperlicher Belastung und emotional-kognitiver Beanspruchung erreicht wird, kann durch die Anwendung von Entspannungsverfahren allein nicht erreicht werden. „Die Erwartung, durch Entspannungsmethoden drastische Senkungen der Herzrate zu erzielen, haben sich nicht bestätigt, selbst wenn in Einzelfällen über spektakuläre Verlangsamungen des Pulsschlages berichtet worden ist. Dies schließt jedoch nicht aus, dass sich während der Entspannung charakteristische Veränderungen der Herztätigkeit ergeben können" (VAITL/PETERMANN 1993, 41).

Durch Dämpfung des Sympathikus kann mit Entspannungsverfahren der Blutdruck bei normalem und erhöhtem **Blutdruck** (Hypertonie) gesenkt werden. Blutdrucksenkungen ergeben sich allerdings nur nach langem und systematischem Entspannungstraining.

● **Veränderung der Atmung**

Mit Entspannungsverfahren lässt sich eine schnellere Verlangsamung der Atemfrequenz, eine Gleichmäßigkeit der Atemzyklen und eine Abnahme des Sauerstoffverbrauchs erreichen. Durch gezieltes Üben ist eine Umstellung von der Brust- auf die gesündere Bauchatmung möglich.

● **Hirnelektrische Veränderungen**

Durch Entspannungstraining kann der Aktivierungsgrad der Großhirnrinde gesenkt werden. Während des Einschlafens abends im Bett verläuft der Übergang vom *Hellwachsein* zum *Einschlafen* relativ schnell. Die Kunst der einzelnen Entspannungsverfahren besteht hingegen darin, den Übenden länger in einem entspannenden *Voreinschlafstadium* (Zwischenbereich von Hellwachsein und Einschlafen) zu halten. Der Übende kann auf diese Weise seine Energiedepots auffüllen und seine Konzentrationsfähigkeit steigern.

● **Veränderungen des vegetativen Nervensystems**

Das vegetative Nervensystem und somit das Zusammenspiel der Organe kann durch den Einsatz von Entspannungsverfahren im Rahmen des Abwärmens ebenfalls beeinflusst werden. Die Erregungsbereitschaft des Sympathikus wird gedämpft; somit werden die sympathischen Impulse an die Organe reduziert, aber nicht unterbunden. Es entsteht eine Balance zwischen den beiden Regulationskomponenten Sympathikus *(Leistungsnerv)* und Parasympathikus *(Erholungsnerv),* was für ein gesundes und stressfreies Leben wichtig ist.

Der bei körperlichen und sportlichen Aktivitäten erregte Sympathikus kann durch Entspannung wieder ins Gleichgewicht zu seinem Gegenspieler, dem Parasympathikus, gebracht werden. Deshalb sind Entspannungsübungen nicht nur beim Abwärmen, sondern auch beim Bundeswettbewerb *Jugend trainiert für Olympia* in der Vorbereitung auf den Wettkampf (Aufwärmphase) und in Wettkampfpausen wichtig, um eine zu starke nervale Erregung zu reduzieren.

Nachdem Entspannung (besonders beim Autogenen Training) eine starke Muskelentspannung und psychomotorische Verlangsamung zur Folge hat, muss die Muskulatur vor dem Wettkampf nochmals aktiviert werden (KRAMPEN 1992, 100).

● Aktivierung des Stoffwechsels

Durch Auslaufen, auflockernde Spiele und Entspannung werden nicht nur die bisher genannten Größen reduziert, es kann auch zur Senkung der Körperkerntemperatur und zum schnelleren Abbau „saurer" Stoffwechselprodukte kommen. Muskelübersäuerungen können durch bewusstes Dehnen und bei Anwendung der richtigen Dehntechnik schneller beseitigt werden (WEINECK 1990[3], 241).

● Erholung des aktiven und passiven Bewegungsapparates

Muskuläre Verspannungen und Kontraktionsrückstände der Muskulatur (z. B. nach intensivem Krafttraining) lassen sich durch funktionelles Dehnen reduzieren.

Aber auch der passive Bewegungsapparat (Knochen, Knorpel und Bänder) profitiert von abwärmenden Maßnahmen. Mit gezieltem Stretching, Entspannungshaltungen sowie Lockerungs- und Entspannungsübungen kann die Wirbelsäule wieder entlastet und Fehlbelastungen entgegengewirkt werden; die Ernährung der Bandscheiben wird ebenfalls verbessert. Dabei muss beachtet werden, dass die Erholung des passiven Bewegungsapparates wesentlich länger dauert als die des aktiven.

▶ *Psychosomatische Aspekte*

Es sollte uns immer wieder bewusst werden, dass Körper, Geist und Seele eine Einheit bilden und nicht voneinander getrennt werden können. So trainieren wir im Sportunterricht nicht nur den Körper, sondern leisten durch Entspannung auch gute Dienste für Geist und Seele, womit beim Schüler Wohlbefinden und Leistungsfähigkeit gesteigert werden.

Ein wesentlicher Vermittler zwischen psychischen und körperlichen Reaktionen ist das vegetative oder autonome Nervensystem, das u. a. Herzschlag, Atmung und Verdauung steuert. Durch diese Verbindung wird deutlich, dass Schüler, die unter dauernder seelischer Belastung stehen, ein schwaches Immunsystem haben, und dass bei Prüfungsängsten Magen- und Kopfschmerzen auftreten können. Angst, Ärger, Wut und Enttäuschungen rufen sehr häufig muskuläre Anspannungen hervor und können sich zu schmerzhaften Muskelverspannungen steigern und sogar dauerhafte Fehlhaltungen hervorrufen. Ein mutloser Schüler, der ständig niedergeschlagen ist und den Kopf hängen lässt, provoziert durch seine Körperhaltung Kreuzschmerzen und irreversible Haltungsschäden.

Durch die komplizierten Wechselbeziehungen zwischen Wirbelsäule und Psyche ist es auch möglich, dass lang anhaltende Kreuzschmerzen, verursacht durch Inaktivität und langes und falsches Sitzen in der Schule, bei den Hausaufgaben und bei der Freizeitbeschäftigung (Fernsehen, Computerspiele), Auswirkungen auf die Psyche haben können und den Schüler negativ belasten. Folglich werden die schulischen Leistungen abnehmen (ENGELMANN 1995, 89–93). Deshalb sollte jede Sportstunde Situationen beinhalten, in denen der Schüler Lockerheit und Anspannung bewusst erfahren kann und ein harmonischer Wechsel von Spannung und Entspannung gefördert wird. Hierzu eignen sich psychophysische Regulationstechniken wie Eutonie, Progressive Muskelrelaxation, Autogenes Training und Atemübungen sehr gut.

▶ *Psychologische Aspekte*

Damit Sportunterricht einen Ausgleich zum kognitiven Unterricht im Klassenzimmer schafft, darf er nicht nur Anspannung beinhalten bzw. mit Anspannung enden. Ein entspannendes Abwärmen ist notwendig, damit die Schüler nicht gestresst in den wissenschaftlichen Unterricht gehen. Körper und Psyche müssen wieder zur Ruhe kommen. „Zur Wiederherstellung nach hohen psychischen Belastungen sollte auf aktive Maßnahmen (z. B. Lockerungs- und Entspannungsübungen) zurückgegriffen werden, die die psychische Regenerierung unterstützen." „Nach Belastungen, die zu einer starken geistigen oder emotionalen Ermüdung führen, ist auf einen Wechsel der sportlichen Betätigung zu achten, um die Wiederherstellungsprozesse zu beschleunigen" (Weineck 1990[3], 470).

▶ *Psycho-soziale Aspekte*

Entspannungsphasen im Unterricht steigern das psychische Wohlbefinden des Einzelnen. Dies wirkt sich förderlich auf das Individual- und Sozialverhalten der Schüler im Unterricht aus, es können sich dadurch auch positive Wirkungen bei Mitschülern und der Gesamtklasse im unterrichtlichen und außerunterrichtlichen Geschehen ergeben.

Disziplinäre Probleme einzelner Schüler, die möglicherweise durch Familienkonflikte, Angst, Misserfolg, Aggressionen oder Stress begründet sind, können durch regelmäßig ausgeübtes Entspannungstraining reduziert werden, was wiederum das Sozialverhalten in der Klasse positiv beeinflusst. Wird zusätzlich Entspannung in **Bewegungspausen** nach anstrengenden Unterrichtssequenzen, vor und nach schriftlichen Leistungserhebungen oder bei schulischen Konflikten angestrebt, wird sich auch das Verhältnis zwischen Schülern und Lehrkräften zunehmend verbessern. Eine bessere Aufnahme- und Leistungsbereitschaft sind die Folge.

▶ *Was der Schüler über die Wirkungen des Abwärmens wissen sollte*

Abwärmen bedeutet:
– *Ich senke meine „Betriebstemperatur".*
– *Ich bin schneller erholt (z. B. kürzere Erholungszeit in einer Turnierpause) und dadurch leistungsfähiger.*
– *Ich entlaste Muskeln und Gelenke (Pflege des aktiven und passiven Bewegungsapparates).*
– *Ich bin wieder entspannt und z. B. „fit für Mathe".*
– *Ich bin weniger aggressiv.*
– *Konflikte in der Klasse können vermieden bzw. leichter gelöst werden.*
– *Ich fühle mich insgesamt wohler nach dem Abwärmen.*
– *ICH HABE DIE **RICHTIGE** SPANNUNG!*
(vgl. Brodbeck/Stemper 6/1988, 19)

2.1.5 Aktives Abwärmen

Das Abwärmen sollte wie das Aufwärmen abwechslungsreich gestaltet werden, um die Motivation der Schüler zu erhalten. Die Methode ist auf die vorherige Belastung auszurichten. Einige Erwärmungs- und Dehnungsübungen des Aufwärmens können auch beim Abwärmen angewandt werden. Es ist aber auch darauf zu achten, dass z. B. Auslaufen und auflockernde Spiele langsam gestaltet werden, da ja das Herz-Kreislauf-System nicht angeregt, sondern beruhigt werden soll. Ein leichtes Auslaufen beschleunigt den Laktatabbau deutlich. Der Lehrer sollte die Dehnungsübungen (Stretching) mit ruhiger Stimme ansagen und neben der Dehnung auf den Entspannungscharakter (Atmung) achten. Auf statische und dynamische Kräftigungsübungen ist zu verzichten.

Oftmals genügt schon das Anhören von ruhiger Musik, um eine Beruhigung und Entspannung herbeizuführen.

Für das **aktive** Abwärmen in der Schule sind u. a. geeignet:

- Leichtes Auslaufen
- auflockernde Spiele mit geringer Intensität (vgl. Kap. II Pkt. 4)
- *Entspannung durch Körperbewusstseinsübungen, gelenkte Körperwahrnehmung und Üben mit Bewusstheit*
  - Übungen mit Tennisbällen/Stäben (allein bzw. mit Partner)
  - bewusstes funktionales Dehnen (ohne bzw. mit Beruhigungsatmung)
  - Körperbeobachtung im Laufen, Gehen, Stehen, Liegen, bei Dehnübungen, bei der Ballschulung
  - Reise durch den Körper
  - Atembeobachtung
- *Entspannungstechniken*
  - Beruhigungsatmung
  - Progressive Muskelrelaxation nach Jacobsen/Muskuläres Tiefentraining (MTT)
  - Autogenes Training (Ruhe-, Wärme- und Schwereübung/AT in Entspannungsgeschichten und Phantasiereisen)
- *Entspannungsgeschichten, geführte Phantasiereisen, Meditationen*
- *Entspannungshaltungen*
- *Sonstige Entspannungs-, Energie- und Konzentrationsübungen* (Übungen aus der Kinesiologie)

Viele der genannten Formen des Abwärmens bzw. der Entspannung lassen sich miteinander kombinieren (vgl. Kapitel II Pkt. 2.2.9). Als Einstieg in die Entspannung eignen sich insbesondere Körperbewusstseins- und Kontaktübungen und gelenkte Körperwahrnehmung.
Da Schüler mit dem Abwärmen bisher kaum Erfahrungen gesammelt haben, ist es empfehlenswert, diese für sie neuen Inhalte in einer Unterrichtseinheit *Entspannung* aufzuarbeiten.

2.1.6 Passives Abwärmen

Der Sportunterricht sollte so rechtzeitig beendet werden, dass die Schüler noch die Möglichkeit erhalten, sich Hände, Gesicht und Oberkörper zu waschen bzw. sich zu duschen. Eine gesunde Körperpflege ist Bestandteil des passiven Abwärmens. So sollte auch Wert darauf gelegt werden, dass die Schüler die verschwitzte Sportkleidung wechseln und die Sportschuhe nicht als Straßenschuhe benutzen.

2.1.7 Begleitende Maßnahmen zur Beschleunigung der Regeneration

In kurzen Unterrichtsgesprächen kann den Kindern mitgeteilt werden, dass eine ausgewogene Ernährung und Schlaf die Regenerationsprozesse unterstützen und somit die Konzentrationsfähigkeit in der Schule verbessern.
Auch ist darauf zu achten, dass nach sportlichen Aktivitäten das Flüssigkeitsdefizit durch geeignete Getränke (Apfelsaftschorle, Mineralwasser) wieder ausgeglichen wird.

2.1.8 Zusammenfassung

- Abwärmen gehört wie das Aufwärmen zu einem gesundheitsorientierten Sportunterricht für alle Schüler, also auch Erstklässler, Abiturienten sowie Auszubildende, der physische, psychische und psycho-soziale Aspekte berücksichtigt und nach Aktivierung und Anspannung auch dafür sorgt, dass die Schülerinnen und Schüler wieder mit der **richtigen** Spannung in die nächste Unterrichtsstunde gehen können.
- **5** Minuten **aktives** Abwärmen reichen für eine Doppelstunde aus, in einer Einzelstunde sollten zumindest **3** Minuten möglich sein.

- Das Abwärmen sollte abwechslungsreich gestaltet werden und ist nicht nur am Ende einer Sportstunde, sondern auch während des Sportunterrichts nach einer anstrengenden Belastungsphase sinnvoll. Gerade nach einer anstrengenden sportlichen Betätigung werden die Schülerinnen und Schüler schnell in den Entspannungszustand kommen. Allerdings müssen die Schülerinnen und Schüler bei hohen Belastungswerten langsam in die Entspannung geführt werden (z. B. mit gezielter Körperbeobachtung im Gehen). Nicht sofort die Rückenlage einnehmen lassen!
- Atem- und Körperwahrnehmungsübungen, bewusstes funktionelles Dehnen und die Progressive Muskelentspannung lassen sich beim Aufwärmen geschickt integrieren.
- Vielfältige positive physische, psychische und psycho-soziale Effekte werden erreicht, wenn regelmäßig die Möglichkeit zur Entspannung im Sportunterricht und in den Bewegungspausen im Klassenzimmer gegeben ist. Besonders Schüler mit Konzentrationsschwächen, Prüfungsängsten, Nervosität und Verhaltensauffälligkeiten können davon profitieren, wenn sie sich zusätzlich zu Hause regelmäßig entspannen bzw. Entspannungskurse bei Volkshochschulen, Krankenkassen oder Sportvereinen besuchen.

Entspannung ist ein wichtiger Beitrag zur *Ganzheitserziehung* der Kinder!

Literatur:

BAYERISCHES STAATSMINISTERIUM FÜR UNTERRICHT, KULTUS, WISSENSCHAFT UND KUNST: Konzept für die Staatliche Lehrerfortbildung: Fachlehrplan Sport für das Gymnasium – Lernbereich Gesundheit: Abwärmen. München 1992, S. 31–36.

BÖS, K./FELDMEIER, C.: Lexikon: Bewegung & Sport zur Prävention & Rehabilitation. Oberhaching: sportinform 1992.

BRODBECK, W./ STEMPER, TH.: Erhitzt zu Mathe oder Cool-down im Sportunterricht? In: Sportpädagogik 6/1988, Seelze: Erhard Friedrich.

ENGELMANN, J.: Gymnastik für die Halswirbelsäule. Niedernhausen: Falken 1995.

FREIWALD, J.: Aufwärmen im Sport. Reinbek: Rowohlt 1991.

KRAMPEN, G.: Einführungskurse zum Autogenen Training. Göttingen, Stuttgart: Angewandte Psychologie 1992.

VAITL, D./ PETERMANN, F.: Handbuch der Entspannungsverfahren – Band 1. Weinheim: Psychologische Verlags Union 1993.

WEINECK, J.: Sportbiologie. Erlangen: Perimed 1990[3].

Robert Gapp, Hartmut Schnuchel

2.2 Didaktisch-methodische Grundsätze zum Entspannungstraining und Praxisbeispiele

Dieser Artikel gibt viele Anregungen zur Entspannung im Sportunterricht und ist eine Sammlung von Praxisbeispielen unterschiedlichster Entspannungstechniken. Sportlehrer mögen diejenigen Beispiele auswählen, die für ihren Unterricht geeignet erscheinen und die sie mit ihren Schülern bei einem mindestens 3–5-minütigen Abwärmen auch umzusetzen in der Lage sind.

2.2.1 Grundsätzliches für alle Entspannungstechniken

Folgende Prinzipien und Tipps sollten bei allen Entspannungsverfahren beachtet werden (vgl. Buskies/Boeckh-Behrens 1996[2]/II und Krampen 1991):

- Gespräch mit den Schülern vor Beginn der Entspannung über die Körperlage und die Übungen
- kein Zeitdruck für die Zeit der Entspannung
- einengende Kleidungsstücke lockern, Brillen abnehmen, evtl. Kontaktlinsen entfernen
- Einnehmen einer bequemen Körperlage:
  Rückenlage (Liegeposition): Beine werden locker gestreckt oder leicht angestellt (bei Rückenschmerzen) und leicht geöffnet, Fußspitzen fallen nach außen, Arme liegen leicht nach außen angewinkelt neben dem Körper, ohne die Oberschenkel zu berühren, Daumen zeigen nach oben. Die Hände sind leicht geöffnet, Handflächen zeigen entweder nach oben oder unten, sie berühren den Boden nicht.
  Droschkenkutscherhaltung (Sitzposition): Beine werden breit auseinander aufgestellt, Unter- und Oberschenkel bilden einen rechten Winkel, die Füße stehen flach auf dem Boden. Die Unterarme liegen so auf den Oberschenkeln, dass sich beide Hände nicht berühren. Die Hände sind leicht geöffnet, Handflächen zeigen entweder nach oben oder nach unten, sie berühren die Oberschenkel nicht. Der Oberkörper wird leicht nach vorne gebeugt, er ruht in der Körpermitte/über der Körperachse.
  Auch andere bequeme Körperlagen sind möglich.
- Augen werden in der Regel geschlossen.
- Umstellen auf die Bauchatmung (Bauchdecke hebt und senkt sich)
- Störfaktoren von außen und innen nicht beachten (Geräusche/Gedanken)!
- Entspannung mit einer Sammelphase beginnen (z. B. bei der Einatmung die Kühle, bei der Ausatmung die Wärme spüren, den Luftstrom bei der Ein- und Ausatmung spüren, beobachten, wie sich beim Atmen die Bauchdecke hebt und senkt)!
- Startsignal wählen (z. B. vertiefte Ausatmung, Zählen bis fünf); dadurch wird dem Körper angezeigt, dass die Entspannung beginnt.
- Kribbeln, Wärme und Schwere in der Muskulatur sind Anzeichen für eine einsetzende Entspannung.
- Bei auftretendem Unwohlsein, Schmerzen und Verspannungen die Entspannung mit **Zurücknehmen** beenden.
- Bei der Anwendung des Autogenen Trainings und der Progressiven Muskelrelaxation muss die Entspannungsphase durch das **Zurücknehmen** beendet werden. Beim kurzzeitigen Einsatz anderer Entspannungstechniken ist meist ein langsamer Übergang vom „Nichtstun" zu mehr Aktivität ausreichend *(zur Seite drehen, mit offenen Augen 20 bis 30 Sekunden liegen, langsam über die Seite hochkommen).*

Beispiel für eine systematische Zurücknahme:

1. **Fäuste ballen! Arme fest!**
   (Hände mehrmals zu Fäusten ballen und öffnen, Arme mehrmals kräftig beugen und strecken, sich recken und strecken.)
2. **Tief atmen!**
   (Mehrmals tief und hörbar ein- und ausatmen.)
3. **Augen auf!**
   (Augen öffnen und sich über die Seite zum Sitz aufrollen.)

   Diesen drei Formeln aus dem Autogenen Training kann folgender Text vorgeschaltet werden:
   Ich zähle jetzt von fünf bis eins; wenn ich „eins" sage, fühle ich mich ganz frisch, wach, konzentriert, bereit für die kommende Aufgabe; alle Glieder gehorchen dem Willen, alle Sinne nehmen die Wirklichkeit wahr.
   Wird dieser Satz von der Lehrkraft vorgesprochen, dann zählen die Schüler ab „drei" laut mit.

- Die Wirkungen des Entspannungstrainings werden sich nur dann einstellen, wenn **selbstständig** und **regelmäßig** geübt wird. Nicht nur Bewegung, sondern auch Entspannung muss erlernt werden.
- Entspannen im Sportunterricht sollte mindestens **3** bis **5** Minuten umfassen.
- Bei der Durchführung von Entspannungsübungen sind ein kalter Boden, Luftzug, kalte Hände und Füße störend. Matten oder Decken als Unterlage und warme Kleidung erweisen sich als vorteilhaft.
- Der Erfolg von Entspannungsübungen ist ganz wesentlich von der Art der Vermittlung abhängig. **Wortwahl, Lautstärke** und **Sprachtempo** müssen dem Ziel der Entspannung angepasst sein.
- Die Lehrkraft sollte stets **alle** Schüler im Blickfeld haben, um eine Rückmeldung über den Grad der Entspannung zu erhalten.
- Zu einer entspannten Lernatmosphäre trägt gewöhnlich auch Musik bei. Sie sollte **leise, langsam, „meditativ",** nicht zu rhythmisch sein, und das Taktmaß etwa dem Herzrhythmus entsprechen. Ruhige Hintergrundmusik vermag nicht nur störende Außenreize abzuschirmen, sondern unterstützt die Entspannung und erleichtert den Einstieg in das jeweilige Verfahren.

Musikvorschläge für das Entspannungstraining:

Ausgezeichnet geeignet für Entspannungssequenzen unterschiedlicher Länge und Art sind die Musikstücke der Begleit-CD zur Lehrerfortbildung *„Sich leisten, nichts zu leisten – Wege zur richtigen Spannung"* (Bezugsadresse: Robert Gapp, Zwingweg 28, 83346 Bergen).
Die bei verschiedenen Praxisbeispielen angegebenen Musikhinweise beziehen sich auf Musiktitel der Begleit-CD.

Weitere empfehlenswerte Musikstücke bzw. CDs:

1 **GOMER E. EVANS** – Friends of the Earth (10:13), (Titel der Original-CD: Widder): Zeitlupe/Reise durch den Körper/Tennisballmassage/Partnerübungen zur besseren Körperwahrnehmung/Atembeobachtung/Bewusstes Dehnen/Sensorische Entspannung/Entspannungsgeschichten/Fantasiereisen

2 **KODO** – Zoku/Kariuta (4:25), (Titel der Original-CD: Blessing of the earth): Schütteln mit anschließender Atembeobachtung bzw. Beruhigungsatmung

3 **MAYERHOLZ/REICHLE-ERNST** – relax (8:11), (Titel der Original-CD: Einfach lostanzen – Begleit-CD zum Buch): Atembeobachtung/Abdruck im weichen Sand/Körperreise/Sensorische Entspannung/Entspannungsgeschichten und Fantasiereisen/Überkreuzen der Sinne/Progressive Muskelrelaxation

4 **GOMER E. EVANS** – The morning song (9:18), (Titel der Original-CD: Nature healing): Atembeobachtung/Abdruck im weichen Sand/Körperreise/Sensorische Entspannung/Entspannungsgeschichten und Fantasiereisen/Überkreuzen der Sinne/Progressive Muskelrelaxation/Atemübungen

5 **WIESE/DE JONG/GRASSOW** – el HADRA (2:58), (Titel der Original-CD: el-Hadra, the Mystik Dance, Stück Nr. 2): Atemübungen mit anschließender Atembeobachtung/OM/Ruhe

6 **JOH. DITTERS v. DITTERSDORF** – Andantino (7:12), (Titel der Original-CD: Meditation – Entspannen mit klassischen Melodien): Sich treiben lassen/Überkreuzen der Sinne/Entspannungsgeschichte

7 **ENYA** – Evening Falls … (3:49), (Titel der Original-CD: watermark): Gegenstands(Stein-)meditation/Ein schöner Traum

8 **PINK FLOYD** – Shine on you crazy diamond (3:58), (Titel der Original-CD: A collection of great dance songs): Sich entspannen/Sternenhimmel/Weit weg

9 **LORENTZEN/VIRKMANN** – improvising (3:14), (Titel der Original-CD ALPHA): Ruhe finden/Atembeobachtung/Gedanken ziehen in die Ferne

10 **H. v. GOISERN** – Da Juchitza (3:35), (Titel der Original-CD: Wia die Zeit vergeht …): Fliegen wie der Vogel im Wind/Über den Bergen, Täler, Feldern und Seen/Freiheit

11 **L. v. BEETHOVEN** – Adagio un poco mosso (3:56), (Titel der Original-CD: Beethoven: Piano Concertos 4&5, gespielt von Daniel Barenboim und den Berliner Philharmonikern): Beruhigungsatmung/Das Bächlein/Wolken ziehn vorbei/Ruhe und Stille/Überkreuzen der Sinne

12 **DEUTER** – Grass grows by itself/Easy is right (11:24), (Titel der Original-CD: Celebration): Löwenzahnmeditation

- Ash Ra: Tempelschwingen
- Ralf Eugen Barttenbach: Desire for love/Angels kisses/Elements of love
- Chrystalia: Angels of Paradise
- Georg Deuter: Celebration
- Enya: watermark
- Gomer Edwin Evans: Nature Healing/Steinbock/Widder
- Michele Jarre: Oxygene
- Kitaro: Silk road/Silver cloud
- Pink Floyd: Wish you were here/Shine on you crazy diamond
- Sandelan: To you/Silence/Divine Harmony
- Daniela Thalmann: Zauberklänge
- Wiese/De Jong/Grassow: el Hadra
und viele klassische Musikstücke

● Nach Beendigung der Entspannungsübungen sollten die Schüler die Möglichkeit erhalten, über die gemachten Erfahrungen, möglicherweise auftretende Schwierigkeiten oder den Sinn derartiger Übungen zu sprechen **(Abschlussgespräch)**. Hierbei treten manchmal Schwierigkeiten auf, da es ein Großteil der Schüler nicht gewohnt ist, Wahrnehmungen und Empfindungen zu verbalisieren. Beispiel für die **Gestaltung eines Abschlussgesprächs**:

Wie fühlst du dich, wie geht es dir jetzt?
Bist du jetzt müde oder wach und frisch?
Hast du spüren können, ob deine Arme und/oder Beine schwerer wurden oder warm?
Welches Gefühl hast du jetzt in deinen Händen? Wie ist es, wenn du mal schnell eine Faust machst?
Geht das leicht oder schnell? Fühlt es sich an, als seien deine Finger dicker und länger geworden?
Hast du Geräusche von außen gehört, wie z. B. jemand gehustet hat, den Lärm in der Halle nebenan oder wie Fahrzeuge (Lastwagen) vorbeifuhren?

- Schüler, die nicht bereit sind, sich auf Entspannungsübungen einzulassen, dürfen nicht dazu gezwungen werden. Sie sollen aber dazu verpflichtet werden, diejenigen nicht zu stören, die sich entspannen wollen.
- Bei Entspannungstechniken, wie z. B. bei Progressiver Muskelrelaxation und Autogenem Training, handelt es sich um psycho-physische Regulationstechniken. Sie sollten im Unterricht nur dann angewendet werden, wenn die Lehrkraft diese Methoden beherrscht und über Eigenerfahrung verfügt. Die Schüler sind in diese Techniken genau einzuweisen und über mögliche Probleme zu informieren.
- Mitunter können beim Entspannungstraining individuelle Schwierigkeiten auftreten: ein mulmiges Gefühl im Magen, sich aufdrängende (negative) Gedanken, Angstgefühle, ungewöhnliche Empfindungen während der Entspannung u. a. Die entstehenden Probleme sind dabei von unterschiedlichster Art und zeigen sich bei jedem anders (vgl. BERNSTEIN/BORKOVEC 1995[7], 107 ff.). Während eines 5–10-minütigen Entspannungstrainings in der Schule treten solche Schwierigkeiten allerdings seltener auf als bei Entspannungskursen z. B. der Volkshochschule. Sollten sich doch einmal Probleme ergeben, so ist sorgsam damit umzugehen; sie bedürfen einer Lösung im Abschlussgespräch.

2.2.2 Entspannung durch Körperbewusstseinsübungen, gelenkte Körperwahrnehmung und Üben mit Bewusstheit

▶ *Grundsätzliches*

Körperwahrnehmungs- und -bewusstseinsübungen (z. B. aus der Eutonie) sowie bewusstes Üben (z. B. Dehnen) verbessern das Körperbewusstsein und stimulieren die Durchblutung und den Stoffwechsel. „Es ist ein bekanntes Phänomen, dass die Zirkulation in dem Körperteil angeregt wird, auf den sich die Aufmerksamkeit richtet. Auch der Tonus (also die Spannung innerhalb des sehr differenzierten Muskelsystems unseres Körpers) hängt davon ab, worauf wir unsere Aufmerksamkeit lenken" (KJELLRUP 1993[7], 21).

Die Konzentration auf Knochen und Skelett bewirkt eine Tonuserhöhung und vermittelt das Gefühl, leichter und beweglicher zu sein (BRAND 1993[2], 23). Eine gezielte und gesammelte Aufmerksamkeit auf Muskeln und den Körperinnenraum hingegen senkt den Tonus; durch eine verstärkte Durchblutung werden Verspannungen gelöst, und es kann sich das Gefühl einer *inneren Ruhe* einstellen (KJELLRUP 1993[7], 25).

Wahrnehmungs- und Bewusstseinsübungen sind so zahlreich wie es Bewegungsaufgaben im Sportunterricht gibt. Es bedarf allerdings einer grundlegenden Änderung: Der Schüler muss sich bewusst sein, was und wie er etwas tut, er muss Aufmerksamkeit entwickeln, beim Üben ganz dabei sein, sich selbst beobachten und sorgfältig mit Anstrengung, Ermüdung und wirklichem Bewegungsbedürfnis umgehen (SCHRICKER 1985, 54).

Der Sportunterricht sollte und darf daher nicht nur vom Wer schafft mehr? geprägt sein, sondern dem Schüler muss die Gelegenheit gegeben werden, einmal weniger zu leisten, als er eigentlich leisten könnte, sich zu leisten, nichts zu leisten und zu beobachten, was und wie er es tut (SCHRICKER 1985, 56). Bewusstheit lässt sich nicht erzwingen, sie kann aber angeregt werden durch Fragen und Beobachtungsaufgaben:

- *Wo spürst du den Dehnreiz, welche Muskeln oder Muskelgruppen sind beteiligt?*
- *Vergleiche vor und nach dem Dehnen die linke und rechte Seite.*
- *Wann atmest du aus, beim Beugen oder beim Strecken?*
- *Welcher Teil der Handinnenfläche berührt beim Dribbeln den Ball? Wie lange hat deine Hand Kontakt mit dem Ball? Kannst du die Beschaffenheit der Balloberfläche ertasten?*
- *Wie fest hältst du den Badmintonschläger (die Reckstange ...)? Welches Gefühl hast du, ist der Griff zu locker, zu fest oder genau richtig?*
- *Wie setzt dein Fuß beim Gehen (Traben, Laufen ...) auf dem Boden auf? Wie koordinieren die Beine mit der Hüfte, den Schultern, den Armen und mit der Atmung?*
- *Wie taucht deine rechte, wie deine linke Hand in das Wasser ein?*

Bewegungsabläufe werden auf diese Weise bewusst vollzogen und können nicht mechanisch werden. „Rein mechanisch ausgeführte Bewegungen (z. B. Maschinenschreiben) rufen auf die Dauer meist Blockaden und Verspannungen hervor" (KJELLRUP 1993[7], 11). Üben bekommt so eine ganz andere, eine hochwertigere Qualität.

BRAND, KJELLRUP, FELDENKRAIS, WILDMANN u. a. beschreiben viele auch in der Schule einsetzbare Übungen, mit denen durch Bewusstheit ein Spannungsausgleich und die **richtige** Spannung herbeigeführt werden können.

▶ *Praxisbeispiele*

Die bei den Praxisbeispielen angegebenen Musikstücke beziehen sich auf Musiktitel der Begleit-CD zur Lehrerfortbildung *„Sich leisten, nichts zu leisten – Wege zur richtigen Spannung"*.

A. Fußsohlenmassage mit dem Tennisball (vgl. KJELLRUP 1993[7], 30)

Bevor du mit dem Tennisball deine Fußsohlen massierst, beobachte, wie du mit den Füßen auf dem Boden stehst. Stehst du mit beiden Füßen gleich, oder gibt es Unterschiede zwischen der rechten und der linken Seite?

Massiere nun mit dem Tennisball sanft die rechte Fußsohle. Mit der Zeit kannst du den Druck des Fußes gegen den Ball verstärken. Es ist möglich, dass du dabei Stellen entdeckst, wo dir das Ganze unangenehmer ist als an anderen Stellen. Verweile bewusst da, wo es unangenehm ist und versuche, den Schmerz durch den Ball an den Boden abzugeben. Wenn sich der Schmerz gelöst hat, suche die nächste schmerzhafte Stelle auf.

Wenn du auf diese Weise den ganzen rechten Fuß durchgearbeitet hast, stelle den rechten Fuß neben den linken. Vergleiche nun beide Füße. Fühlen sie sich gleich oder unterschiedlich an? Wie stehst du rechts, wie links? Wie empfindest du deine rechte Körperhälfte im Vergleich zur linken?

Massiere nun die linke Fußsohle und verweile auch hier an den schmerzhaften Stellen.

Nach Beendigung der Massage vergleichst du wieder beide Seiten. Wie stehst du jetzt im Vergleich zum Beginn der Übung?

(Begleit-CD, Titel Nr. 1, 3, 4, 6)

Diese Übung kann auch mit einem Stab, einem Stein, einer Holzkugel oder mit einem Noppenball gemacht werden. Der Fantasie sind hier keine Grenzen gesetzt.

B. Bewusstes Dehnen der Wadenmuskulatur (M. gastrocnemius/M. soleus) – kombiniert mit Beruhigungsatmung (vgl. Dehnübung *Stütz die Wand*, S. 28)

Vergleiche beide Beine: Wie stehst du? – Kannst du einen Unterschied zwischen dem rechten und linken Bein feststellen?

*Nimm die Dehnstellung ein und lenke deine Aufmerksamkeit in den zu dehnenden Muskel: Wo spürst du den Dehnungsreiz? – **Beginne immer mit der rechten Seite!***

*Atme durch den zu dehnenden Muskel aus: Lasse in Gedanken deine Atemluft langsam durch den Muskel ausströmen. – Beobachte die Veränderungen im Muskel. – Sage dir beim Einatmen **„Ich bin"** und beim Ausatmen **„ganz ruhig und entspannt!"***

Nimm in Gedanken eine Muskelverlängerung vor: Stelle dir vor, deine Ferse wächst in den Boden. – Dein Muskel wird länger und länger.

Löse die Dehnstellung und vergleiche beide Beine: Kannst du einen Unterschied zwischen dem rechten und linken Bein feststellen?

Dehne nun auf die gleiche Weise die Wadenmuskulatur des linken Beins und vergleiche nach dem Dehnvorgang wieder beide Beine: Hat sich im Vergleich zur Ausgangssituation etwas verändert? – Wie empfindest du deine Muskulatur? – Wie fühlst du dich jetzt insgesamt? – Lockerer, ruhiger, entspannter?

(Begleit-CD, Titel Nr. 1, 3, 4, 7)

Eine ruhige Stimme, ein langsames Sprachtempo und meditative Musik unterstützen den Entspannungseffekt. Die Schüler werden verpflichtet, während des Dehnens nicht zu stören und die Unterhaltung einzustellen.

C. „Abdruck im weichen Sand"/„Körperreise"

Suche dir hier im Raum einen Platz am Boden. Lege dich bitte auf den Rücken, beide Beine ausgestreckt, die Arme neben dem Körper. Sollte dir dies unangenehm sein, dann stelle deine Beine auf.
Wir wollen uns jetzt ein wenig Zeit lassen, um den Boden zu spüren und wahrzunehmen, wie sich das Gewicht deines Körpers auf den Boden verteilt. Wir wollen eine Momentaufnahme vom Abdruck machen, den dein Körper hinterlässt und vergleichen, ob sich durch bewusstes Üben etwas verändert hat.
*Beobachte, wie deine **Beine** liegen. – Liegen die **Fersen** und **Füße** ähnlich? – Oder hast du den Eindruck, eine Ferse oder vielleicht das ganze Bein ist ein bisschen mehr nach außen gedreht? – Du brauchst nichts zu korrigieren, nur zu beobachten.*
*Beobachte nun, wie deine **Waden** liegen – deine **Kniekehlen**. – Wie ist ihr Abstand zum Boden? – Wie liegen deine **Oberschenkel** auf, wie dein **Becken**? – Wo hat es Kontakt zum Boden? – Drückt es irgendwo? – Berührt dein **Kreuzbein** den Boden sehr dicht? – Wenn du dir vorstellst, du liegst in einem weichen Sand, dann bringt das Becken einen ziemlich starken Abdruck hervor. Bleibe bei diesem Bild und spüre nun weiter den Rücken hoch. – Wo liegt dein **Rücken** auf? – Vielleicht in der **Lendengegend** weniger, mehr vielleicht im **Brustbereich die Rippen** rechts und links der Wirbelsäule. – Wie liegen die **Schultern** am Boden auf? – Beide gleich? – Wie liegen deine **Arme** auf? – Wie verteilt sich der Druck unter den **Ellbogen**, am **Unterarm**, den **Händen**? – Liegt ein Arm anders als der andere? – Wie liegt dein **Kopf** auf? – Schwer? – Schwerer, als er eigentlich ist?*
Spüre nun all die Stellen, die gleichzeitig in den Sand drücken. Nimm wahr, wie intensiv und unterschiedlich der Auflagedruck ist.
Wende dich nun den Stellen zu, die nicht aufliegen, die sich nicht eindrücken. – Wie empfindest du den Bereich der Lendenwirbelsäule, der nicht aufliegt? – Wie deinen Nacken?
*Nimm dir jetzt Zeit zu spüren, wo im Körper du atmest. Den **Atem** zu beobachten, ohne ihn zu beeinflussen, ist eine ganz große Kunst. Dennoch kannst du beobachten, wie der Atem kommt und geht – vielleicht im Bauch, in der Mitte des Körpers.*
Du hast nun einen Eindruck von deinem Körper gewonnen. Nimm nun den Abdruck als Ganzes in dir auf. – Lasse nun deine Atemluft beim Ausatmen in die Stellen deines Körpers ausströmen, die nur wenig oder keinen Kontakt mit der Unterlage haben. – Gib mit jedem Ausatmen mehr Spannung ab, und sinke tiefer und tiefer in den Sand.

Zurücknahme!

(Begleit-CD, Titel Nr. 1, 3, 4)

Vor der Zurücknahme könnte man auch einige Dehn- oder Atemübungen bewusst durchführen lassen und im Anschluss an die Übungen vergleichen, ob sich der Abdruck verändert hat. Eine Arbeit mit der Ruhe-, Schwere- und Wärmeformel aus der Grundstufe des Autogenen Trainings wäre ebenfalls gut möglich.

D. Entspannung durch gelenkte Körperwahrnehmung

- *Denke dir Linien um die Hand, den Arm, den Körper.*
- *Stelle dir beim Ausatmen den Buchstaben „h" vor und lasse dabei in Gedanken den Körper einige Millimeter tiefer auf die Unterlage sinken.*
- *Lasse den Atem gedanklich in die Fingerspitzen/Füße strömen.*
- *Stelle dir eine Skala vor, die von „0" bis „100" reicht und finde deinen Spannungszustand mittels eines Zeigers („0" bedeutet völliges Entspanntsein, „100" größte Hektik). Beim anschließenden Ausatmen lässt du deinen **Spannungszeiger** jeweils um zwei Punkte tiefer wandern, bis du eine*

*gute Spannungslage erreicht hast. Vergleiche dabei nicht mit anderen, jeder hat eine eigene Vorstellung von einer **guten** Spannungslage.*

- *Suche in Gedanken einzelne Körperteile (z. B. Fersen, Zehen, Knie, Finger, Handgelenk, Ellenbogen), Knochen oder Muskeln auf und verweile dort für kurze Zeit.*

(Begleit-CD, Titel Nr. 1, 4, 6, 11)

E. Partnerübungen zur besseren Körperwahrnehmung und Muskelentspannung

- ***Ballmassage*** mit Noppen- oder Tennisball. Kniekehlen (Krampfadern), Nierengegend und Wirbelsäule werden ausgespart!
- ***Wettermassage:*** Partner spielt auf dem Rücken des Vordermanns (Grätschsitz) verschiedene Wettererscheinungen nach. Regen (= Fingertippen), Hagel (= Handkantentrommeln, aber nicht auf der Wirbelsäule!), Sonne (= Ausstreichen mit den Händen), Blitz (= Finger fahren mit S-Bewegungen über den Rücken).
- ***Schüttelübung*** für Arme und Beine
- ***Blindenführer:*** Der „Blinde" legt seinen Zeigefinger auf den Zeigefinger des Partners und wird von diesem durch die Halle, über Hindernisse usw. geführt.
- ***Energy:*** Zwei Partner sitzen sich mit geschlossenen Augen gegenüber und legen die Handflächen aneinander. Partner 1 übernimmt die Führung und macht zu ruhiger Musik sanfte Bewegungen in verschiedene Richtungen. Der Führungswechsel erfolgt, wenn Partner 1 die Bewegung einstellt.

(Begleit-CD, Titel Nr. 1, 2, 3, 4)

F. „Sensorische Entspannung" (vgl. DSB 1990[2], 78)

Lege dich bequem auf den Boden und schließe die Augen. Ich werde dir jetzt eine Reihe von Fragen stellen. Jede Frage kann mit einem Ja oder Nein beantwortet werden. Beantworte alle diese Fragen nur für dich allein. Wie auch immer du antwortest – es ist richtig. Es gibt keine falsche oder richtige Antwort. (5 Sekunden Pause zwischen jeder Frage!)

- *Ist es dir möglich, dich angenehm schwer zu fühlen?*
- *Ist es dir möglich, dir deiner Hände und Arme bewusst zu sein?*
- *Ist es dir möglich zu spüren, dass einer deiner Arme weniger entspannt ist als der andere?*
- *Ist es dir möglich zu spüren, dass eines deiner Beine entspannter ist als das andere?*
- *Ist es dir möglich, deine Augen zu schließen? – Schaffst du es, bei allen weiteren Fragen die Augen weiter geschlossen zu halten?*
- *Kannst du dir die Entfernung von deinem Scheitel bis zu deinem Kinn vorstellen?*
- *Kannst du dir vorstellen, jemanden anzuschauen, der weit weg ist?*
- *Kannst du fühlen, wie die Spannung nachlässt?*
- *Kannst du dir den Raum in deiner Mundhöhle vorstellen?*
- *Kannst du dir eine wirklich friedliche Szene vorstellen?*
- *Kannst du irgendwo in deinem Körper ein warmes Gefühl spüren?*
- *Kannst du ein warmes und sicheres Gefühl spüren?*
- *Kannst du deinen Augen gestatten, sich zu öffnen?*

Falls deine Augen noch nicht geöffnet sind, dann solltest du sie jetzt öffnen und dir erlauben, dich wach, frisch und konzentriert zu fühlen.

„Wie entspannt fühlst du dich jetzt?"

(Begleit-CD, Titel Nr. 1, 3, 4, 8)

2.2.3 Beruhigungsatmung (vgl. auch DSB 1990[2] und UNI AUGSBURG 1989)

▶ *Grundsätzliches*

Richtiges Atmen ist Voraussetzung für eine Einflussnahme auf Spannungszustände des Organismus und nimmt in nahezu allen Verfahren der Selbstregulation einen hohen bzw. zentralen Stellenwert ein.

Die Beeinflussbarkeit von Erregungszuständen durch eine richtige Atmung wird dabei durch einige Besonderheiten der Atmung ermöglicht:

- Das Atmen wird normalerweise unbewusst (unwillkürlich) durch das Atemzentrum im Hirnstamm gesteuert. Allerdings ist eine bewusste (willkürliche) Beeinflussung durch die Änderung z. B. von Atemlänge, Atemtiefe und Atemfrequenz möglich. Durch **bewusstes** Üben kann also auf normal unbewusst ablaufende Vorgänge Einfluss genommen werden.
- Die Atmung ist damit derjenige physiologische Prozess, der am leichtesten und direktesten beeinflussbar ist. Wesentlich schwieriger ist die Beeinflussung anderer physiologischer Prozesse wie Blutdruck oder Herzschlag.
- Zwischen Atmung und Emotionen bzw. Gefühlen besteht ein enger Zusammenhang. Dies lässt sich dadurch erklären, dass Atem- und Gefühlszentrum im Hirnstamm liegen und zwischen beiden eine Koppelung besteht. Emotionale Belastungen führen daher unweigerlich zu einer Änderung des Atemverhaltens, umgekehrt kann ein geändertes Atemverhalten zu einer Änderung von Erregungszuständen führen.

Bei einer Atemschulung im Sportunterricht sollte jedoch auf die Bewusstheit im Umgang mit der Atmung verzichtet werden. Auch die Behandlung von Fehlformen ist nicht Aufgabe der Lehrkraft, sondern ist von Atempädagogen, Atemtherapeuten und Ärzten vorzunehmen.
Atemschulung im Sportunterricht erfolgt also möglichst indirekt, d. h. über Entspannung und Loslassen, atemanregende und lockernde Bewegungen, über Nasenatmung und natürliche Atemimpulse (Lodes 1991[5], 17).
Einen besonderen Stellenwert nimmt das Erlernen der gesünderen Bauch- oder Zwerchfellatmung ein, die sich bei natürlicher unbeeinflusster Atmung mit der Brustatmung zur sog. **Vollatmung**, auch **Tiefatmung** genannt, ergänzt. Förderlich hierbei ist die Umstellung von der Mund- zur Nasenatmung: **Nasenatmung unterstützt die Zwerchfellatmung, Mundatmung fördert die Brustatmung!**
Schon bei Kindern und Jugendlichen können Ängste und Stress Atemhemmungen hervorrufen. So ist bei vielen die Ausatmung gewohnheitsmäßig zu gering, auch sind die Atemmuster oftmals blockiert; der Körper steht so unter ständiger Spannung, weil ihm durch die flache Atmung laufend Stress signalisiert wird. Atemhemmungen können nicht nur zu muskulären Verspannungen im Rücken und damit zu Haltungsschwächen führen, sondern auch die Konzentrationsfähigkeit negativ beeinflussen.
„Auf einer mehr praktischen Ebene stellen wir ebenso fest, dass unsere geistige Funktionsfähigkeit direkt durch unsere habituellen Atemmuster beeinflusst wird. Wenn Sie aus einer alten, unbewussten Gewohnheit heraus stets flach und unregelmäßig atmen, wird Ihre Fähigkeit, sich zu konzentrieren und Probleme mit Hilfe intuitiver Einsichten zu lösen, stets eingeschränkt bleiben. Eine gehemmte Atmung erzeugt ein eingeschränktes Denkvermögen" (Selby 1987, 17).
Bereits einfache Atemübungen, die mit Bewegung und Ganzkörperübungen kombiniert werden, können wesentlich zum Stressabbau beitragen. Auch lassen sich durch Atemschulung ähnliche Effekte erzielen wie in der Kinesiologie, wo durch Überkreuzbewegungen beide Gehirnhälften trainiert werden können. „Das Atmen durch das linke Nasenloch führt zu einer Aktivierung der rechten Gehirnhälfte, die von der Gehirnforschung mit emotionalem, mit intuitivem, nichtlinearem Denken in Verbindung gebracht wird. Umgekehrt regt das Atmen durch das rechte Nasenloch die linke Hemisphäre an, der die mehr intellektuellen, logischen Denkprozesse zugeschrieben werden" (Selby 1987, 37).

▶ *Didaktisch-methodische Grundsätze*

- Eine Einführung in die Atemschulung erfolgt am besten nach anstrengenden Inhalten im letzten Teil der Unterrichtsstunde.
- Eine Sportstunde sollte nie mit entspannenden Atemübungen begonnen werden. Atemübungen lassen sich allerdings gut in die normale Aufwärmarbeit integrieren, insbesondere in Verbindung mit Dehnübungen. Dabei kann auch Musik unterstützend eingesetzt werden.
- Die Lehrkraft muss alle Übungen, die zur Anwendung kommen, selbst beherrschen.

- Treten während der Atemübungen Halskratzen, Husten- oder Lachreiz auf, dann sollten die Schüler aushusten und auslachen; eine Unterdrückung dieser Reize würde zu Verspannungen und Verkrampfungen führen.
- Den Schülern sollte erklärt werden, dass Kräftigungsübungen für die Bauchmuskulatur und Stretchingübungen für die Brust- und Rückenmuskulatur während des Aufwärmens sich positiv auf die Atmung auswirken.
- Bei der Atemschulung sollen die unterschiedlichen Atemräume des Körpers (Bauch, Brust, Rücken, Becken, Schultern) erspürt werden, um den Körper optimal mit frischer Luft und Energie zu versorgen, um muskuläre Verspannungen zu reduzieren und um das Atem- und Körperbewusstsein zu verbessern.

Nach LODES (1991[5]) sollte bei der Atemschulung wie folgt vorgegangen werden:

1. *Spüren und erfahren, wie sich Atmen abspielt*
2. *Empfinden der Atemräume durch Ruhigwerden und Entspannen*
3. *Anregen von Nasenatmung und natürlichen Nasenimpulsen*
4. *Bewusstwerden der Atmung durch aktive und passive Bewegungsformen*

▶ **Technik der Beruhigungsatmung** (Psychohygieneatmung, LINDEMANN 1992[2])

Die Beruhigungsatmung ist für Schüler und Lehrer leicht erlern- und durchführbar. Sie kann in allen Jahrgangsstufen eingesetzt werden und ist ein wesentlicher Bestandteil des Entspannungstrainings in der Schule.

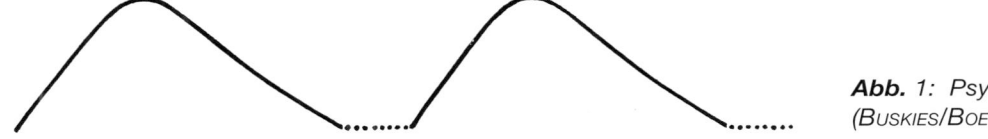

Abb. 1: Psychohygieneatmung
(BUSKIES/BOECKH-BEHRENS 1993[2]/II, 92)

- Die Beruhigungsatmung beginnt mit einer vertieften Ausatmung. Man wartet, bis die Einatmung von alleine erfolgt. Die Einatmung soll dabei von selbst geschehen und ist etwas tiefer als die gewöhnliche Einatmung. Auf die Einatmung folgt **ohne** Pause die Ausatmung, die Atmung *kippt um*. Die Ausatmung wird *gezügelt* und leicht verstärkt vollzogen und ist länger als die Einatmung. Nach einer deutlich spürbaren Atempause **(Abb. 1)** erfolgt die nächste Einatmung.
- Bei einer entspannenden, beruhigenden Atmung sollte durch die Nase ein- und durch die Nase oder den leicht geöffneten Mund ausgeatmet werden.
- Formeln des Autogenen Trainings (z. B. *Ich bin ganz ruhig und entspannt*) lassen sich sehr gut in die Beruhigungsatmung einbeziehen. Während des Einatmens spricht man in Gedanken *Ich bin* und beim Ausatmen *ganz ruhig und entspannt*.

▶ **Atembewusstseins- und Atemübungen**

- **Atembewusstseinsübung**
  Diese Übung verstärkt das Bewusstsein für die eigene Atmung. Sie wirkt entspannend und führt zu einer Beruhigung der Atmung nach vorangegangener körperlicher Belastung.
  Diese Form der Atembewusstseinsübung kann mit und ohne Musik auch als **Ruhetönung** für eine anschließende Entspannung z. B. durch Autogenes Training bzw. Progressive Muskelentspannung verwendet werden.
  1. *Lege dich mit dem Rücken auf den Boden bzw. auf eine Matte, winkle deine Beine leicht an und stelle die Füße flach auf den Boden. Die Arme liegen neben dem Körper, die Augen sind geschlossen.*
  2. *Versuche, die Aufmerksamkeit auf deine Atmung zu lenken und ruhig zu atmen. Fragen, die ich stelle, beantwortest du nur für dich.*

3. *Lege eine Hand auf den Bauch und beobachte, ob und wie schnell sich die Bauchdecke hebt und senkt. (Pause)*
4. *Die andere Hand legst du auf deine Brust und beobachtest auch dort die Auf- und Abbewegungen während des Atmens. (Pause)*
5. *Kannst du spüren, wie schnell du atmest? (Pause)*
6. *Was bewegt sich stärker, dein Bauch oder dein Brustkorb? (Pause)*
7. *Du kannst dein Ein- und Ausatmen auch an deinem Mund und an deiner Nase wahrnehmen, wenn du mit einer Hand den Luftstrom dort spürst. Probiere es einmal! (Pause)*
8. *Beobachte, wie lange die Einatmung im Vergleich zur Ausatmung dauert – kannst du einen Unterschied feststellen? Dauern beide gleich lang oder ist die Ausatmung länger? (Pause)*
9. *Beobachte die Übergänge von der Ein- zur Ausatmung und von der Aus- zur Einatmung. Sind sie fließend oder sind Pausen dazwischen? (Pause)*
10. *Merkst du, dass deine Atmung inzwischen ruhiger geworden und Ruhe in deinen Körper geströmt ist, du selbst auch ruhiger und entspannter geworden bist?*
11. *Genieße noch ein wenig die Ruhe (und die Musik). (Pause)*
12. *Balle deine Hände mehrmals zu einer Faust, beuge und strecke deine Arme. Atme mehrmals tief ein und aus, öffne deine Augen und sage dir in Gedanken: **Ich bin ganz frisch, wach, konzentriert und bereit für die kommende Aufgabe.***

(Begleit-CD, Titel Nr. 1, 3, 4, 5, 8, 9)

● **Atemübungen**

„Ballonverschieben" (KNÖRZER 1986, 253)

Mit dieser Übung kann der Unterschied von Bauch- und Brustatmung deutlich erfahren werden. Sie ist auch als Partnerübung durchführbar. Der Partner legt dabei je eine Hand auf Bauch und Brust, in die der Übende wechselweise atmen soll. Die Übung wird mehrmals wiederholt.

Lege dich entspannt auf den Rücken. Atme nun tief in den Brustraum hinein und lange durch den Mund aus. Wiederhole dies mehrere Male. Wichtig ist, dass du lange und bewusst ausatmest. Die Einatmung sollte dann erfolgen, wenn sie von alleine kommt.

Nun atmest du mehrmals in den Bauchraum. Achte auch hier auf tiefes Ein- und langes Ausatmen. Atme jetzt tief in den Brustraum ein und halte die Luft an. Schiebe nun die Luft in den Bauchraum, dann wieder zurück und nochmals in den Bauchraum. Stelle dir dabei vor, dass du einen Luftballon verschiebst.

Schiebe die Luft so lange zwischen Brust- und Bauchraum hin und her, wie du die Luft anhalten kannst. Anschließend atmest du einige Male ganz ruhig durch.

„Vogelschwingenatmen" (MÜLLER 1984, 89)

Lasse beim Einatmen deine Arme wie Flügel eines großen Vogels nach oben schwingen; beim Ausatmen schwingen sie wieder nach unten. Die Bewegungen harmonisieren mit deinem Atem.

Variante: Beim Ausatmen Kopf und Oberkörper ganz locker nach unten fallen lassen.

„Expander" (MÜLLER 1984, 87)

Strecke die Arme nach vorne gerade aus. Halte die Fäuste so, als ob du einen Expander in den Händen hättest. Beim Einatmen ziehst du die Hände auseinander, so als wolltest du den imaginären Expander auseinander ziehen. Strecke dabei die Arme so weit zur Seite, leicht nach hinten, bis dein Brustkorb ganz entspannt ist. Atme in dieser Haltung einige Male ein und aus. Jetzt kombiniere einige Male Atmung und Bewegung: Atme beim „Auseinanderziehen" ein, atme aus, wenn du die Arme wieder nach vorne bringst.

„Atemräume spüren" (LODES 1991[5], 34)

Lege deine rechte Hand nacheinander auf verschiedene Körperpartien auf, um die Atembewegung zu spüren: zunächst unter das linke Schlüsselbein, nach einer Weile unter die linke Achselhöhle, während die linke Hand auf dem Bauch liegen bleibt. Dann passives Beobachten, Ausruhen, Nachwirken. Nun das Gleiche mit der linken Hand auf der rechten Seite.

Lege jetzt deine locker geballten Fäuste hintereinander auf das Brustbein, dann deine Handflächen weich an den seitlichen Brustkorb, nun auf die Bauchdecke, schließlich in die Leistenbeugen. Beobachte dabei deine Atembewegung.

Atme in den Rücken hinein und spüre, wie beim Einatmen die Rückenmuskulatur gegen die Unterlage drückt. Lasse dich beim Ausatmen immer tiefer in den Boden sinken.

„Nasenatmung" (MÜLLER 1984, 79)

Du hältst das rechte Nasenloch mit dem rechten Daumen zu und atmest 6-mal durch das andere ein und aus. Dann hältst du das linke Nasenloch mit dem Mittelfinger der rechten Hand zu und atmest durch das andere auch 6-mal ein und aus. Einige Male wiederholen, dann wieder normal atmen (Gehirntraining!).

„Wärmeübung" (MÜLLER 1984, 81)

Du atmest in den Bauch, in die Brust, die Flanken und die Schultern ein (Vollatmung). Beim Ausatmen lässt du den Atem ganz warm in die Arme und Hände strömen – Arme und Hände werden ganz warm. Nach einigen Wiederholungen lässt du beim Ausatmen den Atem ganz warm in die Beine und Füße strömen – Beine und Füße werden ganz warm. Die Übung mehrmals wiederholen.

„Pow-Übung" (abgeändert nach SELBY 1987, 197)

Stehe mit den Füßen fest auf dem Boden und mache mit den Armen und Fäusten Bewegungen wie beim Boxen, so als würdest du einen vor dir hängenden Sandsack treffen wollen. Sage jedes Mal, wenn du den imaginären Sandsack triffst, „Paaooohhh!", so dass der Laut mit dem Treffer zusammenfällt. Atme durch die Nase ein und in der Vorwärtsbewegung bis zum Treffer durch den Mund aus. Achte darauf, dass sich der ganze Körper mitbewegt. Bei dieser Bewegung solltest du auch die Freude an der Bewegung und das Lächeln nicht vergessen.

Nach dem Beenden der Übung schließt du die Augen und beobachtest, was in dir geschieht.

(Begleit-CD, Titel Nr. 4, 5, 9)

● **Allgemeine Atementspannung**

(vgl. BUSKIES/BOECKH-BEHRENS 1996[2]/II, 96)

Ein positiver Entspannungseffekt kann schon dadurch erreicht werden, dass die Aufmerksamkeit 3–5 Minuten lang auf eine ruhige, gleichmäßige Bauchatmung in bequemer Rückenlage gelenkt wird.

Nimm eine bequeme Rückenlage ein und lenke deine Aufmerksamkeit auf deine Atmung. Atme durch die Nase ein und durch den leicht geöffneten Mund aus.

1. *Lasse mit jeder Ausatmung mehr Stress zum Boden abfließen.*
2. *Lasse mit jeder Ausatmung noch mehr los und gib ab, was dich belastet.*
3. *Lasse deine Gedanken ziehen, halte sie nicht fest, lass sie ziehen wie kleine weiße Wolken am Himmel.*
4. *Dein Gesicht, deine Stirn entspannen sich mit jedem Ausatmen.*
5. *Stell dir vor, deine Ausatemluft fließt in Körperbereiche, die angespannt sind.*
6. *Sage dir:* **Ich fühle mich ruhig, gelassen und entspannt – die Ruhe nimmt mit jeder Ausatmung zu.**
7. *Balle deine Hände mehrmals zu einer Faust, beuge und strecke deine Arme. Atme mehrmals tief ein und aus, öffne deine Augen und sage dir in Gedanken:* **Ich bin ganz frisch, wach, konzentriert und bereit für die kommende Aufgabe.**

(Begleit-CD, Titel Nr. 1, 3, 4, 5, 8, 9)

2.2.4 Progressive Muskelrelaxation (vgl. DSB 1990[2] und UNI AUGSBURG 1989)

▶ *Grundsätzliches*

Die Progressive Muskelrelaxation nach JACOBSEN (auch Tiefenmuskelentspannung TME) wurde 1934 entwickelt und stellt das bewegungsaktivere Entspannungsverfahren dar. Ziel dieses Verfahrens ist, die wichtigsten Muskelgruppen des Körpers fortschreitend in einer bestimmten Reihenfolge maximal anzuspannen und anschließend zu entspannen, um auf diese Weise einen umfassenden Entspannungszustand herzustellen. Dadurch, dass zur jeweils entspannten Muskulatur eine neue hinzukommt, wird die Entspannung immer weiträumiger. Sie wird nicht nur in den betroffenen Muskelgruppen, sondern im gesamten Organismus spürbar. „Jede Muskelentspannung – auch die lokalisierte – hat die Tendenz, sich im Körper auszubreiten, sie kann zur allgemeinen Muskelentspannung und damit zur allgemeinen Beruhigung der Gefühle führen" (LINDEMANN 1992, 16). Diesen Vorgang bezeichnet man allgemein als **Generalisierung**.

Da Muskeltonus und psychische Befindlichkeit offensichtlich korrelieren, strebt man durch die muskuläre Entspannung auch eine affektiv-emotionale Entspannung an.

▶ *Didaktisch-methodische Grundsätze*

- Die Progressive Muskelentspannung ist für Schüler besonders gut geeignet, weil sie schnell und ohne lange Einführung erlernbar ist.
- Als Einstieg in dieses Verfahren eignen sich die ***Grundübungen des Muskulären Tiefentrainings*** *(vgl. S. 64)* oder aber auch das einfache, mit voller Aufmerksamkeit durchgeführte **Händeballen**: *Balle deine rechte Hand ganz kräftig zu einer Faust und beobachte, wie deine Finger, ja deine ganze Hand immer farbloser, immer blutleerer werden.- Lass nun ganz schnell los. Bleibe mit deiner ganzen Aufmerksamkeit bei deiner Hand. Bemerkst du, wie sich deine rechte Hand wieder mit Blut füllt und röter wird?*
  Wie fühlt sich deine rechte Hand im Vergleich zur linken an? Erscheint dir die rechte Hand vielleicht wärmer, größer oder schwerer?
  Wiederhole diese Übung nun auch mit der linken Hand.
- Regelmäßiges Üben verkürzt die Übungszeit von anfänglich 15 auf wenige Minuten.
- Die Wirkung tritt unmittelbar ein. Der Kontrast zwischen Anspannung und Entspannung wird jedem Schüler deutlich. Der Muskeltonus kann aktiv kontrolliert und registriert werden.
- Dieses Verfahren bietet sich nicht nur für das Ende einer Sportstunde an. Auch nach Schulaufgaben kann zum Spannungsabbau eine kurze Sequenz aus der Progressiven Relaxation in das Aufwärmen eingebaut werden.
- Zum Üben wird eine angenehme Liege- bzw. angelehnte Sitzposition eingenommen.
- Während der Anspannungsphase darf die Luft nicht angehalten werden; ruhig und regelmäßig weiteratmen.
- Geschlossene Augen beim Üben haben den Vorteil, dass die inneren Vorgänge leichter erspürt werden können und Reize von außen weniger stören.

▶ *Technik der Progressiven Muskelrelaxation*

Beim Grundverfahren werden folgende **16** Muskelgruppen nacheinander angespannt. Begonnen wird dabei mit der dominanten Seite, d. h. beim Rechtshänder mit rechts (vgl. dazu BERNSTEIN/BORKOVEC 1973; OHM 1992; TEML 1995[5]):

1. dominante Hand und dominanter Unterarm
2. dominanter Oberarm
3. nichtdominante Hand und nichtdominanter Unterarm
4. nichtdominanter Oberarm
5. Stirn
6. obere Wangenpartie und Nase
7. untere Wangenpartie und Kiefer
8. Nacken und Hals
9. Brust, Schultern und Rückenpartie
10. Bauchmuskulatur
11. dominanter Oberschenkel

12. dominanter Unterschenkel
13. dominanter Fuß
14. nichtdominanter Oberschenkel
15. nichtdominanter Unterschenkel
16. nichtdominanter Fuß

Wenn man mit dem umfangreichen Trainingsprogramm gut vertraut ist, kann auch zu weniger zeitaufwendigen **Kurzformen** (zunächst **7**, dann **4** Muskelgruppen – beide Arme, Gesicht, Rumpf, beide Beine) übergegangen werden. Ziel des Übens ist letztendlich die **Fortgeschrittenenstufe**, in der der Entspannungszustand nicht durch aktives Anspannen, sondern durch bloße gedankliche Vorstellung des An- und Entspannungszustandes erfolgt. „Die Entspannung erfolgt dann durch ‚**Vergegenwärtigung**', d. h. der Übende richtet seine Konzentration auf aktuell angespannte Muskelgruppen und entspannt diese ohne vorhergehende Anspannung" (BUSKIES/BOECKH-BEHRENS 1996[2]/II, 95). Entspannung durch *Üben in der Vorstellung* (OHM 1992, 16) wird von Schülern kaum erreicht werden.
Der **Übungsablauf** sollte wie folgt gestaltet werden:

- *Lenke die Aufmerksamkeit (das innere Auge) auf die jeweilige Muskelgruppe!*
- *Spanne bei einer ruhigen und regelmäßigen Atmung die Muskelgruppe deutlich spürbar, aber ohne Verkrampfung (mittlere Anspannung) für **5** bis **7** Sekunden an und achte dabei auf die Empfindung der Anspannung!*
- *Löse nach 5 bis 7 Sekunden die Spannung vollständig (Lass **jetzt** los!) und lenke die Aufmerksamkeit auf die angenehmen Gefühle der Entspannung und die ruhiger werdende Atmung!*
- *Wiederhole dieses Vorgehen bei jeder Muskelgruppe zweimal, bevor zur anderen Seite bzw. zur nächsten Muskelgruppe übergegangen wird!*
- *Beende jedes Üben mit einer **Zurücknahme**! Balle dazu mehrmals die Hände zu einer Faust, beuge und strecke die Arme, atme mehrmals tief ein und aus und öffne dann die Augen!*

▶ *Unterrichtsmodell „Progressive Muskelentspannung"*

Der nachfolgende Text von TEML (1995, 48–50) beinhaltet die **Langform** der Progressiven Muskelentspannung (**16** Muskelgruppen). Im Sportunterricht führt man nur in Ausnahmefällen das gesamte Trainingsprogramm durch. Sinnvoll ist es, diese Langform in mehrere Sequenzen (z. B. Hände, Arme und Gesicht bzw. Gesicht und Schultern oder aber Füße und Beine) aufzuteilen, die dann in verschiedenen Unterrichtsstunden geübt werden. Ein Beenden der Übung durch **„Zurücknahme"** ist an jeder Stelle möglich.

Wenn wir unsere Muskeln anspannen und dann wieder loslassen, kommen wir in einen Zustand angenehmer Entspannung.

Lege dich dazu locker und entspannt auf den Rücken.

Füße und Knie kippen leicht nach außen.

Die Arme sind etwas angewinkelt.

Die Finger liegen locker auf der Unterlage.

Beobachte deinen Atem, wie er von selbst kommt und geht.

Beim Einatmen hebt sich die Bauchdecke.

Beim Ausatmen sinkt sie ganz von selbst ein.

Schließe nun deine Augen.

Die Augen sind geschlossen, Mund und Lippen leicht geöffnet.

Lass alle Spannung aus deinem Gesicht hinaus.

Wir gehen zunächst zur rechten Hand; wenn du Linkshänder bist, zur linken Hand:

Balle deine Hand zur Faust, drücke fest zusammen, ohne zu verkrampfen.

Spüre die Spannung in jedem Muskel der Hand (ca. 5 Sekunden), und lass nun los. Du öffnest die Faust. Die Hand liegt locker auf der Unterlage. Jeder Finger entspannt sich, wird locker, weich.

Wir gehen jetzt zum Oberarm:

Mach wieder eine Faust; beuge deinen Ellbogen; zeige deine Muskeln; spüre, wie hart sie sind (ca. 5 Sekunden); und lass jetzt locker.

Leg den Arm auf die Unterlage zurück; Arm und Hand können sich ganz entspannen.

Es ist möglich, dass du ein Zucken in den Muskeln verspürst. Wenn das so ist, dann spanne nochmals kurz an, und lass wieder locker.

Dein Arm liegt entspannt und schwer auf der Unterlage, die Entspannung breitet sich mehr und mehr aus.

Du atmest ruhig und gleichmäßig.

Nun kommen wir zur anderen Hand:

Lass die Hand am Boden liegen und balle sie zur Faust. Spüre deutlich die Spannung, verkrampfe dich aber nicht dabei (ca. 5 Sekunden) und lass los.

Die Hand liegt entspannt und locker auf der Unterlage. Angenehm, locker, entspannt.

Jetzt der Oberarm:

Mache eine Faust, beuge den Arm, spanne alle Muskeln an, beobachte die Spannung (ca. 5 Sekunden), und entspanne wieder. Leg den Arm auf die Unterlage, lass alle Spannungen hinausfließen.

Dein Atem geht ruhig und gleichmäßig.

Bei jedem Einatmen hebt sich dein Bauch, bei jedem Ausatmen senkt er sich leicht.

Genieße das angenehme Gefühl der Entspannung im ganzen Körper.

Wir gehen jetzt zum Gesicht:

Zieh zunächst deine Augenbrauen hoch, runzle deine Stirn. Fühle deutlich die Anspannung (ca. 5 Sekunden), und lass die Augenbrauen wieder sinken. Die Spannung entweicht.

Zieh jetzt die Augenbrauen über der Nasenwurzel zusammen, presse deine Augen fest zu (ca. 5 Sekunden), und lass locker.

Mehr und mehr entspannen sich die Muskeln. Locker, gelöst, gelassen. Die Entspannung breitet sich aus.

Beiße nun die Zähne zusammen – ohne zu verkrampfen. Spüre die Spannung im Kiefer (ca. 5 Sekunden) – und loslassen.

Drücke die Zunge fest nach oben, gegen den Gaumen (ca. 5 Sekunden) – und loslassen. Presse die Lippen fest gegeneinander (ca. 5 Sekunden), und lass los.

Die Spannung entweicht aus dem ganzen Gesicht. Angenehm, wohltuend.

Die Lippen sind leicht geöffnet, die Zähne nicht aufeinander gepresst, die Zunge liegt locker im Mund.

Du genießt die Entspannung im Gesicht.

Entspannung breitet sich überall im Körper aus. Atme ruhig und gleichmäßig. Bei jedem Atemzug hebt und senkt sich dein Bauch ganz von selbst.

Wir gehen jetzt zum Hals und zum Nacken: Zieh deinen Kopf nach vorn, das Kinn auf die Brust. Spüre die Spannung im Hals und im Nacken (ca. 5 Sekunden), und lass den Kopf erleichtert sinken. Konzentriere dich auf das Gefühl der Entspannung.

Presse jetzt den Kopf im Nacken auf den Boden. Drücke fest nach unten, nimm die Spannungen in den Muskeln bewusst wahr (ca. 5 Sekunden) – und jetzt loslassen, das Hinausfließen der Spannung spüren.

Dein Kopf liegt locker und schwer auf der Unterlage.

Lass alle Kraft und Anstrengungen aus den Muskeln heraus.

Dein ganzer Körper liegt schwer auf der Unterlage. Du spürst, wie sich beim Atmen die Bauchdecke wölbt und senkt. Mit jedem Atemzug wird deine Entspannung tiefer und tiefer.

Nun kommen wir zu den Schultern und zum Bauch:

Ziehe deine Schulterblätter hinten fest zusammen; sie berühren sich fast, die Schultermuskeln sind ganz hart (ca. 5 Sekunden) – und nun wieder entspannen, die Schultern loslassen.

Ziehe nun die Schultern weit nach vorn auf die Brust, spüre die Anspannung deutlich nach ca. 5 Sekunden, und lass los. Die Schultern sinken zu Boden. Erleichterung, Entspannung, Ruhe.

Ziehe deine Schultern nun ganz nach oben, bis hinauf zu den Ohren, achte auf die Anspannung in den Muskeln (ca. 5 Sekunden), und lass nun los. Die Schultern sinken hinunter, gelöst, gelassen.

Du atmest ruhig und gleichmäßig weiter.

Hebe nun beide Beine ein wenig vom Boden weg. Die Beine sind etwas angehoben, dein Bauch spannt sich, du spürst die Spannung in deinen Bauchmuskeln (ca. 5 Sekunden) – und senke die Beine. Der Bauch entspannt sich. Du atmest ruhig und gleichmäßig.

Bei jedem Atemzug hebt und senkt sich deine Bauchdecke gleichmäßig. Mit jedem Ausatmen wird deine Entspannung tiefer und tiefer. Angenehm, wohlig, gelöst, gelassen.

Wir kommen nun zu den Füßen und Beinen:

Um die Oberschenkel anzuspannen, drückst du beide Füße fest auf den Boden.

Spüre die Spannung in den Oberschenkeln, halte sie (ca. 5 Sekunden) und lass wieder los.

Die Oberschenkel entspannen sich.

Strecke nun die Zehen und den Fuß ganz weg vom Körper. Die Muskeln in den Unterschenkeln sind fest gespannt (ca. 5 Sekunden) – und jetzt wieder lockern, loslassen, ruhen lassen.

Rolle nun deine Zehen vorne ein, als ob du einen Bleistift halten wolltest.

Spüre die Spannung, ohne zu verkrampfen (ca. 5 Sekunden), und lass los.

Ziehe die Zehenspitzen fest zum Körper herzu. Zehen zum Körper – Spannung spüren (ca. 5 Sekunden) – und loslassen. Aus deinen Füßen strömt die Spannung hinaus.

Entspannung breitet sich aus.

Du atmest ruhig und gleichmäßig. Deine Bauchdecke hebt und senkt sich im Rhythmus des Atmens.

Geh jetzt nochmals in Gedanken alle Muskeln durch. Wenn du eine Spannung spürst, sag innerlich zu dir ein „Entspannungswort", etwa: loslassen, lockerlassen, entspannen.

Genieße nun das Gefühl völliger Entspannung.

Dein Körper liegt gelöst, ruhig und schwer auf der Unterlage. Du atmest ruhig und gleichmäßig. Mit jedem Ausatmen kommst du tiefer und tiefer in die Entspannung.

Jetzt kommst du langsam wieder aus der Entspannung zurück.

Vermeide jede plötzliche und ruckartige Bewegung. Du wirst merken, dass dir die Entspannung Frische und Energie gibt und dass du dich wohler und angenehmer fühlst.

Ich werde jetzt von vier bis eins rückwärts zählen:

Vier: Bewege deine Hände, lass deine Finger turnen.

Drei: Bewege Arme und Beine, schüttle sie ein wenig.

Zwei: Dehne und räkle dich mit dem ganzen Körper in alle Richtungen.

Eins: öffne die Augen, richte dich langsam zum Sitzen auf.

Du fühlst dich angenehm entspannt, als wärest du gerade aufgewacht.

(Begleit-CD, Titel Nr. 1, 3, 4)

▶ *Entspannung durch „Muskuläres Tiefentraining" (MTT)*

● **Grundsätzliches**
Das „Muskuläre Tiefentraining" (MTT) stellt eine vereinfachte Form der Progressiven Muskelrelaxation dar. Im Gegensatz zum Verfahren nach JACOBSEN werden beim Muskulären Tiefentraining mehrere Muskelpartien gleichzeitig isometrisch so kräftig angespannt, dass dem Übenden Muskelverspannungen „schmerzhaft" bewusst werden. Im Moment größter Anspannung wird schnell losgelassen, und es folgen bestimmte entspannende Gegenbewegungen (BRECHTEL 1992[17], 3). Dabei ist darauf zu achten, dass während der Anspannungsphase (5–7 Sekunden) der Atem nicht angehalten, sondern ruhig weitergeatmet wird.
„Das Muskuläre Tiefentraining (MTT) ist leicht zu erlernen, praktisch anwendbar, wirkt sofort, ist frei von philosophischen und meditativen Verbrämungen und fordert vom Übenden weder Ehrfurcht noch Geduld. Es ist also die ideale Entspannungstechnik für alle, denen das Erlernen anderer Techniken zu umständlich, zeitraubend und engagiert erscheint" (BRECHTEL 1992[17], 2). Durch die leichte Erlernbarkeit und rasche Wirkung eignet sich MTT auch ausgezeichnet als Einstieg in die Progressive Muskelrelaxation nach JACOBSEN und als Ergänzung für andere Entspannungsmethoden.

● **Praxisbeispiel „King Kong"** (vgl. BRECHTEL 1992[17], 6 ff.)
KING KONG ist neben QUASIMODO, PANZER, SIEGFRIED und FLITZEBOGEN eine der fünf Grundübungen des MTT. Die lustigen und leicht zu merkenden Namen weisen auf die Körperhaltungen hin, die bei richtiger Durchführung der jeweiligen Übung einzunehmen sind. KING KONG ist eine Übung zum Eingewöhnen und eignet sich
   – bei innerer Anspannung (z. B. vor Prüfungen),
   – bei kalten Händen,
   – in Situationen, in denen eine schnelle und unkomplizierte körperliche Entspannung wünschenswert ist,
   – für „Armsportler" als Aufwärmübung,
   – bei großer Nervosität und
   – zum Abbau von Aggressionen.

Übungsablauf: (alle Darstellungen aus Brechtel 1992[17], 6 ff.)

1. Phase: Anspannung (5–7 Sekunden)

Halte deine Arme angewinkelt vor die Brust, die Hände berühren sich dabei nicht. Schließe deine Augen und atme ruhig und regelmäßig weiter. Balle nun deine Hände zu einer Faust und spanne jetzt sofort die gesamte Armmuskulatur kräftig an: Fäuste, Unterarme, Oberarme. Spanne deine Fäuste so kräftig an, dass die gesamte Armmuskulatur zu zittern beginnt und bis die Schmerzgrenze erreicht ist. **Atme dabei aber ganz ruhig und regelmäßig weiter!**

Abb. 2

2. Phase: Entspannung (etwa 30 Sekunden)

Jetzt lass schnell los. Lasse deine Arme einfach herabfallen. Die gesamte Armmuskulatur ist nun völlig schlaff und entspannt. Atme langsam ein und aus. Genieße einen Moment lang (ca. 20–30 Sekunden) das Gefühl der Schwere und Wärme in den Armen, bevor du die Augen wieder öffnest. Wenn du alles richtig gemacht, also kräftig gedrückt und gut durchgeatmet hast, dann spürst du, wie das Blut in die entspannte Muskulatur schießt und wie deine Hände warm werden.

Abb. 3

Übrigens: Bei langen Fingernägeln ist es ratsam, einen Gegenstand (z. B. einen Tennisbal , ein Holzstück oder einen Stein) zu umfassen.

Die anderen vier Grundübungen und weitere zusätzliche Übungen aus dem MTT sind bei Brechtel nachzulesen.

(Begleit-CD, Titel Nr. 9)

2.2.5 Autogenes Training

▶ *Grundsätzliches*

Das von J. H. Schultz in den 30er-Jahren begründete Verfahren ist eine wissenschaftlich belegte Methode zur *konzentrativen Selbstentspannung*. Der Entspannungszustand wird durch Eigensuggestion mit Hilfe von einfachen Formeln herbeigeführt. Dieser ganzheitliche, erholsame Entspannungszustand wird durch „Dämpfung der sympathiko-adrenalen Erregungsbereitschaft" (Vaitl/Petermann 1993, 57) im vegetativen Nervensystem erreicht. Es kommt zur Balance zwischen Sympathikus und Parasympathikus. Der Übende erfährt die Abnahme der Muskelspannung als Schwereerlebnis und die vermehrte Durchblutung (besonders in den Extremitäten) durch Weitstellung der Blutgefäße als Wärmeerlebnis. Das Autogene Training führt nicht nur zur Ruhe und Entspannung, sondern kann auch zu einer besseren Konzentrationsfähigkeit und einer positiven Lebenseinstellung beitragen (Krampen 1992, 84 ff.).

Das Autogene Training stößt allerdings da auf Grenzen, wo im **akuten** Stadium psychotische Störungen (Depressionen, Manien), Neurosen und psychosomatische Erscheinungen (Herz-Kreislauf-Probleme, Migräne), Intelligenzminderung oder Voreingenommenheit und eine negative Einstellung gegenüber dem Autogenen Training in der Schule vorherrschen. Bei diesen Anzeichen sollte auf das Autogene Training im Schulsport verzichtet und anderen Entspannungsverfahren (Atemübungen, Progressive Muskelrelaxation) der Vorrang gegeben werden. Bei psychotischen und psychosomatischen

Störungen sowie Neurosen kann das Autogene Training höchstens im **nicht-akuten** Stadium eingesetzt werden (KRAMPEN 1992, 102 ff.).

▶ *Didaktisch-methodische Hinweise*

● Als Einführung in das Autogene Training eignen sich hervorragend der *Pendelversuch* und der *Fallversuch*.

Pendelversuch
Beide Ellbogen werden auf einen Tisch aufgestützt. Mit den Fingerspitzen des Daumens und Zeigefingers der dominanten Hand (Rechtshänder in der rechten Hand) hält man ein etwa 30 cm langes Pendel (z. B. Faden mit Ring) und führt bewusst und aktiv Pendelbewegungen in alle Richtungen aus. Anschließend versucht man, sich nur in Gedanken intensiv vorzustellen, das Pendel schlage nach rechts und links aus bzw. kreise rechts oder links herum. Nach kurzer Zeit wird sich das Pendel scheinbar wie „von selbst" in die gewünschte Richtung bewegen. „Ein ‚fester Gedanke', eine ‚Sammlung' oder ‚Konzentration' bewirken demnach eine erkennbare, aber **unmerkliche** oder **unwillkürliche** Bewegung. Das gelingt jedem normalen Menschen" (SCHULTZ/THOMAS 1989, 17).

Fallversuch
Der Übende steht breitbeinig mit geschlossenen Augen auf dem Boden und versetzt sich allein durch die Konzentration auf den Satz *Ich falle rückwärts* in ein leichtes Schwanken. **Zur Sicherheit muss hinter jedem Übenden eine Person stehen, die das Rückwärtsfallen verhindert!**
● Es hat sich bewährt, das Autogene Training bei Kindern und somit in der Schule auf die **Schwere-** und **Wärmeübung** in Verbindung mit der **Ruheformel** zu beschränken (VOLLMAR 1994, 65). Allein durch diese Formeln können schon positive Wirkungen auf den Spannungszustand sowie auf Atmung und Herz erzielt werden. Schwere- und Wärmeübung und die Ruheformel lassen sich sehr gut in Entspannungsgeschichten integrieren.
● Das Üben sollte bei geschlossenen Augen in der von SCHULTZ entwickelten **Droschkenkutscherhaltung** erfolgen, da in vielen Lebenssituationen diese Haltung, ohne dabei aufzufallen, eingenommen werden kann. Ein Üben in der Liegehaltung ist möglich (bringt bei Schülern oftmals schnellere Erfolge).
● Schon vor Übungsbeginn sollten die Schüler darauf hingewiesen werden, dass nicht alle Einstellungen sofort gelingen und einige sich leichter einstellen als andere. Sie müssen wissen, dass für ein erfolgreiches Erlernen der eingeübten Formeln des Autogenen Trainings **häufiges und regelmäßiges Wiederholen**, d. h. täglich zweimaliges Üben für kurze Zeit Grundvoraussetzung ist.
● Der Übungsraum muss so groß sein, dass kein Schüler den anderen berührt; außerdem sollte er von Außengeräuschen und grellem Sonnenlicht abgeschirmt sein.
● Das Üben sollte weder im Zustand völliger Sättigung, noch bei einem starken Hunger- oder Durstgefühl stattfinden.
● **Das Autogene Training sollte nur dann zur Anwendung kommen, wenn die Lehrkraft diese Entspannungsmethode beherrscht und über Eigenerfahrung verfügt! Auch dürfen die Formeln des Autogenen Trainings nur von erfahrenen Lehrern modifiziert und auf den einzelnen Schüler zugeschnitten werden. Grundsätzlich kann jede falsche Abänderung empfindliche Störungen in der Herz-Kreislauf- und Atemtätigeit zur Folge haben.**

▶ *Die Technik des Autogenen Trainings*

● **Die Grundübungen (Formeln) der „Unterstufe" und der Übungsablauf**
Die Konzentration auf einen Gedanken oder ein Gefühl beeinflusst das vegetative Nervensystem und wirkt somit auf Körper und Seele. Je knapper und monotoner ein Gedanke ist, desto stärker ist die Reaktion. Deshalb wird beim Autogenen Training mit kurzen Formeln gearbeitet, die mehrmals (2–6-mal) in Gedanken wiederholt werden (inneres Sprechen) und nacheinander die Muskeln

(Schwereübung), Blutgefäße (Wärmeübung), Herz (Herzübung), Atmung (Atemübung), die Bauchorgane (Leibübung) und das Kopfgebiet (Kopfübung) miteinbeziehen. Selbst das Einnehmen der Grundhaltung (Droschkenkutscherhaltung) und die Zurücknahme erfolgen formelhaft. Die Reihenfolge der Formeln sollte nicht verändert werden (KRAMPEN 1991).

Erst wenn Schwere und Wärme erspürt werden, nimmt man die nächste Übung (Herzübung) in das Trainingsprogramm auf. Die Hinzunahme einer weiteren Formel erfolgt erst bei Beherrschen der vorhergehenden.

Es ist durchaus möglich, die Formeln der Grundstufe um individuell entwickelte **formelhafte Vorsätze** zu erweitern. Persönliche Vorsatzformeln sollten aber einfach, kurz und positiv (ohne Verneinung) formuliert sein und Selbstvertrauen und Optimismus ausdrücken, das persönliche Problem möglichst gut treffen und keine Ge- oder Verbote an die eigene Person beinhalten wie etwa „Ich muss …" oder „Ich darf nicht …" (vgl. KRAMPEN 1991, 23). Zahlreiche Beispiele für positive Vorsatzformeln finden sich bei LINDEMANN 1992, 145 ff.

Beispiel für ein Übungsprogramm (für einen Rechtshänder), das die gesamte **Unterstufe** des Autogenen Trainings umfasst (vgl. KRAMPEN 1991, 29):

Grundhaltung einnehmen

Einstellung der Beine
(Beine hüftbreit aufstellen, Füße stehen flach am Boden)

Oberkörper aufrichten, Arme hängen lassen

In sich zusammensinken, Augen zu

Mit dem Oberkörper auspendeln und Ruhepunkt finden

Arme auf die Oberschenkel
(Unterarme auf Oberschenkel legen, Hände berühren sich dabei nicht und sind leicht geöffnet; Handflächen berühren Oberschenkel nicht)

Formelvorsätze der Grundstufe

Ich bin ganz ruhig – Ruhe (2×)

1. Formelvorstellung:

Der rechte Arm ist schwer – Schwere (6×)
(später: Beide Arme …/Arme und Beine sind schwer)
Ich bin ganz ruhig – Ruhe (2×)

2. Formelvorstellung:

Der rechte Arm ist warm – Wärme (6×)
(später: Beide Arme …/Arme und Beine sind warm)
Ich bin ganz ruhig – Ruhe (2×)

3. Formelvorstellung:

Herz (schlägt) ruhig und regelmäßig (6×)
Ich bin ganz ruhig – Ruhe (2×)

4. Formelvorstellung:

Atmung ganz ruhig (6×)
Ich bin ganz ruhig – Ruhe (2×)

5. Formelvorstellung:

Sonnengeflecht strömend warm (6×)
Ich bin ganz ruhig – Ruhe (2×)

6. Formelvorstellung:

Stirn angenehm kühl (6×)

Jetzt eventuell:

Eigene Vorsatzformel (6×)
(z. B. Sieg und Gegner gleichgültig – ich bleibe locker – ich schaffe es)
Ich bin ganz ruhig – Ruhe (2×)

Zurücknehmen:

Fäuste ballen! Arme fest! Tief atmen! Augen auf!

Mit der Zurücknahme wird das Üben von Selbsteinstellungen beendet. Es sollte ein **Abschluss-gespräch** angeboten werden, in dem Schüler über ihre Erfahrungen berichten können.

● **Unterrichtsmodell zum Autogenen Training**
Für den Sportunterricht könnte das Programm für das Erlernen der **Schwere-** und **Wärmeübung** wie folgt gestaltet werden:

1. Einnehmen der Grundhaltung
2. Ruheformel
3. Schwereübung
4. Ruheformel → evtl. hier bereits Zurücknahme **oder** weiter mit
5. Wärmeübung
6. Ruheformel
7. Zurücknahme
8. Abschlussgespräch

Die Schwereübung (Wärmeübung) wird dabei modifiziert (jeweils 3–6 Wiederholungen):

- *Mein rechter Arm ist schwer (warm).*
- *Mein linker Arm ist schwer (warm).*
- *Meine beiden Arme sind schwer (warm).*
- *Mein rechtes Bein ist schwer (warm).*
- *Mein linkes Bein ist schwer (warm).*
- *Meine beiden Beine sind schwer (warm).*
- *Meine beiden Arme und beiden Beine sind schwer (warm).*
- *Mein ganzer Körper ist schwer (warm).*

Damit sich die Schüler die Schwere und Wärme besser vorstellen können, bietet es sich an, die Formeln des Autogenen Trainings in *Gedankenbilder* einzubetten (MÜLLER 1994, 63, 78).

Beispiel Schwereübung

- *Ich bin ganz ruhig.*
- *Stell dir vor, du liegst wie ein großer, glatter Stein im warmen Sand.*
- *Du sinkst schwer in den Sand.*
- *Du fühlst dich wie ein großer, glatter Stein im warmen Sand.*
- *Du bist ganz schwer.*
- *Der ganze Körper ist schwer.*
- *Sage dir in Gedanken: „Ich bin ganz ruhig und entspannt."*

Rücknahme!

Beispiel Wärmeübung

- *Ich bin ganz ruhig.*
- *Stell dir vor, du liegst am Strand im warmen Sand.*

- *Du fühlst die Wärme des Sandes an deiner Haut, an deinem Körper.*
- *Die Sonne scheint – sie wärmt deinen Körper.*
- *Der ganze Körper ist warm.*
- *Der Körper ist ganz warm.*
- *Über deine Stirn weht ein sanfter, kühler Wind.*
- *Sage dir in Gedanken: „Ich bin ganz ruhig und entspannt."*

Rücknahme!

- **Autogenes Training in Entspannungsgeschichten und Phantasiereisen**

  Entspannungsgeschichten und Phantasiereisen sind für **alle** Jahrgangsstufen geeignet und sind isoliert als eigene Entspannungseinheit einsetzbar. Sie lassen sich aber auch ausgezeichnet mit Atemübungen, Progressiver Muskelrelaxation, Autogenem Training, Stretching, Körperreisen usw. kombinieren.

  Die hier abgedruckten Geschichten sollen zum vielfältigen Einsatz in der Schule motivieren. Viele weitere Beispiele finden sich bei ELSE MÜLLER, die vor allem mit ihrem Buch *Du spürst unter deinen Füßen das Gras* richtungsweisend auf diesem Gebiet gewesen ist. Inzwischen haben viele Autoren (z. B. FRIEDRICH/FRIEBEL 1989, MURDOCK 1987, PREUSCHOFF 1994, TEML 1994) Phantasiereisen veröffentlicht, die Anregungen für die Schule geben können. Außerdem können vor der Lehrkraft selbst Geschichten formuliert werden, die für die jeweilige Unterrichtssituation und für die Klasse passen.

  Die **Hinführung** zur eigentlichen Geschichte kann unterschiedlich gestaltet werden.
  - *Schließe deine Augen und atme einige Male tief durch die Nase ein und aus und gib mit jedem Ausatmen noch mehr Spannung ab. Ich lese jetzt ganz langsam und mit großen Pausen zwischen den Sätzen eine Geschichte vor. Lasse dich durch Geräusche, die von außen kommen oder durch Mitschüler oder andere Personen verursacht werden, nicht stören. Lasse deine Gedanken los und lasse sie ziehen wie kleine weiße Wolken am Himmel. Versuche, dich auf die folgende Geschichte einzustellen.*
    Stelle dir nun vor, du bist … (z. B. auf einer großen, weiten Wiese).
  - *Schließe die Augen und lenke deine Aufmerksamkeit auf deine Atmung. Achte auf die Luft, die durch die Nase in deinen Körper fließt und die du durch deine Nase oder deinen leicht geöffneten Mund wieder ausatmest. Stelle dir vor, dass dein Körper mit jeder Ausatmung immer entspannter wird. Ich zähle jetzt bis fünf. Wenn ich bei fünf angelangt bin, stellst du dir vor, du bist …* *(z. B. auf einer großen, weiten Wiese).*
    Ich beginne jetzt zu zählen: eins … zwei … drei … vier … fünf … stell dir vor, du bist … (z. B. auf einer großen, weiten Wiese).

Jede Entspannungsgeschichte endet mit einer **Rücknahme**, um den Kreislauf wieder zu aktivieren. Auch sollte ein kurzes **Abschlussgespräch** geführt werden:

- *Komme nun wieder hierher zurück in den Raum, in dem du dich befindest. Erinnere dich an die Personen neben dir. Balle deine Hände mehrmals zu einer Faust und beuge und strecke einige Male ganz fest deine Arme. Atme tief ein und aus und öffne deine Augen.*
- *Jetzt ist es an der Zeit zurückzukommen. Ich werde jetzt von zehn (fünf) bis eins zählen. Wenn ich bei fünf (drei) angelangt bin, zählst du laut mit. Wenn du bei eins angelangt bist, fühlst du dich ganz frisch, wach und konzentriert für die kommenden Aufgaben; alle Glieder gehorchen dem Willen, alle Sinne nehmen die Wirklichkeit wahr.*
  Ich beginne jetzt zu zählen: Zehn … neun … acht … sieben … sechs … fünf (ab jetzt laut mitzählen) … vier … drei … zwei … eins … du fühlst dich ganz frisch, wach, konzentriert … Fäuste ballen! – Arme fest! – Tief atmen! – Augen auf!

Wiese

Du bist auf einer großen, weiten Wiese –
du läufst durch diese Wiese –
du spürst unter deinen Füßen das Gras –
es ist biegsam, weich, sommerwarm –
du hast Lust, dich ins Gras zu legen –

du spürst das Gras unter dir, wie eine weiche Decke –
du siehst die Gräser, viele Arten –
siehst Blumen dort –
(kleine Käfer krabbeln gemächlich –)
du riechst das Gras, die Erde –
ein Schmetterling schaukelt an dir vorbei –
du siehst, wie schön seine Färbung ist –
die Zeichnung seiner Flügel,
ganz aus Samt scheinen sie zu sein –

du hörst die Bienen summen und schwirren –
du schaust zum Himmel –
du siehst dort oben viel –

du bist ganz ruhig, gelöst, entspannt –
Ruhe durchströmt dich –
du bist ganz ruhig und entspannt –

(MÜLLER 1992, 39)

Sandstrand

Du liegst an einem Strand –
liegst im weichen, zarten Sand –
du fühlst mit deinem Körper diesen weichen, warmen Sand –
an deiner Haut, er ist so weich und warm –

die Sonne scheint –
es ist ein schöner Sommertag –
du spürst die Wärme auf deiner Haut
auf deinem Körper, überall –
es ist ein wohliges Gefühl, diese Wärme zu spüren –
die Wärme zieht durch deinen ganzen Körper –
Ruhe durchströmt dich –

du hörst das Meer, sein *ruhiges, gleichmäßiges Rauschen –*
die Wellen gehen auf und ab –
du spürst deinen Atem, ruhig und gleichmäßig –
ein und aus – ein und aus –
der Atem passt sich den Wellen an –
ruhig und gleichmäßig – ein und aus – ein und aus –
ruhig geht dein Atem – den Wellen gleich –
du bist schwer, warm, ruhig und entspannt –
ein leichter Wind weht über deine Stirn –
du fühlst dich wohl –
du bist ganz ruhig und entspannt –

(MÜLLER 1992, 37)

(Begleit-CD, Titel Nr. 1, 3, 4, 6)

2.2.6 Entspannung durch Entspannungsgeschichten, geführte Phantasiereisen und Meditationen

▶ *Grundsätzliches*

Bei Entspannungsgeschichten, geführten Phantasiereisen und Meditationen bedient man sich der **Visualisierung** und gezielter **Imaginationen**, um Stress abzubauen, die Lernfähigkeit zu vergrößern, das Selbstvertrauen zu stärken und die sportliche Leistungsfähigkeit zu verbessern. „Durch die Nutzung unserer Vorstellungskraft vergrößern wir unsere Konzentration und unser Gedächtnis, verbessern das theoretische Lernen und bringen es im Sport zu Höchstleistungen. Positive, entspannende Bilder helfen uns, Stress zu verringern" (MURDOCK 1995[7], 18). Die „Aufmerksamkeit" (das *innere Auge*, der *geistige Blick*) kann dabei auf bestimmte Funktionen des Körpers, auf bestimmte Empfindungen, Gedanken und Vorstellungen, oder aber auch auf äußere Objekte wie Gegenstände, Töne, Worte und Sätze gerichtet werden (HUTH/HUTH 1996[8], 9).

Autogenes Training, Meditationen und geleitete Phantasiereisen werden von erfahrenen Therapeuten zur Behandlung neurotischer Verhaltensweisen und psychischer Erkrankungen eingesetzt. **Autogenes Training, geführte Phantasiereisen und Meditationen als therapeutische Hilfsmittel haben jedoch in der Schule bzw. im Sportunterricht nichts zu suchen. Die Schule ist weder ein Ort der Therapie, noch ist der Lehrer ein Therapeut!** Die Auswahl der Phantasiebilder und Worte erfordert daher große Achtsamkeit. Es empfiehlt sich, auf Bewährtes zurückzugreifen. Zahlreiche gut geeignete Beispiele findet man bei KUCKUCK/KÄLBERER, MOEN, MÜLLER und MURDOCK.

„Reisen", Gegenstände, Töne, Worte und Sätze lassen so viele unterschiedliche Gedanken, Gefühle und Erlebnisse entstehen, wie sich Schüler in einer Klasse befinden. Grundsätzlich sollte mit den Schülern über das, was sie erlebt und empfunden haben, gesprochen werden. Anstelle eines Gesprächs könnten sie auch dazu ermuntert werden, ihre Gedanken und Gefühle zu malen oder aufzuschreiben.

Schüler sollten auch darauf vorbereitet werden, dass Gefühle nicht immer angenehm sein müssen und manchmal Tränen fließen können. „Tränen bedeuten nicht nur Traurigkeit, sie können während oder nach den Übungen auch als Zeichen der Entspannung oder Entlastung verstanden werden. Sie sollten aber immer miteinander darüber reden" (MÜLLER 1992, 31).

▶ *Praxisbeispiele*

A. „Steinmeditation"

Fühle mit geschlossenen Augen den Gegenstand in deinen Händen. – Der Stein, den du spürst, hat eine lange Geschichte. Er hat schon sehr viel (Schönes) erlebt. –
Berühre den Stein mit deinen Fingerspitzen. Du kannst vielleicht glatte, rauhe, spitze Stellen ertasten und fühlen. (Pause)
Umschließe den Stein und lasse ihn eine **schöne** *Geschichte (seine Geschichte) erzählen. Du hast alle Zeit der Welt, dir eine* **schöne** *Geschichte erzählen zu lassen. (Pause)*
Komme wieder langsam hierher zurück, in den Raum, in dem du dich befindest. Erinnere dich daran, worauf du liegst und an die Personen um dich herum. Zähle rückwärts von 5 bis 1 und sei wieder hier. Beuge und strecke deine Arme ganz fest, atme tief ein und aus und öffne deine Augen.

(Begleit-CD, Titel Nr. 7)

B. „Sich treiben lassen…"

Stelle dir in Gedanken vor, du (stehst auf einer alten Steinbrücke und …) schaust in das Wasser eines Baches, eines Flusses oder eines Sees. – Das Wasser ist ruhig und klar.
Dein Körper, dein Gesicht spiegeln sich im Wasser. – Du betrachtest dein Gesicht. – Wie siehst du es? – Ist es entspannt – oder wirkt es angespannt, müde? – Lächelt es dir zu? – Vielleicht solltest du deinem Spiegelbild ein kleines Lächeln schenken. Vielleicht solltest du ihm auch sagen: „Ich mag dich so wie du bist, mit allen Ecken und Kanten" – Lächle ihm, lächle dir ruhig nochmals zu. –

Von einem Baum schwebt langsam ein wunderschönes buntes Blatt. Bei der Berührung mit der Wasseroberfläche bilden sich kleine Kreise, die größer und größer werden und dein Spiegelbild verwischen. – Du beobachtest das Blatt, das langsam davontreibt. – Du verspürst Lust, mitzutreiben. – Du treibst , du lässt los, du treibst. – Du genießt es zu treiben, loszulassen. – Es ist schön, sich treiben zu lassen. – Du genießt die Ruhe, das Treiben, die Ruhe in dir. –
Komme wieder langsam hierher zurück, in den Raum, in dem du dich befindest. Erinnere dich daran, worauf du liegst und an die Personen um dich herum. Zähle rückwärts von 5 bis 1 und sei wieder hier. Beuge und strecke deine Arme ganz fest, atme tief ein und aus und öffne deine Augen.
(Begleit-CD, Titel Nr. 6, 8, 11)

C. „Überkreuzen der Sinne" (vgl. MURDOCK 1995[7], 47)

- *Höre die Musik, atme die Musik durch deine Zehen ein, atme sie durch deine Fingerspitzen ein, fühle, wie die Musik sanft und weich auf deiner Zunge liegt, fühle, wie sich die Musik weich und sanft in deinem Körper ausbreitet.*
- *Fahre zu dieser Musik jetzt mit Skiern einen langen, sanften Abhang voll weichem Pulverschnee hinunter.*
- *Tanze zum Klang der Musik auf weichem blauem Samt, oder bewege dich leicht und frei auf diesem weichen Stoff.*
- *Komme wieder langsam hierher zurück, in den Raum, in dem du dich befindest. Erinnere dich daran, worauf du liegst, an die Personen um dich herum. Zähle rückwärts von 5 bis 1 und sei wieder hier. Beuge und strecke deine Arme ganz fest, atme tief ein und aus und öffne deine Augen.*
(Begleit-CD, Titel Nr. 3, 4, 6, 11)

D. „Ballonfahrt" (vgl. TEML/TEML 1994[4], 62 f)

Ziele: Das Bild des Schwebens als Entspannungsgefühl nützen: Neugier und Mut unterstützen.
Eignung: ab etwa 8 Jahren.
Hinweis: Die Variation am Ende kann auch als Vorbereitung für eine Phantasiegeschichte dienen.

Anleitung:

Sicher kennst du diese großen, bunten Heißluftballons, die manchmal am Himmel schweben. Es muss ein tolles Gefühl sein, mit einem solchen Ballon mitzufahren …

Setze oder lege dich dazu entspannt hin: Schließe deine Augen … Mach es dir noch ein wenig bequemer …

Vor deinen inneren Augen taucht eine Wiese auf …, und mittendrinnen … ein riesengroßer Heißluftballon … in bunten Farben … unten mit einem Korb für die Ballonfahrer. Noch ist der Korb am Boden … mit einem dicken Seil am Boden festgebunden. … Du bist neugierig …, gehst näher. … Da ruft dir jemand aus dem Korb zu …, winkt dir freundlich und lädt dich zum Mitfahren ein …

Du zögerst ein wenig …, dann kletterst du in den Korb …, siehst dich ein wenig um. … Die heiße Luft einer Gasflamme strömt in den Ballon …, füllt ihn prall. … Die Leinen werden losgelassen …, sanft schwebt der Ballon empor. … Du spürst, wie du nach oben getragen wirst …, ganz sanft … höher …, immer höher. … Ein angenehmes Gefühl. … Unter dir wird alles kleiner …, die Menschen …, die Häuser …, die Autos …

Ruhig und lautlos schwebt der Ballon dahin … immer weiter …, in den blauen Himmel hinauf. … Du atmest die frische Luft hier heroben …, atmest ganz frei … und spürst diese Leichtigkeit des Schwebens. … Und unter dir tauchen immer neue Landschaften auf …

Variation 1:

Nun ist die Reise bald zu Ende ..., ihr kehrt wieder zurück..., der Ballon sinkt hinab..., langsam..., tiefer..., immer tiefer..., die Erde nähert sich..., ganz langsam..., und mit einem kleinen Ruck setzt der Ballon auf der Wiese auf. ... Du steigst aus..., hast wieder festen Boden unter deinen Füßen.

Variation 2:

Ihr fliegt weit... und immer weiter..., bis in eine ferne Gegend. ... Der Ballon sinkt hinunter..., immer tiefer. ... Ihr sucht euch einen geeigneten Landeplatz... und setzt auf...

Du bist neugierig, wo du gelandet bist..., du beginnst diese neue Gegend zu erforschen. ... Wo bist du..., was siehst du..., was hörst du..., was tust du...?

Du kommst langsam ..., in deinem Tempo ..., wieder hierher zurück. ... Du bewegst deine Finger ..., atmest etwas tiefer ein und aus. ... Du dehnst und räkelst dich ... und öffnest deine Augen. ... Du fühlst dich erfrischt und ausgeruht, als wärest du gerade aufgewacht.

(Begleit-CD, Titel Nr. 1, 3, 4, 8)

2.2.7 Entspannungshaltungen

▶ *Grundsätzliches*

Neben der Liegeposition und dem *Droschkenkutschersitz* (vgl. Kapitel II Pkt. 2.2.1) sowie den zahlreichen Varianten des *Lotus-Sitzes* (vgl. Huth/Huth 1996[8], 14 ff.) gibt es eine Vielzahl von Entspannungspositionen, die der psycho-vegetativen Entspannung förderlich sein können und gleichzeitig die gelenküberziehenden Knorpeln und Bandscheiben nach starken körperlichen Belastungen entlasten. „Welche der Posititionen vom Sporttreibenden letztendlich bevorzugt werden, entscheiden das subjektive Empfinden und die situativen Bedingungen. Während in den Hallensportarten alle Entspannungshaltungen anwendbar sind, schließen sich unter Freiluftbedingungen bei ungünstigen Witterungsverhältnissen (z. B. Skilauf u. a.) bestimmte Positionen von selbst aus" (Knebel 1985/90, 57).
Nicht alle in der Literatur angeführten Entspannungspositionen sind jedoch tauglich. Das sog. *Aushängen an der Sprossenwand* beispielsweise ist unfunktionell und wenig geeignet für eine Entlastung der Wirbelsäule. „Funktioneller und damit auch effizienter ist die *Hakenposition* (vgl. **Abb. 8**), weil in dieser Körperhaltung in spezifischer Weise gerade jene Bereiche gedehnt und somit entlastet werden, die bei den vorgenannten Beanspruchungsformen im Sport (z. B. beim Schnell- und Sprungkrafttraining, Anm. der Verfasser) am stärksten gefordert sind" (Knebel 1985/90, 58).

(Begleit-CD, Titel Nr. 1, 3–11)

▶ Praxisbeispiele

(**Abb.** 4–8: Knebel 1985/90, 183 f., **Abb.** 7: Freiwald 1991, 145)

Abb. 4   *Abb.* 5

Abb. 6

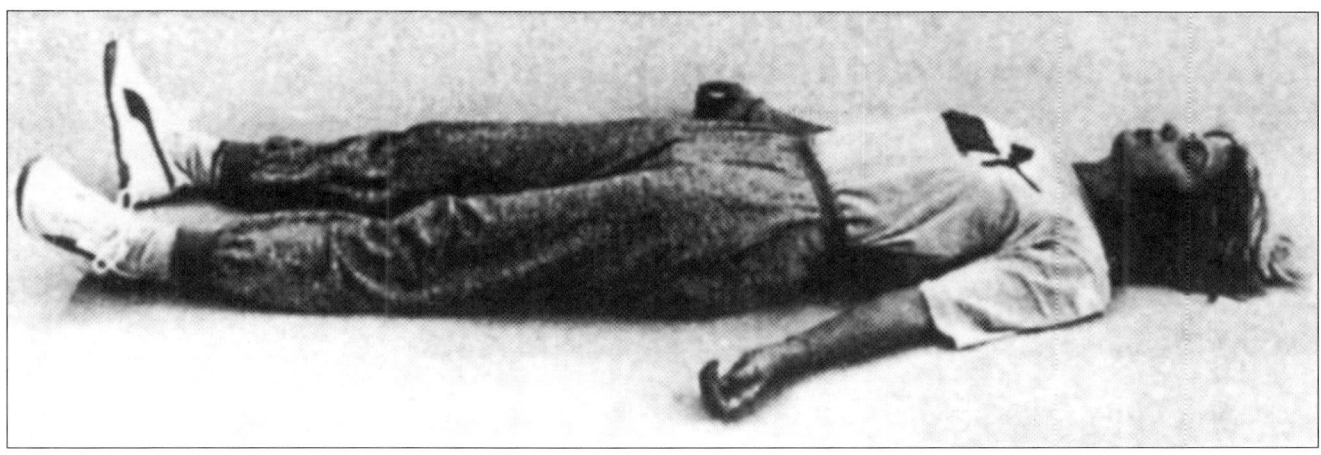

Abb. 7

Abb. 8

Abb. 9

2.2.8 Sonstige Entspannungs-, Energie- und Konzentrationsübungen

Im Folgenden werden einige Ruhe- und Konzentrationsübungen aus der Kinesiologie beschrieben, die das Lernen erleichtern, die Konzentrationsfähigkeit fördern und den (Schul-)Stress vermeiden bzw. abbauen helfen (vgl. dazu BALLINGER 1995, DENNISON 1993[8]/1995[6], BUCHNER 1993[2], KONEBERG/FÖRDER 1996).

„Energiegähnen"

Massiere mit deinen Fingerspitzen das Kiefergelenk, also den Bereich hinter den oberen und unteren Backenzähnen, und gähne einige Male ganz herzhaft dabei. Deine Ausatemluft lässt du ganz sanft aus dem geöffneten Mund ausströmen. Das Ganze machst du etwa eine Minute lang.

Diese Übung hilft beim Abbau von Prüfungsangst, wirkt entspannend in Stresssituationen und versorgt den Körper wieder mit neuer Energie.

„Energiesitzen" („Wayne-Cook-Übung")

Lege den linken Fuß auf das rechte Knie und halte mit der rechten Hand den linken Fußknöchel fest. Deine linke Hand legst du auf den Fußballen deines linken Fußes. Diese Position behältst du eine Minute lang bei und atmest bei geschlossenen Augen tief durch die Nase ein und durch den Mund aus. Beim Einatmen legst du deine Zungenspitze an den Gaumen, beim Ausatmen löst du deine Zunge vom Gaumen und legst sie locker in den Mund.

Nun stellst du deine Beine nebeneinander auf den Boden. Deine Hände legst du so aneinander, dass sich nur die Fingerspitzen berühren. Atme nun bei geschlossenen Augen wieder durch die Nase ein und lege dabei die Zungenspitze an den Gaumen. Beim Ausatmen durch den Mund löst du die Zunge wieder. Das Ganze machst du etwa eine Minute lang. Während des Einatmens kannst du dir in Gedanken sagen „Ich bin" und beim Ausatmen „ganz ruhig und entspannt".

„Energiesitzen" ist eine Entspannungsübung, mit der auch das Gleichgewicht und die Koordination gefördert werden können.

„Lichtschalter" („Stirnbeinhöcker", „Positive Punkte")

Suche deine Stirnbeinhöcker. Du findest sie, wenn du von der Mitte der Augenbrauen senkrecht hochgehst, ungefähr auf halber Höhe zwischen den Augenbrauen und dem Haaransatz. Schließe deine Augen und massiere nun die kleinen Höcker mit deinen Fingerkuppen ganz sanft – etwa eine Minute lang. Während der Massage kannst du an ein Erlebnis oder ein Ärgernis denken, das du gerne loswerden möchtest.

Das Berühren der Stirnbeinhöcker verhilft u. a. zu Stress- und Spannungsabbau, löst Gedächtnisblockaden und aktiviert das Gedächtnis.

„Denkmütze" („Ohrenspitzen")

Ziehe mit Daumen und Zeigefinger den Rand deiner Ohren nach außen, so als wolltest du den eingerollten Ohrenrand „glattbügeln". Beginne am oberen Rand und massiere langsam nach unten bis zum Ohrläppchen. Wiederhole diese Übung mehrmals.

Der Ohrenrand beinhaltet viele Akupunkturpunkte, die den Wahrnehmungsbereich des Hörens und Hörverstehens betreffen. Eine Stimulierung verbessert die Aufmerksamkeit und aktiviert das Gedächtnis.

2.2.9 Kombination verschiedener Entspannungsmethoden

Grundsätzlich kann eine Entspannungseinheit aus Sequenzen verschiedener Entspannungsmethoden zusammengestellt werden. Ein Paradebeispiel ist die Entspannung durch bewusstes Dehnen unter Einbeziehung der Beruhigungsatmung und der Ruheformel aus dem Autogenen Training. Atemübungen lassen sich gut mit Progressiver Muskelrelaxation, Autogenem Training, Körperreisen und Meditationen verbinden, wobei die Entspannung mit Atemübungen beginnt und eine Geschichte bzw. Phantasiereise die Entspannung abschließt. Geschichten runden optimal das Autogene Training ab, weil sich Formeln aus dem Autogenen Training einbauen lassen.

Die Progressive Muskelrelaxation und das Autogene Training können sich gut ergänzen. Wenn Schülerinnen und Schüler innerhalb mehrerer Sportstunden gelernt haben, sich über die Methode der Progressiven Muskelrelaxation (Anspannen – Entspannen der Muskulatur) zu entspannen, können weitere Erfolge über das Autogene Training (konzentrative Selbstentspannung) erreicht werden (OHM 1992, 50–52).

Körperreisen können isoliert oder auch vor der Progressiven Relaxation und dem Autogenen Training durchgeführt werden.

Literatur:

BALLINGER, E.: Lerngymnastik für Kinder. Kinesiologische Übungen im Kindergarten und Schulalter. München: Droemer/Knaur 1995 (Taschenbuchausgabe).

BAYERISCHES STAATSMINISTERIUM FÜR UNTERRICHT, KULTUS, WISSENSCHAFT UND KUNST (BayStmfUKWK): Konzept für die Staatliche Lehrerfortbildung: Fachlehrplan Sport für das Gymnasium – Lernbereich Gesundheit: Kategorie „Körpergefühl, Körperbewußtsein, Entspannungsfähigkeit". München 1992, 67–84.

BERNSTEIN, D./BORKOVEC, T.: Entspannungstraining. Handbuch der progressiven Muskelrelaxation. München: Pfeiffer 1995[7].

BIERMANN, G.: Autogenes Training mit Kindern und Jugendlichen. München: Ernst Reinhardt 1975, 1996.

BRECHTEL, CHR.: mtt – neue Wege zur Entspannung. Staufenburg Klinik, Durbach 1992[17].

BRAND, U.: EUTONIE – natürliche Spannkraft. München: Gräfe und Unzer 1993[2].

BUCHNER, CHR.: Neues Lesen, Neues Lernen. Vom Lesefrust zur Leselust. Süderggellersen: Martin 1993[2].

BUSKIES, W./BOECKH-BEHRENS, W.-U.: Gesundheitsorientiertes Fitneßtraining, Band 2. Lüneburg: Wehdemeier & Fusch 1996[2].

DENNISON, P. G.:
- EK für Kinder. Das Handbuch der EDU-Kinestetik für Eltern, Lehrer und Kinder jeden Alters. Freiburg: Verlag für Angewandte Kinesiologie 1993[8].
- Lehrerhandbuch BRAIN GYM. Freiburg: Verlag für Angewandte Kinesiologie 1995[6].

DEUTSCHER SPORTBUND: Entspannungsmethoden in der Übungspraxis des Breiten- und Freizeitsports. Frankfurt am Main 1990[2].

FELDENKRAIS, M.: Bewußtheit durch Bewegung. Der aufrechte Gang. Frankfurt am Main: Suhrkamp 1978.

FRIEDRICH, S./FRIEBEL, V.: Entspannung für Kinder. Reinbek: Rowohlt 1995.

HEUERMANN, M.: Geträumte Tänze – Getanzte Träume. Dortmund: Borgmann 1994.

HUTH, A./HUTH W.: Meditation. München: Gräfe und Unzer 1996[8].

KJELLRUP, M.: Bewußt mit dem Körper leben. München: Ehrenwirth 1990.

KNEBEL, K. P.: Funktionsgymnastik. Reinbek: Rowohlt 1990.

KNÖRZER, W.: Körpererfahrungsübungen – Hilfen zur Verbesserung der Körperbewußtheit. In: TREUTLEIN, G./FUNKE, J./SPERLE, N.: Körpererfahrung in traditionellen Sportarten. Wuppertal 1986.

KONEBERG, L./FÖRDER, G.: Kinesiologie für Kinder. München: Gräfe und Unzer 1996.

KRAMPEN, G.:
- Einführungskurse zum Autogenen Training. Stuttgart: Verlag für Angewandte Psychologie 1992.
- Übungsheft zum Autogenen Training. Stuttgart: Verlag für Angewandte Psychologie 1991.

KRUSE, W.: Einführung in das Autogene Training mit Kindern. Köln: Deutscher Ärzte-Verlag 1992[2].

KULTUSMINISTERIUM DES LANDES NORDRHEIN-WESTFALEN/AOK NORDRHEIN-WESTFALEN: Gesundheitserziehung in der Schule durch Sport. Handreichung für die Sekundarstufe I. Bonn: AOK 1990[2].

LINDEMANN, H.:
- Einfach entspannen. Psychohygiene-Training – die Methode mit Sofortwirkung. München: Heyne 1992[2].
- Überleben im Streß. Autogenes Training: Der Weg zu Entspannung, Gesundheit, Leistungssteigerung. München: Heyne 1991.

LODES, H.: Atme richtig. Berlin: Goldmann 1991[5].

MITTERMAIR, F.: Körpererfahrung und Körperkontakt. München: Kösel 1996[3].

MOEN, L. (Hrsg.): Meditation zur Heilung. Aitrang: Windpferd 1994[1].

MÜLLER, E.:
- Du spürst unter deinen Füßen das Gras. Autogenes Training in Phantasie- und Märchenreisen. Vorlesegeschichten. Frankfurt am Main: Fischer 1983, 1992.
- Hilfe gegen Schulstreß. Reinbek: Rowohlt 1984, 1994.
- Auf der Silberlichtstraße des Mondes. Frankfurt am Main: Fischer 1985, 1995.

- Inseln der Ruhe. München: Kösel 1994.
- Wege in der Wintersonne. Autogenes Training in Reiseimpressionen. Frankfurt am Main: Fischer 1993.
- Der Klang der Bilder. München: Kösel 1996.

MURDOCK, M.: Dann trägt mich meine Wolke … Freiburg im Breisgau: Bauer 1995[7].

OHM, D.: Progressive Relaxation. Stuttgart: Thieme 1992.

PIRNAY, L.: Kindgemäße Entspannung. Praxisbuch nicht nur für den Schulalltag. Lichtenbusch, Belgien 1993.

PREUSCHOFF, G.: Die heilende Kraft der Bäume. München: Knaur 1994.

ROSZMAN, D.: Meditation für Kinder. Freiburg im Breisgau: Bauer 1993[2].

SCHRICKER, G.:
- Üben mit Bewußtheit. In: Sportpädagogik 6 (1985).
- Ausgleich erleben. In: Sportpädagogik 4 (1989).

SELBY, J.: Atmen und leben. Reinbek: Rowohlt 1987, 1992.

SPRING, H./ILLI, U.: Dehn- und Kräftigungsgymnastik. Stuttgart: Thieme 1992[4].

SCHULTZ, J. H./THOMAS, K.: Übungsheft für das Autogene Training. Konzentrative Selbstentspannung. Stuttgart: Thieme 1935, 1989.

TEML, H.: Entspannt lernen. Linz: Veritas 1995[5].

TEML, H./TEML, H.: Komm mit zum Regenbogen. Linz: Veritas 1994[4].

UNIVERSITÄT AUGSBURG: Gesundheitserziehung im Sport – Körpererfahrung und Entspannung. Augsburg 1989 (vergriffen).

VAITL, D./PETERMANN, F.: Handbuch der Entspannungsverfahren, Band 1. Weinheim: Psychologische Verlagsunion 1993.

VOLLMAR, KL.: Autogenes Training mit Kindern. München: Gräfe und Unzer 1994.

WILDMANN, F.: Feldenkrais. Übungen für jeden Tag. Frankfurt am Main: Fischer 1995.

Sonstiges

KUCKUCK, K./KÄLBERER, K.: Ruhe – Meditative Übungen mit Schülern (Videokassette). München: Universität 1995.

RICHTER, W./PIERITZ, R.: Keine Angst vor Klassenarbeiten. Ein Übungsprogramm mit Tonkassette. Weinheim: Beltz 1983, 1995.

REINHARD BÖGLE

2.3 Auf- und Abwärmen aus der Sicht des YOGA

2.3.1 Grundsätzliches

Yoga ist ein differenziertes, körperbezogenes Übungsverfahren (von sanskr. yui = integrieren, verbinden, zusammenspielen). Der „sportmedizinische" Hintergrund und Erklärungszusammenhang finden sich in der indischen Medizin (Ayurveda, von ayus = qualitätsvolles Leben, veda = Erkenntnisse, Lehre). Ein bedeutendes Thema im Yoga ist die Beziehung der beiden Grundqualitäten (gunas = Qualität, Eigenschaft) warm, erwärmend (sita) und kühl, kühlend (ushna) und die damit verbundenen soziopsychosomatischen Vorgänge.

Im Yoga wird versucht, über **geeignete Übungen, geeignete Orte im Körper** und **geeignetes mental-emotionales Vorgehen** im Körper **Wärme** bzw. **Kühle** zu stimulieren. Wärme und Kühle werden als nebeneinander ablaufende und gleichzeitige Prozesse verstanden (ähnlich Heizung und Kühlschrank in derselben Wohnung).

Insofern geht es beim Aufwärmen (warm up) um das Stimulieren von Wärme, beim Abwärmen (cool down) um das Stimulieren von Kühle (vgl. Kap. II, Pkt. 2.1).

Körperwahrnehmung, Körpergefühl, Körpererfahrung und psychisches wie physisches Wohlbefinden werden als wesentlich erachtet. Die Verbesserung der Körperwahrnehmung, des Körpergefühls und die Aufmerksamkeitssteigerung laufen parallel mit der Aktivierung von Funktionsorten und -systemen.

Sich der Verbindung zum eigenen Körper bewusst zu sein und ihn über das Spüren und Fühlen zu erfassen (Propriozeption, den eigenen Körper erkennen), ist ein wichtiges Lernziel. Gleichzeitig gilt das Körpergefühl als Voraussetzung für einen funktionsgerechten Umgang. Das Ziel dabei ist das Schließen des Wahrnehmungs-Handelszirkels (sensorische Antwort auf motorische Impulse und umgekehrt; vgl. UEXKÜLL 1994, 16 ff.).

Dieses Erkennen und Erfühlen des eigenen (lebenden) Körpers und all dessen, was ihn umgibt, ist nach Yoga/Ayurveda und nach westlichen Konzepten (SACKS, UEXKÜLL, BIRNBAUMER & SCHMIDT) über die Impulse an **Sehnen, Gelenken** und **Muskeln** möglich. Die Yogaübungen stellen sporttheoretisch gesehen ein **Basistraining zur Stabilisierung, zum Ausgleich muskulärer Dysbalancen und zur Schaffung psychischer sowie physischer Grundlagen** dar. In den Auf- und Abwärmphasen des Sportunterrichts lassen sie sich gut einsetzen.

Die Beziehung von Muskeln, Sehnen und Gelenken zueinander im Gesamtsystem Mensch und die Schwerpunktverschiebungen sind seit mehr als 2000 Jahren das Thema im Yoga.

Vieles was sich heute unter den Stichwörtern Stretching, Kräftigung, Atmung, Entspannung und Haltung findet, könnte genausogut unter dem Stichwort Yoga beschrieben werden. Sowohl der Begründer des Autogenen Trainings (SCHULZ) als auch der des Stretching (ANDERSON) übernehmen vieles aus dem Yoga bzw. ließen sich vom Yoga inspirieren. Seit jeher besticht die Genauigkeit, wie in Yogaübungen mit dem Körper geübt wird. Für gesundheitsbezogenes Training und für die Schaffung von Fitnessgrundlagen sind diese Anregungen und praxiserprobten Konzepte heute kaum mehr wegzudenken. Dies betrifft sowohl die Übungen wie auch die Orte, an denen in den Übungen stimuliert wird (vgl. BHATT).

2.3.2 Didaktisch-methodische Überlegungen

Die richtigen Orte richtig eingesetzt

Die zentralen Orte finden sich in **7 großen Gebieten**:
im linken und rechten Bein, linken und rechten Arm, hinteren Rumpf, vorderen Rumpf, Kopf/Hals. Die Handlungsorgane Arme und Beine werden im Yoga besonders aktiv trainiert (die Funktionsbereiche nach KNEBEL sind der ayurvedischen Einteilung sehr ähnlich).

Für den Unterricht mit Schülern sind zum **Auf-** und **Abwärmen** folgende 34 Orte besonders wichtig, die in den Funktionsbereichen Arme und Beine liegen. Unter Ort versteht man ein Teilzentrum des Körpers mit einem größeren Gebiet (Region).

● Die 16 **Sehnenorte** (Sanyu-Marmas/Orte des Kraftsinns):
   Die linke und rechte Sehne des großen Beinstreckers vorne am Oberschenkel. Die Sehne des Trizeps hinten am Arm. Die jeweils drei Sehnenstellen an Fuß und Hand. Grob gesagt, ganzer Fuß, ganze Hand.
   Die Sehnenorte gelten aus der Sicht des Yoga als Orte, an denen die Wärmeentwicklung bzw. die Kühleentwicklung deutlich beeinflusst werden kann. Die Sehnenorte selber werden dabei nicht erwärmt, sie sind die Beeinflussungsstellen.

● Die 10 großen **Gelenke** (Sandhi-Marmas/Orte des Sinns für die Lage im Raum, Raumorientierung):
   Fußgelenke, Kniegelenke, Hüftgelenke, Handgelenke und Ellenbogengelenke (die Schulter ist lediglich eine Muskelschlinge mit einem kleinen Gelenk, das eine Knochenverbindung über die Schlüsselbeingelenke zum Brustbein besitzt).

● Die 8 zentralen **Muskelorte** (Mamsa-Marmas/Orte des Längensinns = Sinn für die Längenveränderungen in den Muskeln):
   Handflächen, Mitte der Fußsohlen, Wade (= Mitte des Unterschenkels), Mitte des Unterarms; hier initiiert man adäquate Längenveränderung, flächiges Ausbreiten der Muskeln und Wärmewahrnehmungen.

Die genannten 34 Wahrnehmungs- und Aktionsorte sind aus der Sicht der indischen Medizin (Ayurveda) komplexe, vitale, **zentrale Integrations-Orte (Marmas)**. Anatomisch-physiologische Prozesse können dort ausgelöst bzw. in Gang gesetzt werden. Dazu ist nötig:

– adäquate Bewegung und Bewegungssteuerung (Haltungen werden als gleichmäßige, andauernde Bewegungen verstanden)
– adäquate Intensität
– passende Dauer/Ausdauer
– routinemäßige Körperwahrnehmung an diesen Orten in Zusammenhang mit der Außenweltwahrnehmung (z. B. Fußboden, Gruppe)
– Qualität der Aufmerksamkeit/Konzentration, die zum Ort passt, Ich-Bewusstsein, Bewegungsplanung und Korrektur, Intuition
– spontane Bestätigungen, dass es stimmt (bzw. Korrektur)
– persönlicher Bezug = Zuhause sein im eigenen Körper, in der Klassengemeinschaft
   Für den Unterricht empfiehlt es sich, in den verschiedenen Jahrgangsstufen die 34 Orte immer wieder routinemäßig zu wiederholen und den bewussten Einsatz in den Übungen sicherzustellen und zu überprüfen, bis sie automatisiert auch in Alltagsbewegungen eingesetzt werden. Eine altersgemäße, muskuläre Anpassung ist dabei zu berücksichtigen (GROSSER 1990, 19).

2.3.3 Übungsformen zum Aufwärmen/Herz-Kreislauf-Aktivierung

▶ *Aufwärmen: Stimulierung von Wärme an den richtigen Orten*

Die Wärme wird auch verglichen mit dem Feuer (Pitta, Agni) und der Sonne (Surya) und meint nicht nur die Temperaturerhöhung, sondern alle „Transformationen", wie z. B. die veränderte Stoffwechsellage, mehr Drehfreudigkeit in den Gelenken, verbesserte Atmung etc. Die Erhöhung der Körperwärme wird insbesondere an der Haut, in den Muskeln, im Blut und im Ausatmen gespürt (Aktivierungswärme, bis hin zu leichtem Schwitzen). Gelenke, Stirn/Kopf, Mundraum etc. sollen auch bei Erhöhung der Wärme relativ kühl bleiben.

▶ *Mental-emotionales Vorgehen beim Aufwärmen*
(Einfühlen in die 34 Orte oder einen Teil davon)

● Belasten der *Sehnenstellen* mit dem Körpergewicht (und dadurch Krafteinsatz), leichtes Strecken gegen den Boden oder die Luft bei gleichzeitiger Dehnung der Beugemuskulatur, in Daueraktivität und in zügigen Bewegungen.
● *Gelenke:* Rollgleitbewegungen ohne Kraftaufwand und Druck, verbunden mit der Körperwahrnehmung *kühl* (keine heißgelaufenen Gelenke), das Gelenk wird im Zentrum mit dem Körpergewicht belastet. Grundidee: Das Gewicht weitergeben zu den Sehnenstellen/zum Boden (erden). Auf Genauigkeit der Bewegungsachsen und Bewegungsrichtungen achten.
● *Muskelorte:* Erwärmendes, aktivierendes, flächiges Auseinanderschieben.

Für alle **Übungen** gilt:

- 40 Sekunden bis 1 Minute in der exakten Körperhaltung bleiben, ohne den Muskeldehnreflex auszulösen (Dauerdehnung und Kräftigung des Antagonisten)
- freies und entspanntes Atmen (ohne Pressatmung)
- gezielte Stimulierung bei entspannter Aufmerksamkeit
- isometrische Aktion in den Streckmuskeln der Arme und Beine, Entlastung der Wirbelsäule
- ca. 20–30 % Krafteinsatz – daher gute Durchblutung
- Fußsehnen gegen den Boden schieben
- mit Hilfe der Oberschenkelsehnen den ganzen Oberschenkelknochen in Richtung nach hinten schieben und den Oberschenkel nach oben heben.

Übungsumfang:

3 bis 4 Übungen, denen ein kurzes Einlaufen bzw. ein kleines Aufwärmspiel vorausgehen sollte (vgl. Kap. II, Pkt. 1.2, S. 17 ff., und Kap. II, Pkt. 4, S. 90 ff.), ergeben 5 Minuten Aufwärmphase. Mit anspruchsvolleren Übungen kann die Phase bis auf 10 Minuten oder mehr verlängert werden. Die Übungen können auch im raschen Wechsel geübt werden. Altersbezogen lassen sich um die innere Sonne oder die Übungsnamen auch schöne Geschichten erzählen (mehr zu den Namen bei IYENGAR 1969).

▶ *Übungsbeispiele:*

● **Baum- oder Bergstellung** auf beiden Beinen (**Abb. 1**) bzw. auf einem Bein (**Abb. 2** und **3**) (Bewegung wie „Hemd vorne und hinten aus der Hose ziehen"):
Arme befinden sich seitlich am Körper oder senkrecht in der Luft, das Standbein ist aktiv und übernimmt das Körpergewicht, das Spielbein passiv (großer Kniestrecker wird gedehnt), Rumpf ausbalanciert. Das Standbein ist stabil und ruhig, die Balance erfolgt über den Gesamtkörper.

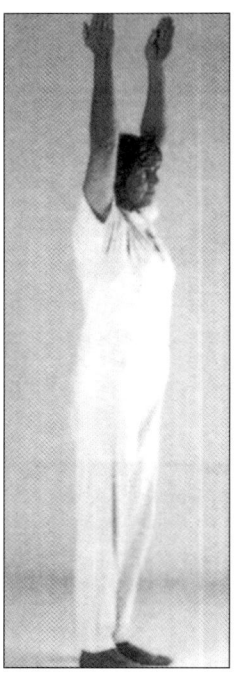

Abb. 1

Abb. 2

Abb. 3

● **halbe Hundestellung** (Bewegung wie: „Hose vom Hemd wegschieben, Hemd vorne und hinten aus der Hose ziehen")

Die Füße sind parallel und hüftbreit, die Arme und Hände parallel und schulterbreit. Linker und rechter Arm und linkes und rechtes Bein werden gleichmäßig benutzt; Aktion der Arme und Beine ausbalancieren (in der muskulären Koordination). Der Rumpf ist entspannt. Knie und Ellenbogen sind eventuell leicht gewinkelt, jedoch nicht überstreckt. Die Sitzhöcker werden von den Fersen, das Brustbein und die Brustbeingelenke von den Handballen weggeschoben.

Eine Variante, die in Abfolge geübt werden kann: Fersen vom Boden wegheben.

In einer sportmedizinischen Untersuchung hat REINISCH Sprungkraftsteigerungen durch die Stimulierung der Fußsehnen zeigen können.

Abb. 4

- **Hundestellung:** mit Fingerspitzen oder Fersen gegen die Wand („Hose vom Hemd wegschieben, Hemd vorne und hinten aus der Hose ziehen").

Abb. *5*

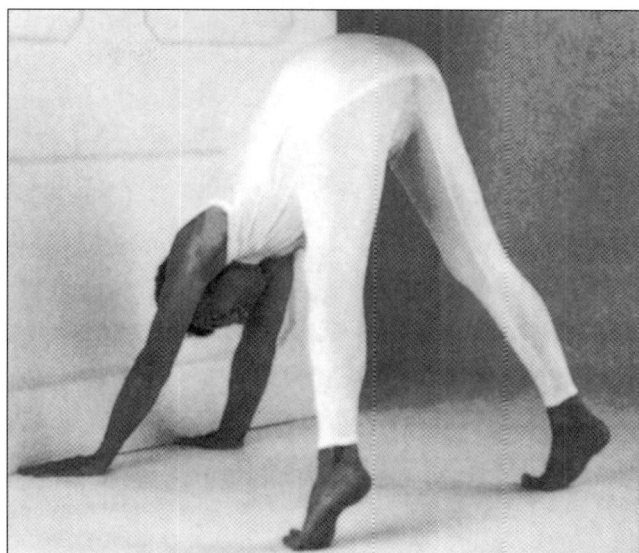

Abb. *6*

- **Weitere Übungen:** Krokodil (Liegestütze), Liegestütze mit gestreckten Armen, Riesenausfallschritt, etc. (vgl. BÖGLE 1993).

2.3.4 Übungsformen zum Abwärmen

▶ *Abwärmen: Stimulierung von Kühle an den richtigen Orten*

Die Übungen zum Abwärmen stammen zum großen Teil aus dem Zyklus der Sitzübungen und dem Schulterstand. Kühlend ist aus der Sicht von Yoga der *innere Mond* (Chandra). Kühlende Vorgänge sind regenerierend, aufbauend. Bei der Stimulierung von Kühle sollen die Haut, Muskeln etc. warm bleiben (Entspannungswärme).

Vorgehen beim Abwärmen (Einfühlen in die 34 Orte oder einen Teil davon):

- Entlasten der *Sehnenorte,* d. h. mit wenig oder ohne Körpergewicht (und dadurch Reduktion des Krafteinsatzes), aktives Strecken (bei gleichzeitiger Dehnung oder Lockerung der Beugemuskulatur) oder langsame Bewegungen in der Ruhelage. Reorientierung des Kraftsinns.
- Entlastung der *Gelenke* vom Körpergewicht. Reorientierung des Lagesinns.
- *Muskelorte* kühlend, beruhigend, flächig auseinanderschieben, um eine Erfrischung auszulösen.

Für alle **Übungen** gilt:

- Matte als Unterlage verwenden, nicht auf dem kalten Boden üben
- 40 Sekunden bis 2 Minuten in der vorgesehenen Stellung bleiben
- frei und entspannt atmen (ohne Pressatmung)
- gezielte Stimulierung bei entspannter Aufmerksamkeit und Körperwahrnehmung
- ca. 20 % Krafteinsatz für die Streckung – daher gute Durchblutung
- im Liegen nichts tun (nicht handeln) und erleben (Entspannung, Körpergefühl)

▶ *Übungsbeispiele* (Abbildungen aus BÖGLE 1993, 143–174):

● **Dandasana:** Arme sind leicht angewinkelt, Beine parallel an der Wand angelehnt, Beine werden zu den Fersen geschoben; die Arme und Beine sind in Aktion, der Rücken ist passiv.

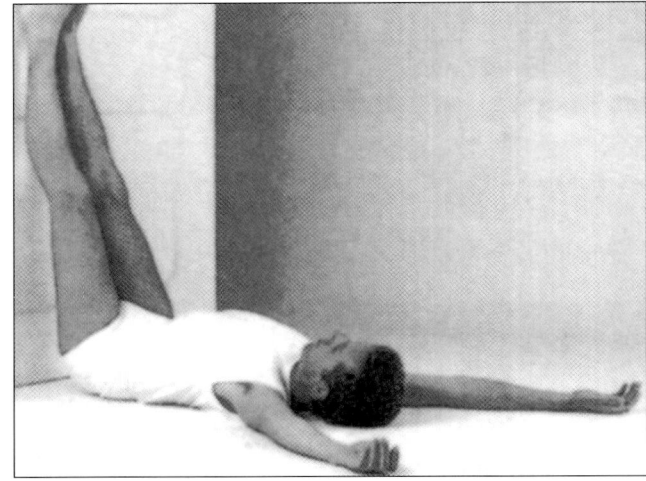

Abb. 7

● Rückenlage mit angezogenen Beinen

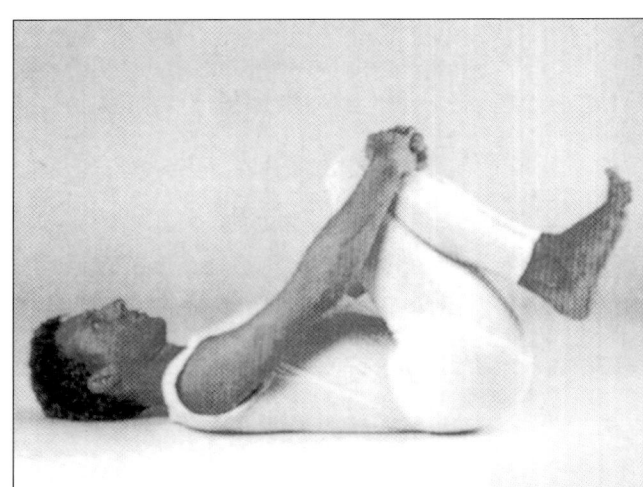

Abb. 8

● Rückenlage

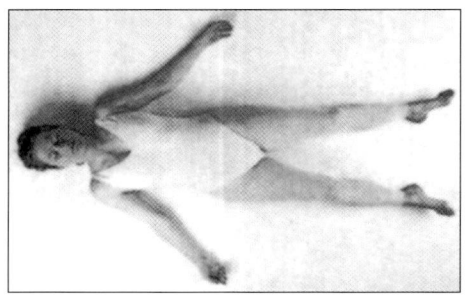

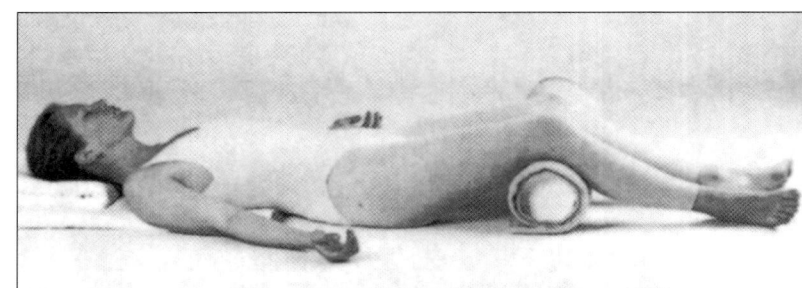

Abb. 9   *Abb. 10*

2.3.5 Ausblick

Da für lebenslanges Üben erprobt, ist es sinnvoll, altersstufengerecht die erwärmenden und kühlenden Yogaübungen zu unterrichten. **Besonders die „zentralen Orte" oder Konzentrationspunkte sind hilfreich, da sie weit über das Auf- und Abwärmen hinaus in sportlichen Aktivitäten und Alltagsbewegungen interessant sind.** Sie helfen, die sinnvolle „Normalbenutzung" des Körpers zu kennen, d. h. die Gesundheit zu fördern, aber auch Verletzungen und Krankheiten vorzubeugen.

Weiterführende Literatur:

BHATT, N. S.: Die Marmas in Ayurveda und Yoga, und ihre Verwendungsmöglichkeiten im Sport. Gastvortrag, Sporthochschule München, 1995.

BÖGLE, R.: Entspannung. In: Rusch ‚Sportförderunterricht‘: Lehrbuch zur Förderung der Gesundheit durch Bewegung. Schorndorf: Hofmann 1992.

– Das große Yogabuch. München: Humboldt 1993.

– Die Konzepte von Todesstellen in den asiatischen Kampfkünsten. In: HARTL, FABER, BÖGLE (Hrsg.): Taekwondo. München: Mönchseulen 1989.

– Kalarippayat (indische Kampfkunst) – Reisebeobachtungen. In: ebenda.

– Entspannung. In: Rusch ‚Sportförderunterricht‘: Lehrbuch zur Förderung der Gesundheit durch Bewegung. Schorndorf: Hofmann 1992.

– Das große Yogabuch. München: Humboldt 1993.

– „Welcher Sport für wen?" – aus der Sicht von Yoga, zusammen mit LEYE, Universität Erlangen. In: BAUMANN, H./LEYE, M. (Hrsg.): Bewegung und Sport mit älteren Menschen. Aachen 1997.

– Irrationalität im Bereich der Gesundheitsbildung. In: Das Forum, Zeitschrift der Volkshochschulen in Bayern, 2/1998.

BÖGLE, R./LEYE, M.: „Welcher Sport für wen?" – aus der Sicht von Yoga. In: BAUMANN, H./LEYE, M. (Hrsg.): Bewegung und Sport mit älteren Menschen. Aachen 1997.

BÖGLE, R.: Irrationalität im Bereich der Gesundheitsbildung. In: Das Forum, Zeitschrift der Volkshochschulen in Bayern, 2/1998.

GIUBILARO, G.: Hatha Yoga. Madison 1985.

GROSSER, M.: Power Stretch. München: BLV 1990.

GROSSER/HERMANN/TUSKER/ZINTL: Die sportliche Bewegung. München: BLV 1987.

HAAG, H.: Bewegungskultur und Freizeit. Zürich: Interform 1986.

IYENGAR, B. K. S.: Licht auf Yoga. Weilheim: Barth 1969.

KNEBEL, K. P.: Funktionsgymnastik. Reinbek: Rowohlt 1990.

TITEL, K.: Beschreibende und funktionelle Anatomie des Menschen. Stuttgart: Fischer 1989[11].

REINISCH, F.: Experimentelle Untersuchungen zur Veränderbarkeit des „footprints" durch Yoga und konventionelles Aufwärmen in der Leichtathletik. Unveröffentliche Diplomarbeit, Universität Erlangen 1997.

UEXKÜLL, TH. V.: Subjektive Anatomie. Stuttgart: Schattauer 1994.

WEINECK, J.: Optimales Training. Balingen, Erlangen: Perimed, 1994[8].

PETER FÄTH

3. Spielformen zur Schulung koordinativer Fähigkeiten beim Aufwärmen

3.1 Didaktisch-methodische Vorbemerkungen

Die hier vorgestellten Spiel- und Übungsformen dienen der Schulung verschiedener – nicht aller – koordinativer Fähigkeiten, die ein wichtiger Bestandteil des **allgemeinen** und **speziellen** Aufwärmens sind.
Grundsätzlich achte man bei der Anwendung solcher Spiel- und Übungsformen auf

- die Variation der Bewegungsausführung,
- die Veränderung der äußeren Bedingungen,
- die Variation der Informationsaufnahme,
- die Kombination von Bewegungsfertigkeiten,
- das Üben unter Zeitdruck und
- das Üben nach Vorbelastung.

Die nahe Verwandtschaft zu den strukturellen Elementen des Spielens ist deutlich, daher können diese Hinweise ebenso für die **kleinen Spiele** (vgl. Kapitel II, Pkt. 4) Anwendung finden, auch wenn dort dem komplexen Einsatz von Kombinationen der Schulung einzelner Fähigkeiten Vorrang eingeräumt wird.

3.2 Spielformen

Zeichenerklärung:		
G	=	Gewandtheit
R	=	Rhythmisierungsfähigkeit
Re	=	Reaktionsfähigkeit
O	=	Orientierungsfähigkeit
D	=	Differenzierungsfähigkeit

Eine Stütze suchen	Laufen nach Musik – bei Unterbrechung der Musik eine Stütze suchen – Anlehnen an Partner	G
„Es beißt überall"	Schultern, Arme, Hüfte kreisen lassen	D
Gegengleich	Arme in Tiefhalte, rechter Arm über Seithalte in Hochhalte, linker Arm über Vorhalte in Hochhalte – gegengleich mit Partner in Gegenüberstellung	D
Zweiertakt-Dreiertakt	Füße: Hampelmannspringen, Arme vor-seit-hoch	R
Körperpositionen	2 Partner mit Handfassung, Gewicht ausbalancieren, verschiedene Positionen	G
Kettenprellen	5 Partner in einer Linie, 4 haben je einen Ball und prellen. Auf Kommando einen Platz weiterrutschen, so dass der freie	R/Re

Partner auch den Ball bekommt, der Partner ohne Ball umläuft die Gruppe und stellt sich hinten an.

Unser Ball	2 Partner Handfassung, jeder prellt einen Ball, dritter versucht, einen Ball zu bekommen; Wechsel	O
Wechselprellen	2 Partner, einer prellt mit zwei Bällen und gibt den Rhythmus vor, er übergibt die beiden Bälle seinem Partner, dieser übernimmt auch den Rhythmus und sucht dann neuen Rhythmus	R/O
Fangen	2 Partner in Gegenüberstellung, 2 Bälle (Handball/Basketball): ● rechts werfen – links fangen, Abstand vergrößern ● eine Seite Fußballeinwurf, andere Seite Bodenpass ● eine Seite „kickt" den Ball, andere Seite wirft ● mit Schockwurf rechts und links, Partnerwechsel	D/O
Dreh' dich um	2 Partner in 3-m-Abstand, einer hat den Ball, anderer steht mit dem Rücken zum Partner; dieser wirft und ruft, Partner soll fangen	Re/O
Kannst du fangen	1 Partner Grätschsitz, 1 Partner dahinter lässt den Ball fallen, Sitzender fängt	Re/O
Reifenkampf	2 Partner je mit einem Fuß im Reifen, jeder prellt einen Ball und versucht, den Partner aus dem Gleichgewicht zu bringen	G/Re
Giftball	Tennisball, Schlagball oder Handball, ein Partner in Bauchlage, anderer Partner versucht, den Ball unter den Bauch des Partners durchzurollen, Vorsicht: Der Ball ist absolut tödlich giftig! Auch aus der Rückenlage möglich.	G/D
Matten	Je 6 Partner bei einer Turnmatte, 2 heben die Matte auf, die anderen kriechen unter der Matte durch; als Wettbewerb	G/D
Gleichgewicht	Gassenaufstellung, Gymnastikstäbe fassen; über die Gymnastikstäbe laufen	G
„mal links, mal rechts"	Beide Arme in Seithalte: linker Arm beschreibt gestreckt einen Innenkreis, rechter Arm beschreibt nur aus dem Unterarm einen Innenkreis	D/O
Aktiver Reifen	Ein Reifen wird senkrecht stehend gedreht; 3 Schüler prellen je einen Ball und achten darauf, dass der Reifen nicht umfällt	D/O
Zweierprellen	Zwei Partner prellen je einen Ball im gleichen Rhythmus; auf Kommando werden Plätze und Bälle gewechselt	R/O
Hör gut zu	Zwei Schüler haben jeweils zwei Bälle: A gibt den Rhythmus vor, der von B übernommen wird; dann sucht B einen Rhythmus, der an A übergeben wird	R

Hand-Fuß-Ball	Zwei Schüler besitzen je einen Ball und stehen im Abstand von ca. 5 m gegenüber: Zuspiel der Bälle mit Hand und Fuß gleichzeitig: einen Ball immer mit dem Fuß, den anderen Ball immer mit der Hand spielen; abwechselnd links und rechts	O/Re
Sandwich	Benötigt werden eigentlich nur zwei Weichbodenmatten. Eine der beiden Matten liegt am Boden und die Schüler legen sich bäuchlings auf die Matte, und zwar mit den Schultern an den Mattenrand (alle gleiche Richtung und parallel nebeneinander, Fußspitzen nach außen!). Die zweite Matte wird auf die Schüler gelegt und der Rest der Gruppe darf sich oben „austoben".	G
Schwabbelmatte	Mit blauen Turnmatten wird die Figur eines offenen Rechtecks gelegt. In das Rechteck, das so groß ist wie eine große Niedersprungmatte, rollt man 20 bis 30 Basketbälle und legt eine Niedersprung- oder Weichbodenmatte darauf. Alle Schüler einer Sportklasse sitzen auf den blauen Matten und bewegen die Niedersprungmatte, auf der ein Mitschüler steht, nach rechts, links, vor und zurück. Um stehen zu bleiben, ist das Gleichgewichtsvermögen gefordert (Vorsicht: Sturzgefahr!).	G
Blinzeln	Die Schüler einer Klasse gehen paarweise zusammen. Ein Partner kauert vor einer Weichbodenmatte, der andere steht hinter ihm. Alle Seiten der Weichbodenmatte müssen „belegt" sein, wobei ein Schüler, der steht, keinen kauernden Partner hat. Dieser darf sich durch Blinzeln einen suchen, der, falls er sich angesprochen fühlt, sich mit einem Sprung auf die Matte zu ihm retten kann. Der stehende Partner darf allerdings den Springer mit seinen Händen zurückhalten, falls er das Zublinzeln bemerkt hat.	Re
Blind ordnen	Die Gruppe steht relativ eng zusammen. Alle schließen die Augen und versuchen, sich durch Fühlen und Tasten in einer Reihe aufzustellen, die der Größe nach geordnet sein soll.	D/O
Namensdurcheinander	Material: Verschiedene Wurfgegenstände (auch unübliche, z. B. Stofftiere) Stirnkreis, der erste Gegenstand wird in einer immer gleichbleibenden Reihenfolge von Teilnehmer zu Teilnehmer geworfen und zwar so lange, bis jeder den Gegenstand genau ein einziges Mal gefangen und geworfen hat (der Letzte wirft wieder zum Starter). Es wird zudem immer der Name der Person gerufen, zu der man als nächstes werfen wird. Im zweiten Schritt wird, nachdem der erste Gegenstand unterwegs ist, ein zweiter Gegenstand ins Spiel gebracht, dann ein dritter usw. Wichtig ist dabei, dass immer vor dem Werfen der Name gerufen wird. Die Wurfreihenfolge bleibt immer gleich. Ziel ist es, möglichst viele (vielleicht 5–7) Wurfgegenstände im Spiel zu haben, ohne dass sie fallengelassen werden.	O/Re

	Deshalb sollte immer erst ein weiterer Gegenstand hinzugenommen werden, wenn es mit den anderen gut funktioniert hat.	
Seilspannung	Die Gruppe sitzt gleichmäßig um ein geschlossenes Kletterseil verteilt am Boden. Jeder hält das Seil mit beiden Händen fest. Nun muss die Gruppe mit Hilfe der Seilspannung gemeinsam aufstehen und wieder absitzen.	G
Knoten im Seil	In einem Seil sind alle 1,5 m Knoten angebracht. An jedem Knoten steht ein Schüler und hält neben dem Knoten das Seil mit einer Hand fest. Die Aufgabe der Gruppe ist es, alle Knoten aus dem Seil zu lösen, ohne die Hand vom Seil zu nehmen.	G
Kreiselball	Ein Spieler befindet sich im Kreis im Vierfüßlerstand. 5 Mitspieler bilden um ihn einen Kreis und rollen einen Ball durch die Mitte. Sie versuchen den Spieler in der Mitte mit dem Ball zu treffen. Der Spieler im Vierfüßlerstand versucht dem rollenden Ball auszuweichen.	G/Re
Teufelsball	Ein Softball wird mit einem Seil verbunden und daran noch ein Seil geknotet. Die Schüler stellen sich im Kreis auf, der Lehrer zieht den Ball an den Seilen schnell im Kreis herum und die Schüler springen immer über Ball und Seil.	G/Re
Schatten	Zwei Partner, eine Isomatte. Ein Partner bewegt die Isomatte, der andere setzt dies non-verbal in Bewegung um.	R/D

Literatur:

Bechdolf, V.: „Kooperative Bewegungsformen am Boden." In: Unterrichtshilfen für Sportlehrer und Übungsleiter 1/1992. Aachen: Bergmoser & Höller 1992.

Brugger, L./Schmid, A./Bucher, W.: 1000 Spiel- und Übungsformen zum Aufwärmen. Schorndorf: Hofmann 1994.

Stump, U.: Bewegungsspiele für Freizeit, Schule und Verein. Niedernhausen: Falken 1995.

Mühlethaler, U.: „Die ‚Koordinativen Fähigkeiten' im Handball". In: Magglingen 8/1987. Biel: Gassmann 1987.

Versch. Autoren: „Gleichgewicht halten." (Titel des Themenheftes). In: Sportpädagogik 5/1984. Seelze: Friedrich/Klett 1984.

PETER FÄTH

4. Kleine Spiele zum Auf- und Abwärmen

4.1 Allgemeine Hinweise

Zusätzlich zu den bei Kapitel II Pkt. 3 gemachten Vorbemerkungen über Variationsmöglichkeiten auch bei Spielen soll hier der Einsatz kleiner Spiele auch unter dem Aspekt der Gesundheit und einer bestimmten Einstellung zum Spielen betrachtet werden.

„Gesund ist, wenn ich nur abends – und nicht auch tagsüber – ins Bett muss."
(GROPENGIESSER/SCHNEIDER 8/1990, 8)

Aus anderer Sicht kann man Gesundheit als das Ergebnis des Zusammenspiels körperlichen, sozialen und seelischen Wohlbefindens beschreiben. Beim Spielen können wir all dies suchen und finden. Diese Spielesammlung zum physischen und psychischen Auf- und Abwärmen soll eine Hilfestellung sein für die Arbeit in Schule, Verein und überall dort, wo gespielt wird.

Wann immer du spielst, bedenke:

Sei offen – sei fair – sei kooperativ – sei bereit für jeden Unfug – sei ein Kind!
Dann wird es klappen!
Denn im Spiel machen wir uns auf den Weg zu unserer kindlichen Seele.
Sie ist frei von allen Beschwernissen.
Im Spiel machen wir uns auf den Weg zu uns selbst.
Wir können das Gefühl der Leichtigkeit, der Sorglosigkeit und des Glücks erspüren,
wenn wir nur wollen!"
Machen wir uns auf den Weg!
Du möchtest eine Systematik?! – Seit wann ist Spielen systematisch??
Sei's drum, hier ist sie:

4.2 Einstieg

Begrüßung

Wir laufen nach Musik, begrüßen uns, laufen eine Weile miteinander, tauschen Neuigkeiten aus und trennen uns wieder.

Spazierfahrt

Es werden „Züge" bis zu fünf Personen gebildet, die nach Musik auf allen Linien der Halle umherfahren. Ausweichen darf man nur dort, wo sich Linien kreuzen … und ein Anhalten gibt es nicht.

Namenszug

Eine Lokomotive fährt in einem Innenstirnkreis, bleibt vor einem Partner stehen und sagt: „Hallo, ich heiße …, wie heißt du?" Dieser Partner nennt seinen Namen, worauf alle anderen in frenetisches Jubeln ausbrechen und den Namen wiederholen. Der neue Partner geht nun als Lok an den Anfang und das Spielchen geht weiter.

Datenverarbeitung

Die ganze Gruppe stellt sich nach folgenden möglichen Kriterien in Reihe auf: Die Anfangsbuchstaben der Vornamen, die Reihenfolge der Geburtstage, die Schuhgröße, die Konfektionsgröße, … oder mal wieder nach der Körpergröße!

Schauspieler	Die Gruppe steht im Innenstirnkreis, nacheinander tritt jedes Mitglied in die Kreismitte und sagt, verbunden mit einer bestimmten Handbewegung, einem bestimmten Tonfall oder einer bestimmten Körperhaltung: „Hallo, ich bin …" Alle im Kreis wiederholen dies ganz genauso.

4.3 Kommunikationsspiele

Spirale	Die Gruppe steht im Innenstirnkreis mit Handfassung und Schulter-Schluss und versucht, das Gruppengefühl zu erspüren. Irgendwann löst der Spielleiter eine Hand und beginnt, an der Außenseite des Kreises entlangzugehen. Er zieht die ganze Gruppe hinter sich her, wobei der letzte in der Kette dort stehen bleibt, wo sich der Kreis geöffnet hat; er ist die Mittelachse. Nach einer Weile kann das „Auswickeln" der Spirale beginnen, indem sich der mittlere Spieler bückt und versucht, durch den Kreis nach außen zu gelangen und ihn wieder zu schließen. – Dieses Spiel ist auch gut zum „Abwärmen" geeignet.
Erbsenkönig	Jeder Spieler erhält 5 Erbsen o. Ä., sucht sich einen Partner und verwickelt ihn in ein Gespräch. Im Verlauf dieses Gespräches darf keiner ja oder nein sagen; wer es tut, gibt eine Erbse ab und beide suchen sich neue Partner.
Fremd in der Stadt	Zwei Partner: Einer ist Taxifahrer, der zweite ist Kunde, den der Taxifahrer per Handy durch das Gewusel der Stadt lotst.
Denkmal	Einteilung in nicht zu kleine Gruppen; jede Gruppe baut ein Denkmal. Vorgaben: Möglichst wenig Füße berühren den Boden, möglichst wenig Platz wird beansprucht, alle Hände sind am Boden, möglichst breit …
Waschanlage	Ihr kniet in Gassenaufstellung so weit auseinander, dass sich eure ausgestreckten Hände gerade nicht berühren. Dann kommt ein Mitspieler in die Waschanlage und bestellt seine spezielle Autowäsche, z. B.: „Ich bin ein ganz dreckiger LKW und muss gründlich geputzt werden." Er kriecht auf allen Vieren durch die Waschanlage und alle putzen ihn ordentlich. Oder: „Ich bin ein Oldtimer und muss ganz vorsichtig gereinigt werden."
Maschinenbauer	Gruppen von 5–6, einer ist der Maschinenbauer. Er zeigt – ohne zu sprechen – eine Bewegung und ein Geräusch, das ein Teil der Maschine machen soll. Während dieser Maschinenteil arbeitet, erfährt der nächste Teil seine Bewegung und sein Geräusch, und das wird an das erste Maschinenteil angeschweißt …
Luftballon	Zwei, drei oder noch mehr Schüler sollen gemeinsam einen Luftballon über eine bestimmte Strecke treiben, ohne dass er zu Boden fällt und keiner zweimal hintereinander den Ballon treibt.
Zeitungsreggae	Zeitungen auseinanderziehen und zusammendrücken und versuchen, einen gemeinsamen Rhythmus zu finden.
Zehnergleichschritt	Zehn Teilnehmer stellen sich ganz eng hintereinander, umfassen sich an den Hüften und versuchen gemeinsam zu gehen.

Partnerlaufen

Zur Musik laufen Partner Schulter an Schulter (vorwärts, rückwärts) durch die Halle. Auf einen Lehrerhinweis sucht sich jeder Schüler einen neuen Partner und läuft zur Musik Schulter an Schulter weiter.

Eisenbahn

Es bilden sich 3er-Gruppen, die sich hintereinander aufstellen (Schulter-, Hüftfassung). Zur Musik laufen die Dreiergruppen auf den Linien in der Halle.
Variation: mehrere 3er-Gruppen finden sich und bilden neue Züge.

Langbank rollen

Es bilden sich Gruppen zu je 10 Schülern. Jede Gruppe erhält eine Langbank und ca. 10 Gymnastikstäbe. Die Langbänke werden umgedreht, auf die Stäbe gelegt und von einer Hallenseite zur gegenüberliegenden Seite gerollt, indem die Stäbe ständig nach vorne verlegt werden.
Jeweils zwei Schüler stehen auf der umgedrehten Langbank und drücken sich einen Gymnastikball gegenseitig an die Stirn.

Blaue Turnmatten verlegen

Es bilden sich Gruppen zu je 5 Schülern. Es werden jeweils 3 Matten übereinander gelegt, auf die sich die Schüler stellen. Die Schüler müssen die Matten von der einen zur gegenüberliegenden Hallenseite bewegen, ohne dabei eine Matte zu verlassen und den Boden zu berühren.

Blinder Fahrer

Zwei Läufer stehen hintereinander, ohne sich zu berühren. Der vordere Läufer ist „blind" und der hintere Läufer gibt Anweisungen, z. B. links, rechts (laufen), Ampel rot (stehen bleiben). Partnerwechsel durchführen.

Zahlenmemory:

Mannschaften zu je 4–5 Spielern, Staffelform
Material: ca. 5 × 10 Zahlenkärtchen (nummeriert von 1–10)

Gegenüber jeder Mannschaft liegen im Abstand einer festgelegten Strecke (z. B. Hallenlänge) umgedrehte Zahlenkärtchen (je 1–10) vermischt auf dem Boden. Ziel ist es für jede Mannschaft, möglichst schnell die Kärtchen nacheinander in der Reihenfolge 1–10 am Start aufzulegen. Zu beachten ist hierbei, dass dies lückenlos geschehen muss, d. h. z. B.: die 5 darf erst angereiht werden, wenn die 4 schon liegt.
Zum Staffelverlauf:
Der Erste jeder Mannschaft läuft auf ein Startkommando hin möglichst schnell zu den Kärtchen. Dort darf er eines umdrehen und anschauen. Ist es das nächste Kärtchen in der Reihe (beim allerersten Läufer demnach nur bei der 1), darf er das Kärtchen mitnehmen und am Start anlegen. Deckt er ein noch unpassendes Kärtchen auf, muss er es wieder umdrehen und zurücklegen. Dann läuft er zur Mannschaft zurück und klatscht den zweiten Spieler ab. Dieser verfährt genauso wie sein Vorgänger, usw. Sieger ist die Mannschaft, die als erste die Zahlen von 1 bis 10 vor sich liegen hat.
Hinweis: Hintergrund dieses Spiels ist es auch, innerhalb einer Mannschaft Strategien zu entwickeln. Dieser Hinweis sollte aber frühestens nach dem ersten Durchgang gegeben werden; die Schüler kommen meist von selber darauf.

Begriffsmemory:

Variation des Zahlenmemorys
Material: ca. 5 Oberbegriffe mit je 5 bis 6 Unterbegriffen

Die Mannschaften erhalten einen Oberbegriff (z. B. Sport) und müssen aus allen verdeckt aufgelegten Kärtchen die Unterbegriffe (Basketball, Aerobic, usw.) heraussuchen, wobei die Anzahl den Spielern bekannt sein muss. Die Kärtchen werden nebeneinander auf die Mittellinie gelegt und die Mannschaften verteilen sich als Ganzes auf beiden Hallenseiten. Wie beim Zahlenmemory darf immer nur ein Mannschaftsteilnehmer laufen.

McDonalds-Spiel

Alle laufen durcheinander, der Spielleiter ruft abwechselnd die folgenden Begriffe:

Hamburger: 2 Spieler legen sich übereinander

BicMac: 3 legen sich übereinander

Pommes: 4 legen sich kreisförmig auf den Rücken und kreuzen alle Beine übereinander

4.4 Laufspiele

Zeitungstreten

Die Schwerter (zusammengerollte Zeitungen) hinten in die Schuhe stecken und versuchen, sie dem Partner herauszutreten.

Familiengeschichte

Alle Mitspieler werden auf Familien verteilt, setzen sich in Reihe und werden zu Vater, Mutter, bis hin zum Dackel. Der Spielleiter erzählt nun eine Geschichte über diese Familie. Jeder, der erwähnt wird, steht auf, läuft einmal um seine Familie herum und setzt sich wieder.

Hasenfest

Alle Hasen laufen nach Laufmusik partnerweise über die Wiese. Sie gehorchen dabei den Anweisungen des „Oberhasen" (Ohrenwackeln, hoppeln, …). Ruft er aber: „Das Wiesel kommt!", rennt die ganze Meute aufgescheucht durcheinander und sucht einen neuen Partner. Wer keinen findet, ist neuer „Oberhase".

Linienlauf

Laufen auf allen Linien der Halle, sich mit dem Entgegenkommenden nonverbal einigen, wie man aneinander vorbeikommt.

Solidarnosc

Ein oder mehrere Fänger versuchen durch Berühren mit einem Softball Mitspieler zum Fänger zu machen, um selbst frei zu werden. Zwei Spieler, die sich schnell die Hände reichen, können nicht gefangen werden, müssen die Hände aber sofort wieder lösen, wenn die Gefahr vorbei ist.

Dreieckfangerl

Drei fassen sich an den Händen und bilden einen Kreis, einer von ihnen ist die Zielscheibe, die ein Vierter, der außerhalb steht, abschlagen muss. Gemeinsam versuchen die drei, es zu verhindern.

Verzauberfangi

Mehrere Fänger schlagen ab, wer getroffen wurde, verharrt „verzaubert" in der momentanen Position, ein nicht Verzauberter kann ihn erlösen, indem er sich drei Sekunden lang in der gleichen Position vor ihn stellt. Während dieser Zeit kann keiner dieser beiden „verzaubert" werden.

Schere-Papier

Die Gruppe steht in Gassenaufstellung entlang der Mittellinie, die zwei Gegenüberstehenden spielen „Schere …", der Verlierer fängt den Sieger.

Wampentreff

Dreiergruppen, einer in der Mitte, die beiden anderen blicken in entgegengesetzte Richtungen. Der Mittlere (als Maschinist) startet die beiden Roboter durch leichten Klaps auf den Kopf. Durch Antippen auf die li oder re Schulter machen die Roboter die entsprechende Wendung. Zweimaliger Klaps auf den Kopf heißt: Stopp! Man kann immer nur einen Befehl an den Roboter geben, dann ist der andere dran. Wer kann seine beiden Roboter so steuern, dass sie „Wampe an Wampe" stehen?

Atome

Laufmusik, alle laufen durcheinander, der Spielleiter bringt durch Rufen verschiedener Zahlen unterschiedliche Atome zusammen.

Dorffeuerwehr

Die Spieler stehen in Reihe, der Spielleiter meldet ein Feuer, der erste jeder Reihe rast los, mit „Tatütata" und einem erhobenen Arm als Blaulicht. Am Brandherd merkt er, dass er es alleine nicht schafft, rennt zurück, holt sich einen Partner zur Verstärkung, zurück geht es mit „Tatü…", auch die zwei schaffen es nicht …

Begegnungsstaffel

Die Hälfte jeder Gruppe stellt sich gegenüber in Reihe auf. Die beiden Ersten laufen auf Kommando los, klatschen da, wo sie sich treffen, die Hände ab, laufen zurück, schicken die Nächsten los und stellen sich hinten an.

Sportgeometrie

Die Gruppe läuft gemeinsam vorher abgesprochene geometrische Figuren.

Mitnahmelauf

Die erste Runde läuft einer aus der Gruppe allein, bei der zweiten nimmt er einen Partner mit, dann den zweiten, den dritten, …

Gruppenlauf

4 Gruppen, circa 6 Partner
Bei Aufruf einer Zahl umläuft der Mitspieler seine Gruppe, bei Aufruf eines Buchstabens umläuft die ganze Gruppe die anderen Gruppen.

Reifenzwirbeln

Die Schüler sind in der ganzen Halle verteilt, jeder Schüler hat zwei Gymnastikreifen. Auf ein Startzeichen zwirbeln alle ihre Reifen an. Nun ist es die Aufgabe der Gruppe, möglichst alle ihre Reifen in der Drehbewegung zu halten, wobei die Regel gilt, dass nie direkt hintereinander zweimal der gleich Reifen nachgezwirbelt werden darf.

Bierdeckelspiel

In der ganzen Halle sind ca. 100 Bierdeckel ausgelegt. Die Klasse wird in zwei Gruppen geteilt und jeder Gruppe werden die Hälfte der Bierdeckel und eine Bierdeckelseite zugeordnet. Die Schüler jeder Gruppe legen ihre Bierdeckel mit der richtigen Seite nach oben. Auf ein Startzeichen laufen alle Schüler gleichzeitig durch die Halle und drehen ihre Bierdeckelseite nach oben. Nach einigen Minuten wird abgepfiffen und nach Deckelseiten getrennt eingesammelt. Die Gruppe mit dem größeren Stapel ist Sieger.

Alaskaball

Zwei Mannschaften stellen sich wie beim Brennball auf. Die gesamte Werfermannschaft läuft nach dem Wurf um ein weit entferntes Mal. An der Stelle, wo ein Fänger den Ball unter Kontrolle bringt, bildet seine Mannschaft einen Tunnel mit gegrätschten Beinen. Durch diesen Tunnel rollen die Spieler den Ball. Der Letzte der Gruppe trägt den Ball über die Grundlinie, seine Mannschaft ruft laut „Alaska". Schaffen es die Fänger, bevor die Werfer wieder ordentlich in Reih' und Glied stehen?

4.5 Fangspiel

Fischfang

Die Hälfte der Gruppe steht in Linie, die Beine gegrätscht, Hand in Hand, die Augen geschlossen. Sie sind das Fischnetz. Die andere Hälfte versucht, sich durch dieses Netz zu schleichen. Wenn sie das Netz berühren, werden sie zum Netz, der „Netzspieler" zum Fisch.

Rücken rennt

Spieler stehen paarweise mit Handfassung gegenüber in der Halle verteilt. Je nach Spielerzahl gibt es mehrere Fänger und Gejagte. Will ein Gejagter sich retten, taucht er zwischen ein Paar. Derjenige, dem er den Rücken zukehrt, läuft davon.

Neckfangi

A läuft hinter B her, der wie ein Staffelläufer bei der Übergabe eine Hand nach hinten streckt. A schlägt (berührt) insgesamt dreimal die Hand. Beim dritten Mal versucht B, davonzulaufen; A fängt.

Schmugglerhatz

Eine bestimmte Anzahl von Zöllnern jagt Schmuggler. Diese geben kleine Gegenstände an ihre Schmugglerkollegen weiter, versuchen aber auch, durch Täuschungsmanöver die Zöllner zu irritieren. Glaubt ein Zöllner, eine Übergabe beobachtet zu haben, stellt er den Schmuggler ganz martialisch zur Rede. Hatte er Recht, darf er seine Pension durch Schmuggeln aufbessern, der Ertappte muss Zöllner sein. Hatte er aber Unrecht, so muss er auf die Knie und sich ganz unterwürfig entschuldigen.

Flöhe fangen

Der Flohfänger hat die Augen geschlossen. Die anderen Spieler, die „Flöhe", hüpfen mit geschlossenen Beinen im Spielfeld. Allerdings haben sie nur fünf Sprünge, dann müssen sie sich setzen. Wer vom Flohfänger berührt wurde, ist Fänger.

Nimm schnell

Ein oder mehrere Spieler haben einen Softball. Ein oder mehrere Fänger mit Bändern und ohne Ball versuchen, einen Spieler mit Ball abzuschlagen. Der Spieler kann dem entgehen, indem er den Ball an einen anderen abgibt, der den Ball übernehmen muss.

„Du musst nehmen!"

5 Fänger mit Bändern, 8–10 Spieler mit Bällen
Der Fänger muss die Spieler mit dem Ball fangen, diese dürfen den Ball an einen Mitspieler ohne Ball abgeben, der den Ball annehmen muss.
Wenn der Fänger einen Spieler mit Ball gefangen hat, tauscht er mit ihm die Rolle.

Luftballonschmuggel

5 Zöllner mit Parteibändern gekennzeichnet
8–10 Schmuggler verbergen je einen Luftballon in der Hand. Die Schmuggler versuchen, diese anderen Mitspielern zuzustecken.

Wenn ein Zöllner ruft: „Du hast geschmuggelt!", muss der Schmuggler die Hand aufmachen.

Ist er unschuldig, so muss der Zöllner auf die Knie gehen und sich entschuldigen. Ist er schuldig, darf der Zöllner die Schmuggelware behalten.

Ware schmuggeln:

Material: Viele kleine und größere Gegenstände
Die ‚Ware' (alle möglichen Gegenstände) liegt auf einer Seite einer Linie. Alle Gegenstände müssen nun von dieser Seite zur gegenüberliegenden getragen werden. Gestört werden die Schmuggler durch Polizisten (höchstens zwei), die die Schmuggler durch Berühren zum Rückweg mit ihrer Ware zwingen. Ein zweiter Versuch ist nötig. Es kann die Zeit gemessen werden, wie lange die Schmuggler brauchen bzw. wie gut die Polizisten sind. Beim zweiten Durchgang werden zwei neue Polizisten bestimmt. Die Gruppe muss sich besonders bei größeren Gegenständen eine Taktik überlegen.

Kegelklau:

Material: 4 Weichbodenmatten, 20 Kegel
Es werden 2 Mannschaften gebildet. Die Matten liegen jeweils in einer Ecke und auf ihnen je 5 Kegel. Jede Mannschaft besitzt eine Spielfeldhälfte. Ziel ist es, die gegnerischen Weichbodenmatten zu erreichen, ohne berührt zu werden. Wird ein Spieler in der gegnerischen Spielfeldhäfte von einem Gegner berührt, gilt er als gefangen und muss ins Gefängnis (Matte). Erreicht ein Spieler eine Matte, darf er einen Kegel mitnehmen. Zudem dürfen alle Gefangenen dieser Matte wieder ins eigene Spielfeld zurück. Nach Ablauf einer bestimmten Zeit (ca. 5–7 min) werden Kegel und Gefangene gezählt.

Chinesische Mauer:

3 Spieler bilden auf der Mittellinie die ‚chinesische Mauer', d. h. sie dürfen sich nur auf der Mittellinie hin- und herbewegen und müssen versuchen, niemanden durchzulassen. Alle anderen laufen zwischen zwei vorher festgelegten Linien hin und her. Jeder Spieler zählt dabei seine Linienüberquerungen in einer bestimmten Zeit (z. B. 2 min). Wird er gefangen, muss er zurück zur Linie, darf sie aber natürlich nicht mitzählen.

Variation:

1. Die gefangenen Spieler wechseln die ‚Mauerspieler' aus.
2. Die gefangenen Spieler müssen eine ‚Strafe' (z. B. 3 Liegestütze) ausführen.

Kreisfangen:

Paare liegen kreisförmig nebeneinander auf dem Bauch. Ein Paar läuft außerhalb des Kreises, wobei einer von den beiden Fänger ist. Der Gejagte kann sich retten, indem er sich an ein am Boden liegendes Paar anlegt. Der nun Äußere dieses Paares muss aufstehen und wird nun zum Fänger, d. h. der, der vorher Fänger war, wird nun zum Gejagten.

Variation:

Material: Bändchen
Ein Teil der Spieler verteilt sich jeweils als liegendes Paar kreuz und quer in der Halle. Es werden 2–3 Fänger bestimmt, der Rest läuft frei herum. Retten kann man sich wie oben. Derjenige, der gefangen wurde, wird zum Fänger (Markierung durch Bändchen).

4.6 Abenteuer

Ritter Lancelot

Zusammengerollte Zeitungen sind unsere Schwerter. Damit gehen wir auf Abenteuer aus und kämpfen mit jedem, den wir treffen.

Mutprobe

Gassenaufstellung. Jeder läuft nacheinander mit geschlossenen Augen durch die Gasse und stellt sich hinten an.

Bierdeckelschlacht

Zwei Mannschaften in festgelegtem Feld, jeder hat einen Bierdeckel, die werden in das Feld der anderen Mannschaft geworfen. Versucht, das eigene Feld sauber zu halten!

Krokodile im Sumpf

Alle fassen den Fallschirm, setzen sich und strecken die Beine unter den Fallschirm, der leicht auf und ab bewegt wird. Unter dem Schirm kriecht ein „Krokodil", das einen Mitspieler in die Tiefe des „Sumpfes" zieht und ihn somit auch zum Krokodil macht. Wenn alle unter dem Schirm sind, wird denen schon einfallen, wie sie wieder herauskommen.

Achtung, Flattermann (Sportplatz!)

Ein mit etwas Wasser gefüllter Luftballon wird in einen anderen Luftballon gebracht (wie? – ausprobieren!!); dieser „Ball" wird in einer Kreisaufstellung „zugeflattert".

Ballkarussell

Innenstirnkreis, zu dreien (vieren) abzählen, gleiche Nummern gehören zusammen. Jede Mannschaft hat einen Softball, der im Uhrzeigersinn nur an die eigene Mannschaft weitergegeben werden darf. Welche Mannschaft hat zuerst 5 (10) Umläufe? Startwerfer zählt!

4.7 Kleine Spiele mit dem Ball

Monsterball ablegen

Material: Reifen (etwa drei mehr als eine Mannschaft Spieler hat) in der Halle verteilt, 1 Pezziball
Ziel: Zwei Mannschaften spielen gegeneinander und versuchen gleichzeitig den Pezziball in irgendeinen Reifen abzulegen. Bei Erfolg erhält die entsprechende Mannschaft einen Punkt.
Spielregeln: Es darf neben den üblichen Techniken (dribbeln, passen) mit dem Ball gelaufen bzw. der Ball auch getragen werden. Es gibt kein „Aus" und „Foul" nur bei absichtlichem Körperkontakt. Die Mannschaft, die jeweils nicht im Ballbesitz ist, kann die Tore (= Ablegen des Pezziballes im Reifen) verhindern, indem ein Spieler einen Fuß in den Reifen stellt, noch bevor der Ball im Reifen zum Liegen kommt. Der Wechsel zwischen Angriff und Verteidigung ist laufend und unabhängig von einer Spielfeldhälfte. Bei einem Tor erhält die gegnerische Mannschaft den Ball und startet von einer Seitenlinie aus.

Monsterball-Handball

Zwei Mannschaften spielen mit einem Pezziball gegeneinander. Mit dem Ball darf geprellt werden, er darf gepasst und getragen werden. Ziel ist es, das Brett des gegnerischen Basketballkorbes zu treffen. Dann erhält die Mannschaft einen Punkt und die gegnerische Mannschaft startet einen neuen Angriff.

Monsterball-Fußball

Zwei Mannschaften (bis zur 7. Klasse) spielen mit dem Pezziball gegeneinander. Der Ball darf geschossen werden. Als Tor gelten die beiden Stirnseiten der Sporthalle oder Matten, die an den Stirnseiten aufgestellt wurden.

2-Tor-Ball:

Material: 4 Kastenoberteile, 1 Fußball (oder Tennisball und Hockeyschläger)
Zwei Mannschaften spielen gegeneinander Fußball oder Hockey. Jede Mannschaft hat zwei Tore (Kastenoberteile) an zwei verschiedenen Seiten (über Eck). Es wird ohne Torwart gespielt.

Langbankfußball

Medien, Material: Bänder (drei verschiedene Farben!), 4 Langbänke, 1 Fußball
Organisation: Vier Gruppen bilden, vier Langbänke schräg in die vier Hallenecken stellen.
Inhalt: Jede Mannschaft besteht aus 4–5 Spielern, wovon nur zwei im Feld sind, die anderen sitzen hinter den umgekippten Langbänken. Die Feldspieler (insgesamt acht) versuchen an einer beliebigen Langbank ein Tor zu erzielen (Sitzfläche muss getroffen werden). Bei jedem Torerfolg wechseln alle Mannschaften ihre Feldspieler aus. Wird die Langbank einer Mannschaft getroffen, dann erhält diese einen Minuspunkt. Wer hat nach 3–5 Minuten die wenigsten Minuspunkte?
Varianten, methodische Hinweise: Jedes erzielte Tor ergibt einen Pluspunkt; jedes erhaltene einen Minuspunkt (fördert die Angriffsbemühungen!). Zwei benachbarte Mannschaften spielen gegen die zwei gegenüberliegenden auf zwei Langbänke (vier gegen vier) nach Fußballregeln. Stehen zwei oder sogar drei Hallenteile zur Verfügung, dann spielt man mit fünf Mannschaften zu je 3–5 Spielern. Eine Mannschaft hat Pause, und sobald ein Team ein Tor erhalten hat, setzt dieses aus und die andere spielt mit.

Hütchenhandball

Medien, Material: 10 Hütchen, 1 Handball, Bänder, 10 Kleinkästen oder Kastenteile
Organisation: Zwei Mannschaften bilden und auf jede Grundlinie fünf Hütchen auf die Kleinkästen stellen.
Inhalt: Gespielt wird nach Handballregeln. Für das Umschießen eines gegnerischen Hütchens gibt es einen Punkt. Vor den Hütchen einen 1–2 Meter breiten Torraum bilden, der nicht betreten werden darf. Wer hat zuerst alle Hütchen umgeschossen? Jedes umgeschossene Hütchen ergibt einen Punkt und wird wieder aufgestellt.
Spielzeit: mind. 5 Minuten.
Varianten, methodische Hinweise: Pro Mannschaft 1–2 Torhüter abstellen, die das Umschießen der Hütchen verhindern.

Teppichfliesenball

Medien, Material: Bänder, 1–3 Hand-bälle, Teppichfliesen

Organisation: Mehrere Mann-schaften bilden und entspre-chende Spielfelder ausweisen; pro Spielfeld eine Teppichfliese mehr als Spieler eines Teams.

Inhalt: Die Mannschaften spielen nach Handballregeln (eventuell auch Basketballregeln) gegeneinan-der. Ein Punkt ist erzielt, wenn ein Spieler den Ball auf eine Teppich-fliese wirft. Dies kann dadurch verhindert werden, dass ein abweh-render Spieler die Teppichfliese mit dem Fuß berührt, dann kann hier kein Punkt mehr erzielt werden. Spielzeit: mindestens 5 Minuten. Die Teppichfliesen erhalten sie kostenlos in jedem Teppichgeschäft.

Varianten, methodische Hinweise: Kleine Mannschaften bilden (4–6 Spieler). Eventuell zwei Fliesen mehr auslegen. Es können auch Rei-fen benützt werden, doch ist hier die Verletzungsgefahr höher.

Kastentorball

Medien, Material: Pro Spielfeld zwei Kästen; Bälle, Bänder

Organisation: Mannschaften mit 4–6 Schülern und eine entsprechende Zahl von Spielfeldern bilden. In jedem Spiel-feld zwei Kästen als Tore aufstellen.

Inhalt: Jeweils zwei Mann-schaften spielen nach Hand-ballregeln, ohne zu prellen, gegeneinander und versuchen, den gegnerischen Kasten zu tref-fen. Der Kasten kann auch in einem Kreis oder auf einer Matte ste-hen, die dann nicht berührt bzw. betreten werden dürfen. Eventuell auch mit Torhüter spielen.

Varianten, methodische Hinweise: Je nach Anordnung der Kästen kann von allen Seiten ein Tor erzielt werden. Dieses Spiel ist auch mit mehreren Kleinkästen denkbar.

Flüchtendes Tor

Medien, Material: 2 Stangen, Bänder, 1 Fußball

Organisation: Zwei Mannschaften bilden. Jede Mannschaft stellt ein flüchtendes Tor (Zwei Schüler hal-ten eine Stange).

Inhalt: Es wird nach Fußballregeln gespielt. Ziel ist es, bei dem gegnerischen, flüchtenden Tor einen Treffer zu erzielen. Spielzeit: 3 × 5 Minuten mit einem Tausch der Stangenträger.

Varianten, methodische Hinweise: um Verletzungen zu vermeiden, sollten Plastikstangen benützt werden und die Stangenträger diese ganz am Ende halten.

Sport Praxis 2/98
Aus: Klaus Moosmann. Kleine Aufwärmspiele.
Erschienen im Limpert Verlag.
Limpert-Arbeitsbücher Sport – Wiesbaden 1997

4.8 Ausklang

Der Regenmacher

Alle sitzen im Kreis und spüren zunächst die Gemeinsamkeit. Die Augen sind geschlossen. Der Spielleiter beginnt, seine Handflächen aneinander zu reiben. Der Spieler zur Rechten übernimmt das Geräusch, dann sein rechter Nachbar usw., bis alle ihre Hände reiben. Dann beginnt der Spielleiter seine Finger zu schnipsen, der rechte Nachbar übernimmt ..., dann folgt Klatschen, Oberschenkelklopfen, Füßestampfen.

Psychoshake

Jeder denkt sich eine Zahl: 1, 2 oder 3. Dann gehen alle herum und suchen „Zahlenverwandte", indem sie die Hände schütteln und zwar so oft, wie es ihrer Zahl entspricht. Wenn sich zwei gleiche gefunden haben, gehen sie gemeinsam auf Suche, bis sich alle gleichen Zahlen an der Hand haben.

Blinder Kreis

Alle haben die Augen geschlossen. Aufgabe ist zu versuchen, ohne zu sprechen einen Kreis zu bilden.

Gordischer Knoten

Innenstirnkreis mit Schulterschluss, etwa 12 bis 15 Spieler. Alle geben ihre Hände in die Mitte: jeder Spieler greift sich eine Hand, die nicht seine eigene oder die seines Nachbarn sein darf. Nun versucht die Gruppe, ohne die Hände zu lösen, diesen Knoten zu entwirren.

Goofie

Alle sind blind, aber können sprechen. Sie sind auf der Suche nach Goofie, der zwar sehen, dafür aber nicht sprechen kann. Alle laufen durcheinander; wer jemanden berührt, frägt: „Goofie?" Erhält er keine Antwort, weiß er, dass er Goofie gefunden hat, sucht dessen Hand und kann von da an wieder sehen und ist auch „Goofie". So werden nach und nach alle sehend und vereinigen sich zum Kreis. Goofie wird natürlich am Anfang unbemerkt vom Spielleiter bestimmt.

Bierdeckeltest

Partnerweise zusammengehen, einer liegt mit geschlossenen Augen auf dem Boden. Der andere Partner legt einen Bierdeckel irgendwo auf den Körper. Der Liegende muss sagen, wo der Bierdeckel liegt.

Transportrolle

Alle liegen ganz eng nebeneinander, Köpfe in die gleiche Richtung. Einer darf sich nun am Anfang der Kette auf die „Transportrolle" legen. Diese beginnt sich um ihre Längsachse zu drehen und transportiert dabei den oben liegenden Spieler weiter bis an das Ende der Kette. Dann ist der Nächste dran.

Literatur:

GROPENGIESSER, I./SCHNEIDER, V.: Gesundheit – Wohlbefinden, Zusammenleben, Handeln. In: Sportpädagogik. Jahresheft 8/1990, S. 8. Seelze: Friedrich 1990.

BAYERISCHER GEMEINDEUNFALLVERSICHERUNGSVERBAND: Spiele zur Bewegungsförderung im Grundschulalter. Wehrheim: Verlag gruppenpädagogischer Literatur 1995.

FÄTH, P.: Spiele zum Aufwärmen. In: Gesundheitssport im Verein, Bericht über den DTB-Kongreß in Schwäbisch Gmünd, Bd. 1: Praxisbeiträge. Schorndorf: Hofmann 1994.

MOOSMANN, K.: Kleine Aufwärmspiele. Wiesbaden: Limpert 1997.

MOOSMANN, K.: Kleine Aufwärmspiele. In: Sport Praxis 2/1998, Limpert.

5. Weitere Möglichkeiten des allgemeinen Aufwärmens

HARTMUT SCHNUCHEL

5.1 Didaktisch-methodische Vorbemerkungen

Das **Aufwärmen** ist Bestandteil einer jeden Sportstunde und sollte abwechslungsreich gestaltet werden, um den Schülern Freude am Sport zu bereiten und um sie für den Hauptteil der Sportstunde zu motivieren. Der Phantasie sind hier keine Grenzen gesetzt. Aufwärmen mit Kleingeräten und Alltagsmaterialien (z. B. Seil, Teppichfliesen, Bananenkartons) bietet sich genauso an wie Aufwärmen mit Übungen aus der Skigymnastik, mit Stationstraining, Aerobic und Step-Aerobic.

Wichtig ist, dass beim Aufwärmen einfache Formen gewählt werden, die die Schüler sofort umsetzen können. Beherrschen die Schüler aber z. B. im Bereich der Aerobic koordinativ anspruchsvollere Schrittkombinationen, so können diese natürlich auch in das Aufwärmen eingebaut werden.

Die hier dargestellten Formen des Aufwärmens werden in der Schule in einer ca. 5-minütigen **Herz-Kreislauf-Aktivierung** eingesetzt. Daraufhin folgen ca. 5 Minuten lang **Dehn- und Kräftigungsübungen** (vgl. Kapitel II Pkt. 1.2), danach beginnt der Hauptteil zum Teil mit ganz anderen Sportarten und Geräten.

Jede Sportstunde sollte mit einem 3- bis 5-minütigen **Abwärmen** beendet werden. Vgl. hierzu Kapitel II Pkt. 2.2 und 2.3.

DR. JÜRGEN MENG/PETER DÄXLE

5.2 Aufwärmen mit Kleingeräten und Alltagsmaterialien

5.1.1 Aufwärmen mit dem Seil

Als Aufwärmformen bieten sich besonders Lauf- und Sprungübungen sowie Koordinationsübungen und spielerische Übungsformen an.

Laufen

● Laufen durch Seilstraßen
  – einzeln durch die Seilstraßen laufen
  – mit dem Partner durch die Seilstraßen laufen (Hüftfassung)
  – Seilgassen rückwärts durchlaufen, einzeln und mit dem Partner (Hüftfassung)

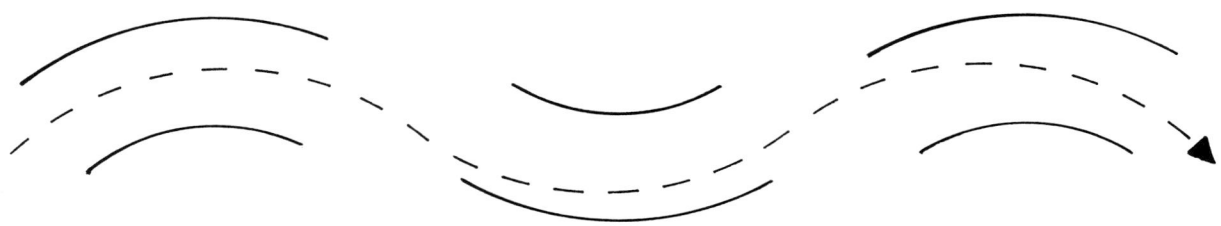

● Seilgasse – Vierfüßlergang (Bauch unten)
  – Hände und Beine in der Gasse
  – Hände außerhalb der Gasse, Füße innen
  – Hände innerhalb der Gasse, Füße außen
  – Hände und Füße außen
● Freies Laufen mit dem Seil (Rhythmisierung)
  – Einerlauf: Ein Laufschritt (Bodenkontakt) mit einem Seildurchschlag; langsames und schnelles Laufen (Seil wird mit gebeugten Armen geschwungen)
  – Zweierlauf: Zwei Laufschritte mit einem Laufdurchschlag (Seil wird mit gestreckten Armen aus dem Schultergelenk geschwungen)
  – Dreierlauf: 3 Bodenkontakte pro Seildurchschlag
  – Viererlauf, Fünferlauf …

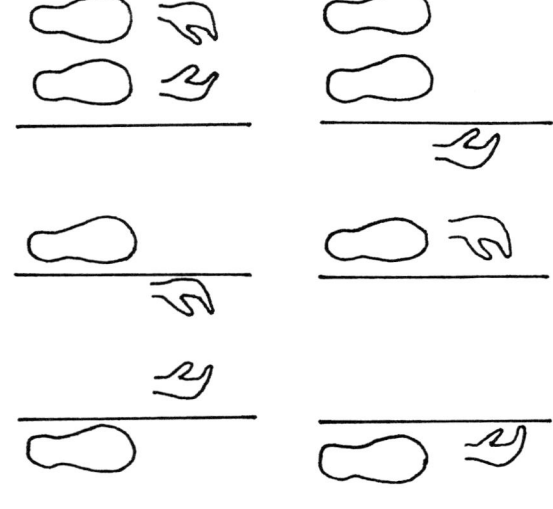

● Seitgalopp rechts – Grundsprünge – Seitgalopp links – Grundsprünge usw.
● Wedelsprünge
● Staffellauf
● Über Kreuz laufen

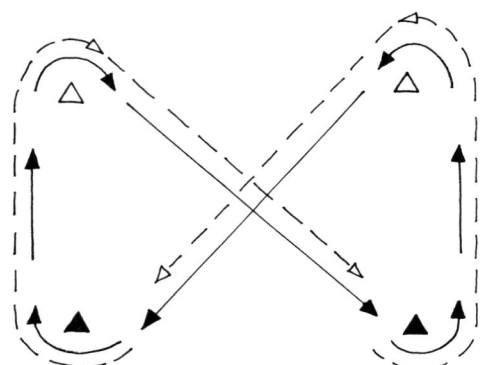

- Seiltore von der offenen Seite her durchlaufen; Laufen ohne Springen, Laufen mit Sprung

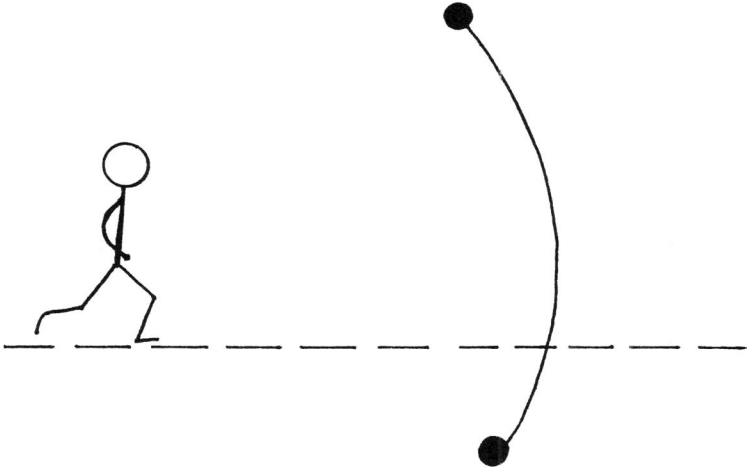

- Achterlauf durch ein schwingendes Seil; Laufen ohne Springen, Laufen mit Sprung

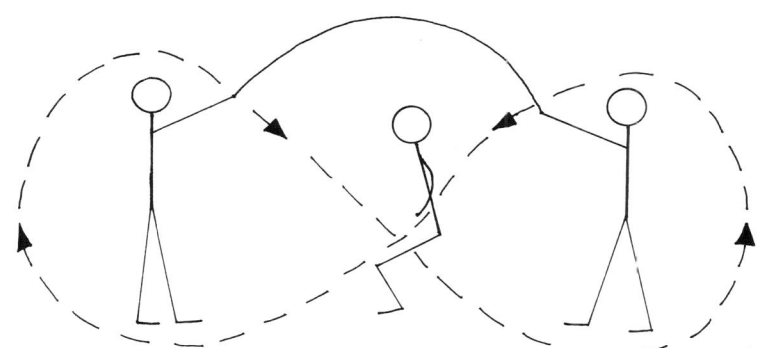

- Wagenrennen mit Teppichfliesen

Springen

- Gassenbildung
  - Grätschen (Füße außerhalb der Gasse) und schließen der Beine (innerhalb der Gasse)
  - Hockwenden in der Gasse

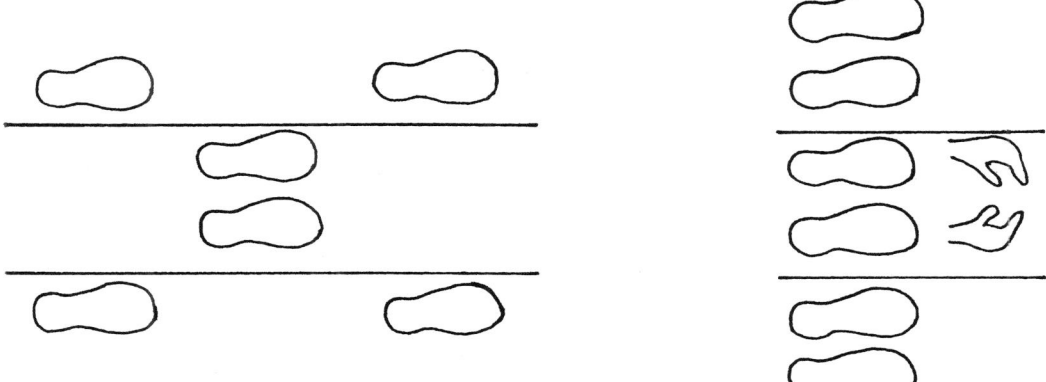

- Partnerübung: A kreist ein Seil am Boden, B befindet sich im Liegestütz, B versucht jedes Mal mit den Beinen hochzuschnellen, wenn das Seil kommt (geht bei geübten Kindern auch mit den Armen – Vorsicht Verletzungsgefahr!)
- Sprungseil in den Händen; nach dem Turnen eines Rades sofort mit dem Springen beginnen
- „Hüpfender Kreis" – Kreisaufstellung, ein Schüler schwingt ein Seil knapp über dem Boden im Kreis, die anderen springen darüber

Koordinationsübungen mit dem Seil

● Mit einem Arm doppelt ein einmal gefaltetes Seil im Lauf kreisen – mit der anderen Hand den Ball dribbeln (Handwechsel)
  – das Seil über dem Kopf kreisen – Dribbeln im Lauf …
● A hüpft mit dem Seil auf der Stelle – B wirft einen leichten Ball (Volleyball, Gymnastikball usw.) in Kopfhöhe zu A – A köpft den Ball zu B zurück
● Dribbling mit Ball (Volleyball, Basketball, Gymnastikball usw.) durch das Seiltor
  – von der offenen Seite her
  – von der anderen Seite (es muss zuerst der Rhythmus für Dribbeln und Springen über das Seil gefunden werden)
  – durch mehrere Tore hintereinander von beiden Seiten her
  – auch mit der schwächeren Hand dribbeln
● Die gleiche Übung mit Fußballdribbling
● Mehrfachspringen (Rhythmus und Koordination)
  Die nachfolgenden Übungen sind teilweise sehr übungsintensiv und eignen sich nur für geübte Springer, aber auch das Üben dient schon dem Aufwärmen.

  – zwei Springer stehen voreinander, der Hintere hält
    das Seil – gemeinsam springen

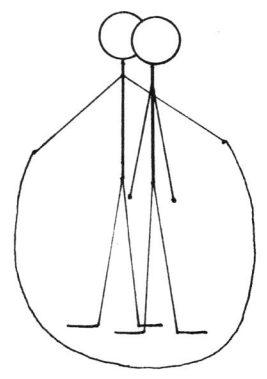

  – zwei Schüler springen mit einem Seil

  – zwei Schüler springen im gleichen Rhythmus mit
    zwei Seilen (mit oder ohne Zwischenfedern)

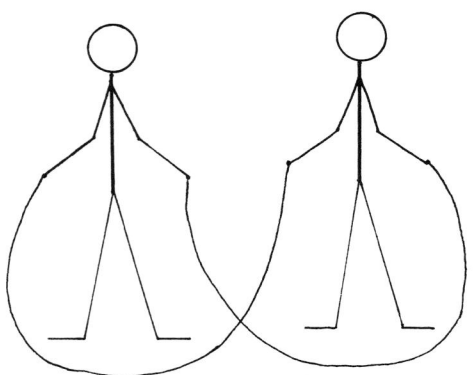

– drei Springer mit zwei Seilen; es springen nur die beiden Äußeren

– Springen in Linienaufstellung
Eine Person hat ein längeres Seil. Die anderen stehen nebeneinander und springen ohne Seil im selben Rhythmus wie der Seilschläger. Der Seilschläger bewegt sich seitwärts.

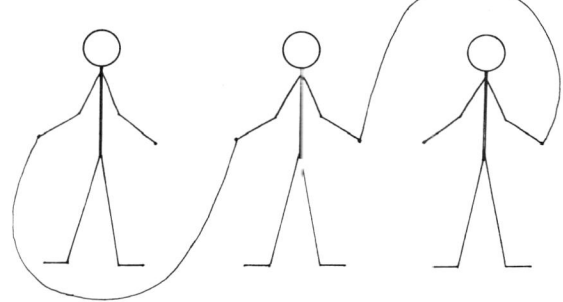

● Springe hinter der Reihe: ein gemeinsamer Seilsprung mit einem Schüler ohne Seil und ein Sprung mit dem Seil zwischen 2 Schülern ohne Seil usw.
● dasselbe, aber vor ihnen mit dem Gesicht zu ihnen
– viel Spaß bei dieser Übung

Spielerische Bewegungsform mit dem Seil

● 3er- bis 5er-Gruppen, Sitz hintereinander – Seil wird über die Kerze nach hinten gegeben und vom Nächsten mit den Füßen übernommen
● Jeder Läufer steckt sein dreimal gefaltetes Seil hinten in die Hose und versucht möglichst viele andere Seile zu rauben
● Partnerübung – ein Partner schlängelt das Seil, der andere versucht auf das freie Ende zu springen, zu treten oder das Seil zu erhaschen
● Partnerübung – zwei Sprungseile werden in der Mitte überkreuzt und ausgelegt, die Partner ziehen sich gegenseitig hoch und beginnen im Kreuz zu hüpfen

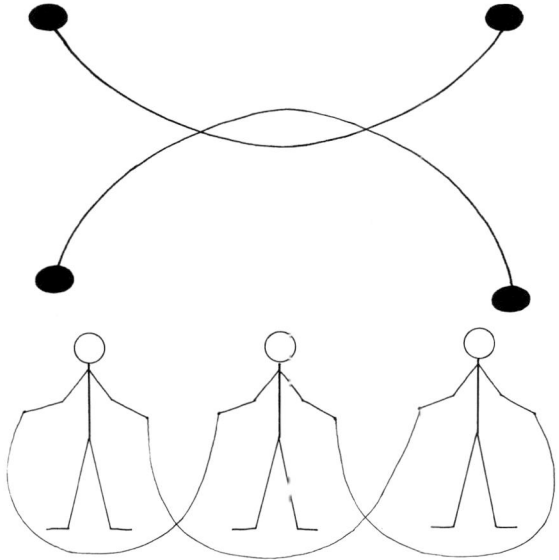

● „Hüpfende Reihe" – mehrere Schüler bilden eine Riege, zwei Schüler halten links und rechts ein Seil und laufen von vorn nach hinten, indem sie das Seil unter den Füßen der springenden Reihe durchziehen
● Mehrfachspringen (Rhythmus und Koordination)
– zwei Springer stehen voreinander, der hintere hält das Seil – gemeinsam springen
– drei Springer nebeneinander, jeder hält ein eigenes und ein fremdes Seil; im Stand springen, dann in der Bewegung laufen

Literatur:

KALBFLEISCH, S.: Double Dutch Handbook. Ancaster/Kanada 1987.
–, Skip to Health. Ancaster/Kanada 1990.
–, Skipping. Das ideale Fitneß-Training. Waldeck 1988.
RIESZ-HERNELIUS, M.: Ropeskipping. Nacka 1988.
WIESER, R.: Rope Skipping – Seilspringen auf andere Art. In: Schule und Verein.
–, Skripten zur Staatlichen Lehrerfortbildung. Bayern 1990–1994.

MARION EISENHOFER

5.1.2 Aufwärmen mit Gymnastikreifen und Fahrradreifen

- Freies Laufen um die Reifen, beim Laufen mit einer Hand in möglichst viele Reifen fassen.
- „Wir laufen auf der Autobahn": Die Schüler laufen zur Musik auf den Hallenlinien. Der Reifen dient als Lenkrad. Beim Abbiegen Blinker setzen (= Handzeichen). Auf der schwarzen Linie (= Überholspur) überholt der Letzte und wird zum Ersten.
- „Wir fahren auf der Landstraße": Die Schüler laufen nach Fahranweisungen des Lehrers durch die Halle (der Reifen dient weiterhin als Lenkrad): 1., 2., 3., 4. Gang, scharfe Kurven, Baustellen (langsamer werden), Ampeln (anhalten).
- „Wir fahren mit Beifahrer": 2 Schüler laufen in einem Reifen oder der Partner läuft vor, hinter oder neben dem Reifen mit.
- „Wir fahren mit dem Bus": 2 oder 3 Busfahrer mit Reifen holen die Fahrgäste ohne Reifen ab. Diese stellen sich hinter die Busfahrer und fahren (laufen) mit (FRANKE/LÖSCH 1996).
- Atomspiel: Alle Schüler laufen zur Musik frei in der Halle. Bei Musik-Stopp zeigt der Lehrer mit den Fingern eine Zahl, z. B. die 3. Die Schüler müssen sich nun zu dritt in einem Reifen zusammenfinden.
- Platzsuchspiel: Am Boden liegen ein oder mehrere Reifen weniger als Schüler in der Klasse sind. Die Kinder laufen und springen zur Musik um und über die Reifen. Bei Musik-Stopp springt jedes Kind in einen Reifen und setzt sich. Wer keinen Reifen erhalten hat, muss eine vorher vereinbarte Aufgabe ausführen, z. B. 10 Hampelmannsprünge o. Ä.
- Die Schüler laufen durch die Halle und versuchen so viele Reifen wie möglich von unten nach oben überzustreifen und wieder fallen zu lassen (auch zu zweit und zu dritt möglich).
- Die Schüler erfinden selbst lustige Fortbewegungsformen mit dem Reifen.
- Um Monotonie zu vermeiden, können Fahrradreifen für eine kreative und freudvolle Gestaltung in unterschiedlicher Form zum Laufen, Springen, Hüpfen angeordnet werden (KATZENBOGNER 2000, Anhang 7).

Vgl. Kap. III, 2 B, Auf- und Abwärmen in der Leichtathletik

Literatur:

FRANKE, I./LÖSCH, M.: Sport 1/2. Sportstunden mit Pfiff. Wolf Lernplanung. Regensburg 1996.

KATZENBOGNER, H.: Leichtathletik macht Spaß! Materialiensammlung für die Aus- und Fortbildung in der Leichtathletik. Kranzberg: Eigenverlag 2000.

HANS KATZENBOGNER, HARTMUT SCHNUCHEL

5.1.3 Aufwärmen an Langbänken

Das Aufwärmen an Langbänken fördert konditionelle und koordinative Fähigkeiten.

Einfache Laufformen

- Laufen um das Bankviereck (**Abb.** 1)
- Slalomlauf (**Abb.** 2)
- Laufen auf der Bank (**Abb.** 3)
- Slalomlauf, dabei das Ende der jeweiligen umlaufenen Bank berühren (**Abb.** 4)
- Slalomlauf, dabei das Ende der jeweiligen Bank überspringen (**Abb.** 5)
- Slalomlauf, dabei am jeweiligen Bankende eine Hockwende machen (**Abb.** 6)
- rhythmisches Überspringen von 4–6 Bänken (wie Hürdenlauf). Die Abstände zwischen den Bänken werden verändert, so dass die Bänke in verschiedenen Rhythmen (2er-, 3er-, oder 4er-Rhythmus) übersprungen werden können.
- Hockwenden über eine Bank von einem zum anderen Bankende
- Umsteigesprünge über die Langbänke
- abwechselnd Schlusssprung auf die Bank und Grätschsprung von der Bank auf den Boden

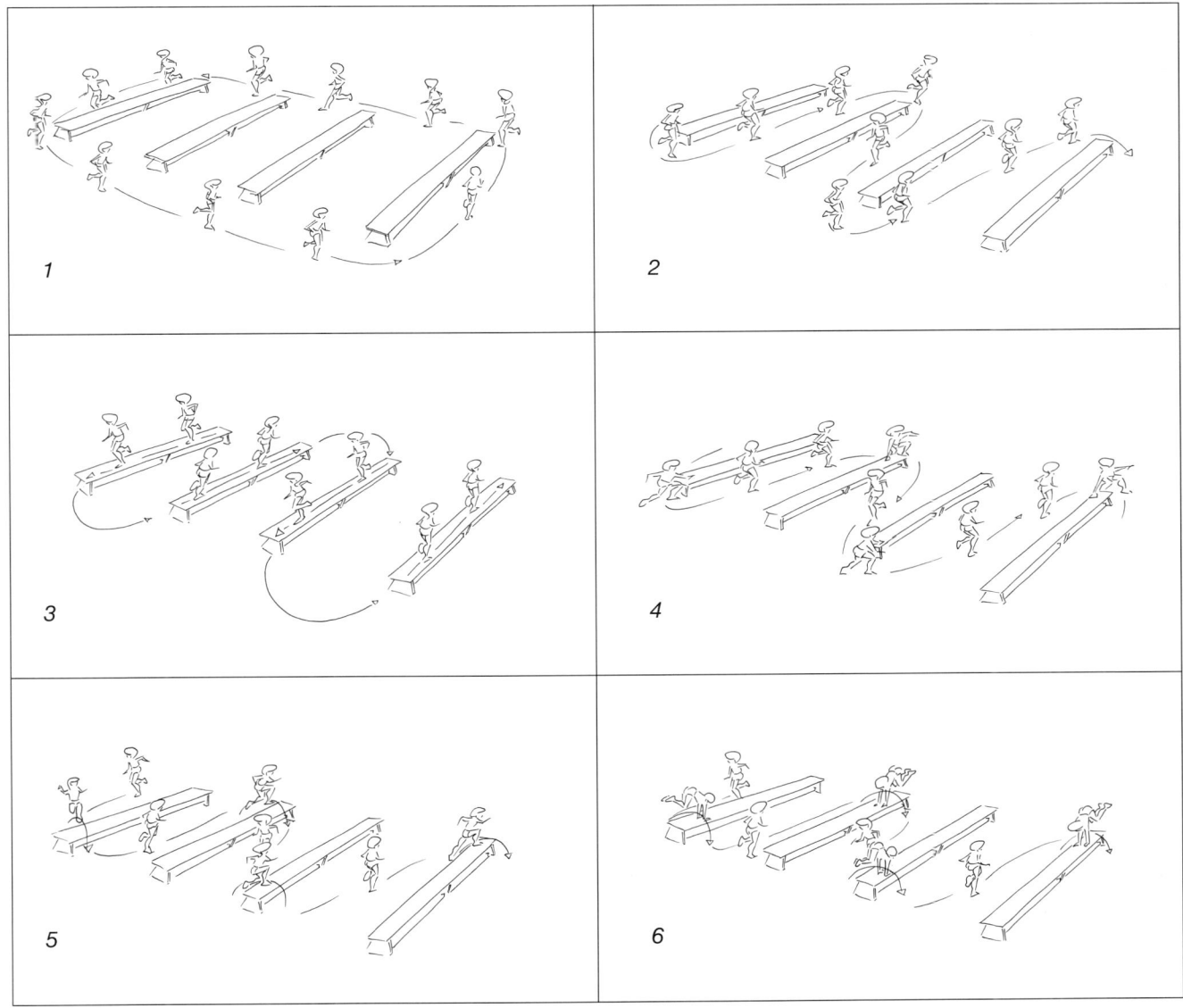

1

2

3

4

5

6

Laufformen mit Bällen

- Slalomlaufen um die Bänke mit Bällen (Gymnastik-, Basket-, Hand- und Fußbällen), mit den Bällen wird geprellt bzw. gedribbelt.
- wie vorherige Übung, zusätzlich noch um Pylone, die zwischen den Bänken aufgestellt werden, prellen bzw. drippeln.
- rhythmisches Überspringen der Bänke, zwischen den Bänken wird mit den Bällen gedribbelt
- neben der Bank laufen, den Ball auf der Bank rollen oder mit dem Ball auf der Bank prellen; auf der Bank laufen und den Ball neben der Bank dribbeln (beachte, dass die Bank nicht kippt!)
- gegrätscht gehen oder laufen (die Bank befindet sich zwischen den Beinen) und den Ball folgendermaßen prellen: von rechts neben der Bank zur Mitte auf die Bank und dann nach links

Laufformen mit dem Partner

- Slalomlauf mit Handfassung (**Abb.** 7)
- Lauf auf der Bank mit Handfassung, über die erste Bank läuft Partner 1 (P 1), über die zweite Bank P 2 (**Abb.** 8)
- Slalomlauf, wobei einmal P 1 und dann P 2 das Bankende berührt (**Abb.** 9)
- Slalomlauf, P 1 springt über das Ende der ersten Bank, P 2 über das Ende der zweiten Bank (**Abb.** 10)
- P 1 läuft rechts und P 2 läuft links um das Bankende herum und kreuzen in der Mitte (**Abb.** 11)
- wie vorherige Übung – Bankende berühren bzw. überspringen (**Abb.** 12)
- wie vorherige Übung – am Bankende Hockwende (**Abb.** 13)
- P 1 und P 2 laufen um ihre Bankenden, laufen zwischen den Bänken aneinander vorbei, klatschen jeweils mit der hochgehobenen rechten (linken) Hand aneinander (**Abb.** 14)
- gleiche Übung, in der Mitte mit dem rechten Arm (linken oder wechselweise) einhängen, dann Dreher und in der eingeschlagenen Richtung weiterlaufen usw. (**Abb.** 15)
- beide Partner umlaufen ihre Bankenden, P 1 macht eine Grätschstellung zwischen den ersten beiden Bänken, P 2 schlüpft durch, beide umlaufen das nächste Bankende, dann Aufgabenwechsel (**Abb.** 16)
- gleiche Abfolge, P 1 bildet eine Bank, P 2 springt darüber (**Abb.** 17)
- die Partner treffen sich in der Mitte und stoßen sich mit beiden Händen voneinander ab (**Abb.** 18)

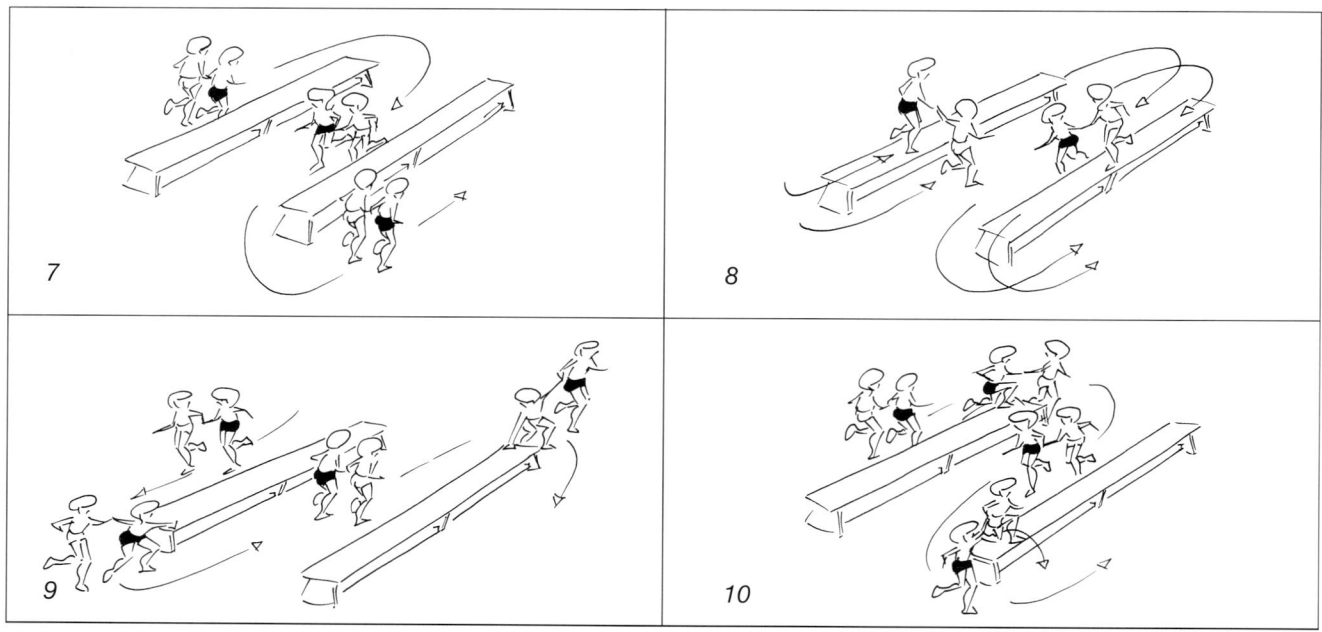

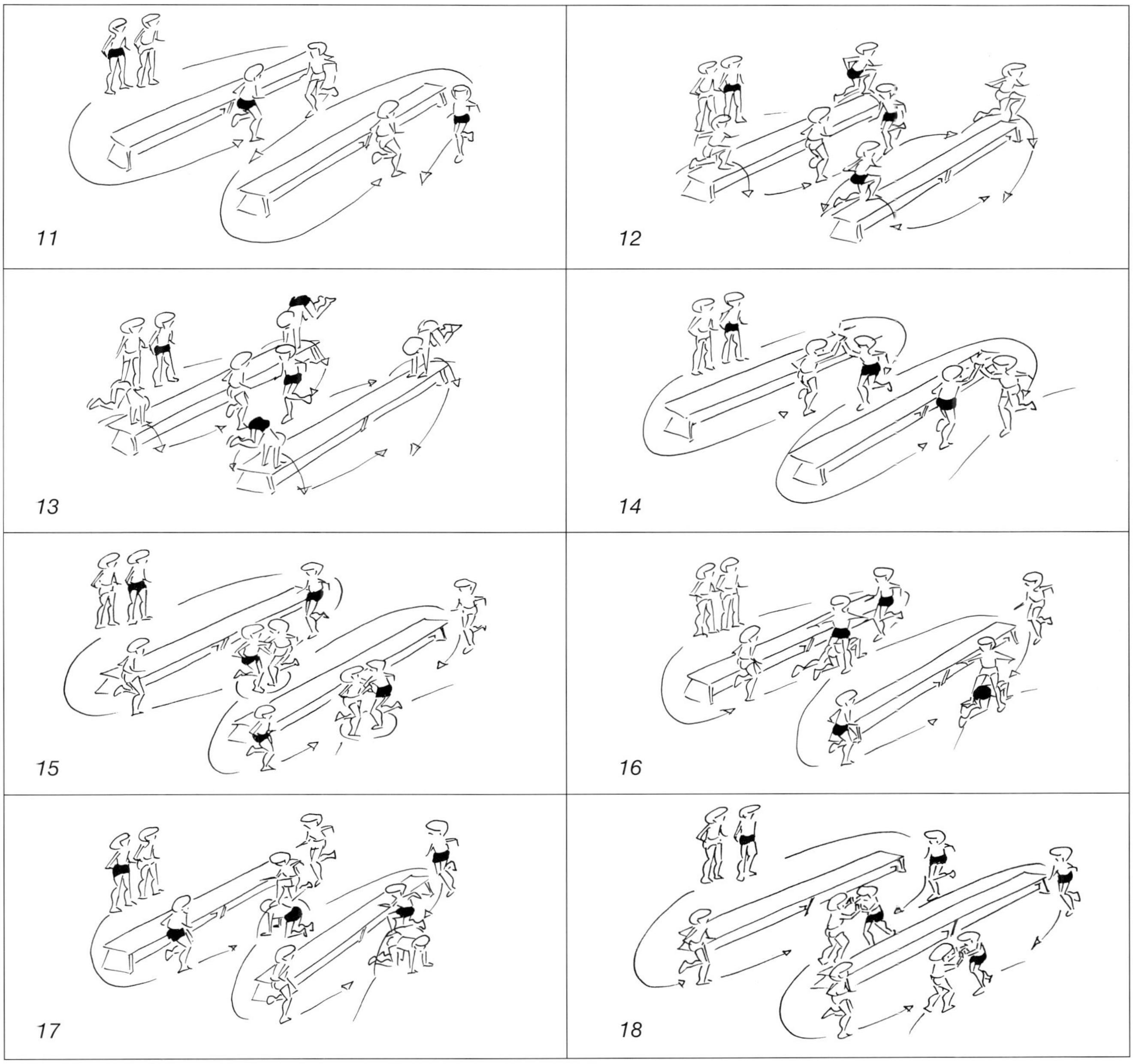

11	12
13	14
15	16
17	18

KATZENBOGNER 2000, A5/1–A5/3

Laufformen in Gruppen bei Bankstellung im Karree

- Die Mannschaften wechseln auf Ruf die Bänke (zur nächsten Bank oder um alle Bänke laufen und zur gleichen Bank zurückkehren). Ziel ist es, möglichst schnell wieder vollständig auf der Bank zu sitzen oder zu stehen.
- gleiche Übung, beim Wechseln werden Bälle geprellt
- Die Mannschaften wechseln die Bänke zur gegenüberliegenden Seite: A nach C, B nach D.

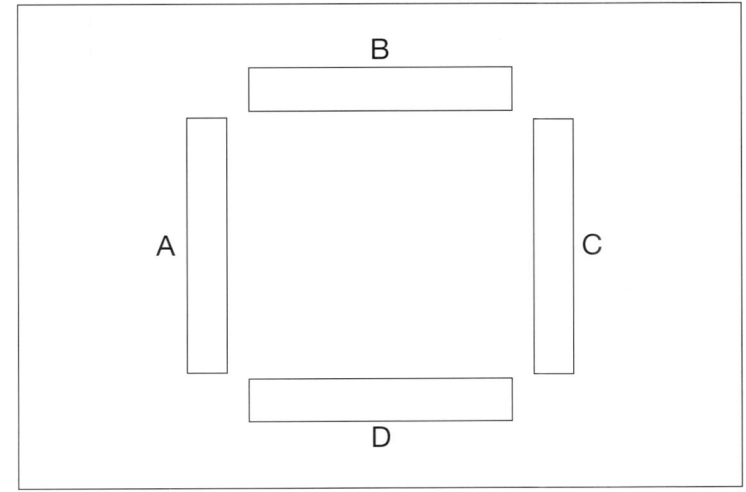

Variationen:
- beim Wechsel von A nach C und von B nach D müssen die Schüler außen um die Bänke herumlaufen
- beim Wechsel von A nach C und von B nach D laufen die Schüler im Uhrzeigersinn über die Bänke
- Nummernwettlauf: die 4 Gruppen werden durchgezählt; auf Kommando laufen alle vier 1er, 3er, 2er usw. um die vier Bänke herum, um möglichst schnell wieder zu ihrem Platz zurückzukehren.

Vgl. Kap. III, 2 D Auf- und Abwärmen beim Turnen an Geräten (Turnen an der Langbank).

Literatur:

KATZENBOGNER, H.: Leichtathletik macht Spaß! Materialiensammlung für die Aus- und Fortbildung in der Leichtathletik. Kranzberg: Eigenverlag 2000, Anhang 5.

WOLFGANG WEISER

5.1.4 Aufwärmen mit Teppichfliesen

Anmerkungen

Teppichfliesen können im Aufwärmprogramm besonders kreativ und auch altersgerecht eingesetzt werden. Der Umgang mit ihnen ist einfach und ohne Voraussetzungen möglich; sie sind relativ kostengünstig zu erwerben und stehen somit auch in ausreichender Zahl zur Verfügung, d. h. jeder Schüler hat eine Teppichfliese (TF).

Die folgende Übungssammlung ist eine Auswahl und sollte beliebig ergänzt werden:

Einzelübungen

1. Ein Bein ist auf der Fliese, eines auf dem Hallenboden. Wir drücken uns mit letzterem ab und rutschen durch die Halle. Beinwechsel.
2. Liegestütz, Füße auf dem Hallenboden, Hände auf der Fliese. Indem wir uns mit den Füßen abdrücken, „fahren" wir durch die Halle. Wechsel: Füße auf die Fliese, Hände auf den Hallenboden.
3. Wir sitzen auf der Fliese und versuchen uns in der Halle fortzubewegen.
4. Wir versuchen nach einem kurzen Anlauf auf die Fliese zu springen und möglichst weit zu rutschen (Vorsicht!).
5. ...

Partnerübungen

1. Schubkarren fahren, wobei die Hände auf zwei Fliesen abgestützt werden (Vorsicht: kein Hohlkreuz!).
2. Ein Partner sitzt auf zwei Fliesen und wird von einem anderen an einem Seil durch die Halle gezogen.
3. Ein Partner steht auf zwei Fliesen und wird von einem zweiten gezogen (mit Seil oder mit den Händen, Vorsicht!).
4. ...

Spielformen

1. Die Partnerübungen können auch als Staffelformen verwendet werden.
2. Alle Fliesen werden in einer Hallenhälfte auf den Boden gelegt. Wir dürfen nur von Fliese zu Fliese springen oder laufen.
3. Wir legen mit allen Fliesen einen Parcours, den wiederum alle „bewältigen" müssen.
4. Ein Schüler beschreibt mit einer Fliese eine Körperform, die daraufhin alle anderen nachmachen müssen …
5. Wir bauen aus Teppichfliesen eine lustige Figur …
6. Wir legen die Teppichfliesen in die Halle. Auf Pfiff müssen auf einer Fliese z. B. 3 Beine stehen (alternativ mit: 2 Ohren liegen, 12 Finger, 3 Ohren und 7 Finger, …)
7. Ein Bein auf dem Boden, eines auf der Fliese. Wir spielen Rollerfangen, Rollerball, …
8. …

MARION EISENHOFER

5.1.5 Einlaufen mit der Zeitung

- Die Zeitungen sind in der Halle ausgelegt. Die Schüler laufen, hüpfen, kriechen (nach Musik) um die Zeitungen herum, ohne sie zu berühren.
- Die Schüler laufen mit der Zeitung vor dem Bauch und den Händen auf dem Rücken.
- Die Schüler balancieren die Zeitung mit verschiedenen Körperteilen.
- Zeitung zusammenknüllen und als Fuß-, Hand- oder Volleyball benützen. Während des Fortbewegens den Ball zuspielen, zuwerfen, zupassen.
- Fackellauf mit eingerollter Zeitung.
- Schüler führen einen blinden Partner um die Zeitungen herum. (Diese Übung ist auch gut zum Abwärmen geeignet!)
- Die Schüler laufen paarweise um die in der Halle ausgelegten Zeitungsbögen. Auf ein Signal hin müssen sich die Paare auf einer Zeitung postieren und dann zehn Sekunden dort verharren, ohne den Boden zu berühren. Danach wird die Zeitung halbiert und es geht wieder von vorne los. Die Zeitung wird so lange halbiert, bis es kein Paar mehr schafft.

Literatur:

FRANKE, I./LÖSCH, M.: Sprt 1/2. Sportstunden mit Pfiff. Regensburg: Wolf Lernplanung 1996.

MARION EISENHOFER

5.1.6 Einlaufen mit Chiffontüchern (Jongliertüchern)

- Die Schüler laufen im Raum umher, ohne einen anderen zu berühren; dabei halten sie die Tücher so, dass sie flattern.
- Im Lauf probieren die Schüler kleine Kunststücke.
- Die Schüler laufen mit dem Tuch vor dem Bauch und den Händen auf dem Rücken.
- Im Gehen versuchen die Schüler, das Tuch durch Blasen in der Luft zu halten bzw. zum Partner zu blasen.
- Die Schüler halten das Tuch mit beiden Händen über dem Kopf als Fahne. Bei Musik-Stopp lassen sie die Fahne los und versuchen diese zu fangen, bevor sie den Boden berührt.

- Die Schüler bewegen sich frei im Raum. Auf Signal bilden Schüler mit gleicher Farbe bzw. Schüler, die im gleichen Monat Geburtstag haben oder deren Vor-, Familienname mit dem gleichen Buchstaben beginnen, Kreise, Drei-, Vierecke usw., Buchstaben oder aber Schlangen, die sich im Raum vorwärts, rückwärts, seitwärts laufend, im Hopserlauf, Seitgalopp usw. bewegen. Auf ein weiteres Signal bewegen sich wieder alle frei im Raum.

- Die Schüler laufen frei im Raum. Treffen sie auf einen Mitschüler, tauschen sie mit ihm durch Zuwerfen das Tuch, ohne dass es zu Boden fällt.

- **„Fuchsjagd"**: Jeder Schüler steckt sein Jongliertuch in die Hose, so dass etwa $^2/_3$ des Tuchs noch zu sehen sind. Nun versucht jeder Schüler in einem Fangspiel so viele Tücher wie möglich zu erbeuten, ohne dabei sein eigenes Tuch zu verlieren. Sieger ist der Schüler, der am Ende die meisten Tücher geklaut hat. Auch als Mannschaftsspiel möglich!

- **„Ampelspiel"**: Die Schüler laufen im Raum umher, einer steht auf einem Kasten und bedient die Ampel: Rotes Tuch bedeutet abstoppen, grünes Tuch weiterlaufen, gelbes Tuch in Startbereitschaft verharren.
  Variation: Die verschiedenen Farben bedeuten unterschiedliche Fortbewegungsarten (z. B. Lauf, Hopser, Seitgalopp usw.) bzw. Stopps auf entsprechenden Linien oder in bestimmten Bereichen (z. B. Basketballzone, Mittelkreis usw.).

Literatur:

BRATTINGER, W./SCHEID, A.: Sport 3/4. Sportstunden mit Pfiff. Regensburg: Wolf Lernplanung 1997.

HANS KATZENBOGNER

5.1.7 Einlaufen mit Bananenkartons

▶ *Laufformen*

- Laufen vor-, rück-, seitwärts, im Seitgalopp, Hopserlauf, Seitwärtslauf mit Überkreuzen der Beine usw. um die Kartons.

- Im Lauf die Kartons mit der linken, rechten Hand, beidhändig berühren.

- Laufen, Hopsern usw. – zwischen zwei Pfiffen mit der Hand, dem Fuß bzw. dem Kopf möglichst viele Kartons berühren.

- Laufen über die Kartons mit gegrätschten Beinen (**Abb.** 1).

- Schüler stehen vor einem Karton: auf Signal durcheinander laufen, auf ein zweites Signal kehrt jeder zu seinem Karton zurück.
  Variation: Am Karton werden bestimmte Aufgaben ausgeführt wie Krabbeln, Hüpfen um den Karton, Liegestützwandern über den Karton, im Sitz die Beine von der rechten zur linken Seite heben (**Abb.** 2).

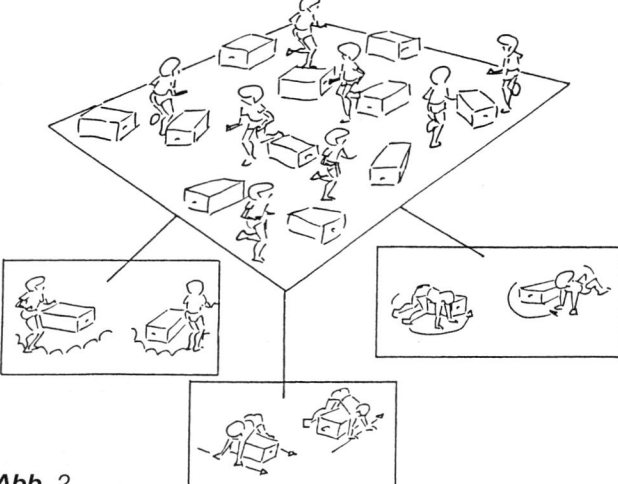

Abb. 2

- Laufen und dabei den Karton bzw. aufeinander gestapelte Kartons mit der rechten oder linken Hand bzw. beidhändig schieben.

Abb. 1

Variation: Karton im Rückwärtslauf hinter sich herziehen bzw. im Lauf den Karton mit dem Fuß vor sich herschieben (**Abb.** 3).

Abb. 3

- Partnerweise mit Handfassung um die Kartons laufen, die Partner berühren dabei z. B. abwechselnd die Kartons, an denen sie vorbeilaufen bzw. überlaufen sie nacheinander mit gegrätschten Beinen (**Abb.** 4).

Abb. 4

- Partner 1 und 2 stehen bei einem Karton. Auf Pfiff läuft Partner 1, auf zweiten Pfiff kommt Partner 1 zurück und Partner 2 beginnt zu laufen.
  Variation: Während der eine Partner läuft, führt der andere Partner am Ort bestimmte Übungen wie z. B. Hüpfen um den Karton, Liegestützwandern über den Karton usw. durch (**Abb.** 5).

Abb. 5

- Rhythmisches Laufen über oder um angeordnete Kartonreihen (Kartonabstand 7 m, Reihenabstand 6 m):
  - Längs- und Quergassen laufen
  - Slalomlauf vor- und rückwärts
  - Slalomlauf mit wechselweisem Berühren der Kartonenden
  - Slalomlauf mit Partner, mit und ohne wechselweisem Berühren der Kartonenden durch die Partner.
  - Zickzack-Lauf mit Berühren der Kartons (**Abb.** 6).

Abb. 6

▶ *Trageübungen*

- Laufen und dabei den Karton vor der Brust, über dem Kopf, unter dem Arm tragen (**Abb.** 7).

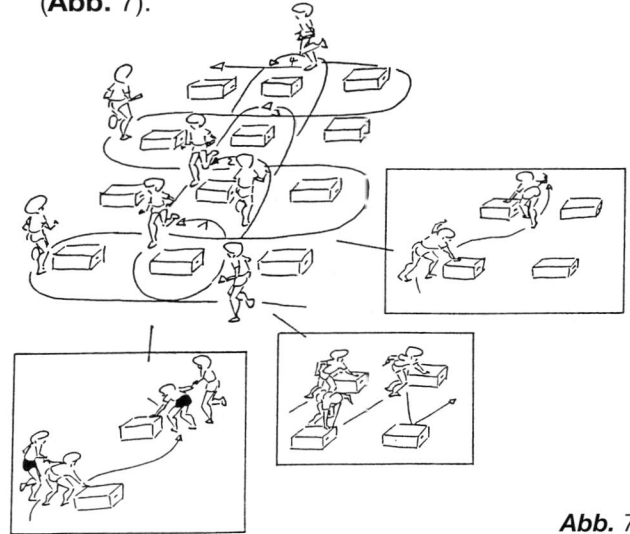

Abb. 7

- Wechsel zwischen Laufen mit und ohne Karton.
- Die Hälfte der Schüler trägt einen Karton. Während des Laufs Kartonübergabe an Schüler ohne Karton (**Abb.** 8).

Abb. 8

- Mit dem Partner laufen und dabei einen bzw. mehrere aufeinander gestapelte Kartons tragen (**Abb.** 9).

Abb. 9

- Mehrere Schüler laufen hintereinander und bilden eine „Kartonschlange".
- **„Magnetspiel"**: Die beiden Partner berühren sich mit den Kartons. Ein Partner schiebt den anderen bzw. beide Partner versuchen sich gegenseitig wegzuschieben (**Abb.** 10).

Abb. 10

- Kastenab- und -aufbaustaffel: Jede Mannschaft besitzt einen Turm aus Bananenkartons. Jeder Läufer trägt einen Karton zu einer bestimmten Stelle und baut dort den Turm wieder auf.
  Varianten: Einen oder mehrere Kartons paarweise, durch Slalomgasse, über Hindernisse tragen (**Abb.** 11).

Abb. 11

▶ *Sprungformen*

- Laufen im Raum mit Überspringen der Kartons (**Abb.** 12).

Abb. 12

- Laufen und auf Kommando möglichst viele der Kartons überspringen.
- Laufen und auf Kommando ein-, beidbeinig um den Karton hüpfen oder Wechselsprünge über den Karton.
- Partnerweises Laufen, abwechselnd springt Partner 1, dann Partner 2 (**Abb.** 13).

Abb. 13

- Hüpf- und Sprungreihen:
  – Hindernisreihe ohne/mit Zwischensprüngen (auch als Pendel- oder Umkehrstaffel).
  – Hindernisreihe mit wechselnden oder abwechselnden Hindernissen.
  – Hindernisreihe mit unterschiedlichen Abständen bzw. Höhen.

Literatur:

KATZENBOGNER, H.: Leichtathletik macht Spaß. Materialsammlung für die Ausbildung in der Leichtathletik. Kranzberg: Eigenverlag 2000.
MEDLER, M.: Leichtathletik – Spiel- und Wettspielformen, Neumünster 1988[2].

WOLFGANG WEISER

5.1.8 Aufwärmen mit dem Thera-Band

Allgemeine Handhabungsmöglichkeiten:

Physio- oder Thera-Bänder bestehen aus Latex und können in verschiedenen Stärken zum Auf- und Abwärmen in Gruppen eingesetzt werden. Sie erzeugen bei Dehnung einen bestimmten Widerstand und können so zielgruppen-, entwicklungs- und funktionsabhängig verwendet werden. Auch die Länge lässt sich individuell anpassen, um den Bewegungsumfang zu variieren.
Die Verwendung ist demzufolge sehr vielseitig. Zudem ist das Band preislich günstig, leicht transportierbar und pflegeleicht. Von einem Einsatz mit scharfkantigen Gegenständen ist allerdings abzuraten. Direkte Sonnenbestrahlung über einen längeren Zeitraum ist zu vermeiden. Puder pflegt das Band und macht es griffig.

Aufwärmen mit dem Thera-Band:

Die Übungen sind langsam und kontrolliert auszuführen, am Ende steht jeweils eine kurze Haltephase. Ruckartige Bewegungen sind zu vermeiden. Stets ist auch auf die Haltung, vor allem auf einen geraden Rücken zu achten (Bauchmuskulatur anspannen). Der Kopf bleibt immer in Verlängerung der Wirbesäule und die Atmung ist gleichmäßig.

Literatur:

AOK. Fit und gesund mit dem Thera-Band.

HARTMUT SCHNUCHEL

5.2 Aufwärmen mit Übungen aus der Skigymnastik

5.2.1 Übungsformen zum Aufwärmen

▶ *Vorbereitende Übungen*

- Walking, siehe Kapitel II Pkt. 1.2
- locker auf der Stelle laufen, dabei mit den Armen seitlich kreisen
- verschiedene Laufübungen:
  - Sprunggelenkslauf auf der Stelle
  - im lockeren Lauf die Beine an das Gesäß schlagen (Anfersen)
  - Skipping
  - Kniehebelauf
  - im Raum wechselweise vor- und zurücklaufen
  - auf den Linien in der Halle laufen und hüpfen
  - im lockeren Lauf Arme und Beine ans Gesäß schlagen
  - Hopserlauf, Arme nach vorne oder seitlich vor- und zurückschwingen
  - Seitgalopp mit Seitenwechsel
  - Rückwärtslauf und Hopserlauf rückwärts
  - Laufen mit Drehsprüngen
  - Kurvenlauf
  - Zahlenlauf, Figurenlauf
  - beim Umherlaufen abwechselnd rechts und links den Boden berühren
  - Slalomlauf um Stühle, Hütchen …
  - Umlaufen von Medizinbällen und anderen Sportgeräten

▶ *Spezielle Übungen*

Die folgenden Übungen sind auch partnerweise möglich (z. B. in Gegenüberstellung).
Die Sprungübungen können auch auf Weichböden oder über Langbänke und über andere Geräte durchgeführt werden.
Zur Verbesserung der Koordination sollten die Arme immer wieder einbezogen werden.
Zwischen den einzelnen Übungen Lockerung von Armen und Beinen.

Übungen zur Auswahl:

- beidbeiniges Federn
- beidbeiniges Vor- und Zurückschwingen
- die Beine im Wechsel nach vorne schwingen und dabei unter dem Schwungbein in die Hände klatschen
- Schlusssprünge, mit den Armen vor- und rückwärtskreisen
- mit einem Bein auf der Stelle springen und das andere Bein vor- und zurückschwingen
- Wedelhüpfen mit Rumpfdrehen
- Umsteigespringen
- abwechselnd je viermal auf dem rechten und linken Bein hüpfen
- Hüpfen auf einem Bein und den Fuß nach innen und außen drehen, je Fuß ca. 10 Wiederholungen
- den rechten Ellenbogen zum linken Knie und umgekehrt führen
- Hampelmannspringen
- beidbeiniges Hüpfen, Knie an die Brust ziehen, mit und ohne Zwischenfedern
- beidbeiniges Hüpfen mit Verwinden der Hüfte
- auf einem Bein stehen, mit dem anderen Bein seitwärts schwingen bzw. Achter schwingen
- aus der Grätschstellung in die Schlussstellung und umgekehrt springen

- Pflugspringen
- Hock-Strecksprünge mit weicher Landung
- Langlauf-Diagonalspringen, Arm und Gegenbein sind vorgestreckt
- Doppelstockschub mit und ohne Ausfallschritt
- Charleston
- Abfahrtslauf: Grundstellung Abfahrtshocke, zur Gleichgewichtsschulung Kurvenlage rechts und links (Aufkanten), Sprünge

▶ *Dehnung und Kräftigung*

Nach dem Skigymnastikteil schließen sich einige Dehnübungen besonders für die Muskelgruppen an, die im folgenden Hauptteil der Stunde beansprucht werden. Daraufhin folgen Kräftigungsübungen, die auch auf die Rumpfmuskulatur ausgerichtet sein sollten. Vgl. hierzu Kapitel II Pkt. 1.2 „Didaktisch methodische Grundsätze des Aufwärmens".

5.2.2 Übungsformen zum Abwärmen

- auslaufen und die Muskulatur durch Ausschütteln der Arme und Beine lockern
- lockeres Laufen bis zum Gehen verlangsamen, dabei ein- und lange ausatmen
- Rückenlage einnehmen, Beine anwinkeln, Augen schließen und entspannen
- entspannt auf den Rücken legen, vom Skifahren und einer Winterlandschaft „träumen"

Vgl. Kapitel II Pkt. 2.1 und 2.2

Literatur:

BISCHOPS, K./GERADS, H.-W.: Skigymnastik – Warm up. Aachen: Meyer & Meyer 1997.
VORDERWÜLBECKE, M./KERN, G.: Skigymnastik perfekt. Niedernhausen/Ts.: Falken 1989.

WOLFGANG WEISER

5.4 Aufwärmen mit Stationstraining

Mit einem Stationstraining ist es möglich, alle notwendigen Muskelgruppen gleichmäßig im Wechsel zu dehnen bzw. kräftigen sowie das Herz-Kreislaufsystem und die Stoffwechselprozesse intervallartig zu belasten. Ähnlich wie im Wettkampf wechseln sich bei dieser Art von Aufwärmprogramm kurze Belastungsphasen mit Ruhephasen ab.

Die Intensität des Stationstrainings ist über die Belastungszeit, die Wiederholungszahl, die Pausenlänge, das Niveau der Übungen und das Gewicht der verwendeten Geräte steuerbar. Das Verhältnis der Belastungszeit zur Pausenzeit verändert sich mit zunehmender Zeit oder bei höherem Leistungsstand von 1:2 bis 1:1 bei maximal zwei Durchgängen im Aufwärmprogramm.

Beispiel eines basketballorientierten Stationstrainings:

(7 Stationen für 2–4 Schüler)

- Belastungszeit: je nach Trainingszustand zwischen 20 und 40 Sekunden
- Pause: je nach Trainingszustand doppelte oder gleiche Belastungszeit – geeignet für leichte Dehnübungen
- Dauer: 1–2 Durchgänge
- Intensität: Pulsfrequenz am Ende der Belastung 140–150 Schläge/Min.

Station 1: Auf- und Niedersprünge an Kästen (1-teilig – Matte – 2-teilig)/(Beinmuskulatur).

Station 2: Slalomdribbling durch Hütchen mit Handwechsel.

Station 3: In Bauchlage auf einem Kasten Beine heben und senken (Erschwerung mit Basketball zwischen den Füßen) zur Stärkung der Rückenmuskeln.

Station 4: Sprungwurf mit einem Medizinball gegen die Wand.

Station 5: Crunches (Stärkung der Bauchmuskeln).

Station 6: Mit 3 Medizinbällen wird ein gleichseitiges Dreieck festgelegt (s = 3 m). Man muss jetzt in Abwehrhaltung das Dreieck ablaufen.

Station 7: Bankdrücken aus der Rückenlage an einem Langbankende (Brust- und Armmuskulatur).

U. a. weitere mögliche Stationen:

– Seilspringen (allgemeine Ausdauer, besonders für die Beinmuskulatur)
– Liegestütz (Oberkörpermuskulatur)
– Umsteigespringen über die Bänke (allgemeine Ausdauer, besonders für die Beinmuskulatur)
– seitlicher Unterarmstütz (schräge Bauchmuskulatur)
– Springen/Laufen auf der Weichbodenmatte (allgemeine Ausdauer, besonders für die Beinmuskulatur)
– Bauchlage, Basketball in Vorhalte etwas oberhalb des Bodens (Rückenmuskulatur)

Literatur:

BOECKH-BEHRENS, W.-U./BUSKIES, W.: Fitness-Krafttraining. Reinbek: Rowohlt: 2000.
MICHLER, P./GRASS, M.: Gymnastik – aber richtig! Arbeitskarten. Eigenverlag: Hard/Austria: 1996.
REIM, H./KRÜGER, W.: Sportiv Basketball. Leipzig: Klett: 1996.

EVA WEINGANDT

5.5 Aufwärmen mit Aerobic/Step-Aerobic

5.5.1 Didaktisch-methodische Vorbemerkungen

Die Begeisterung für Fitnesstraining allgemein und die Aerobic mit all ihren Ausprägungsformen im speziellen ist nach wie vor sehr groß. Elemente der Aerobic können einen Sportunterricht für Mädchen sowie für Jungen sehr bereichern. Die Verbindung geschickt gewählter Schrittkombinationen mit oder ohne Armbewegungen und anregender, aktueller Musik kann hier ein intensives Aufwärmprogramm mit hohem Aufforderungscharakter erzeugen. Auch die Einbindung eines so genannten Steps (= höhenverstellbare Plattform oder auch Kastenoberteile und Turnmatten) kann sinnvoll sein.

Wichtiger Bestandteil einer Aerobiceinheit mit oder auch ohne Step ist eine motivierende Musik mit passender Geschwindigkeit (120 bis 135 bpm [beats per minute] für Aerobic, bei Step-Aerobic 120 bis max. 126 bpm) und die richtige Ausrüstung (festes Schuhwerk mit guten Dämpfungseigenschaften und entsprechender Seitenstabilität).

Grundsätzlich ist bei jedem Aufwärmprogramm mit Aerobic/Step-Aerobic die Steigerung von Schritten mit kleiner Bewegungsamplitude zu raumgreifenderen Bewegungsmustern zu beachten (Bsp. von „Toe Tap" über „Side To Side", „Step Touch" zu „Double Step Touch" s. u.). Möchte man das Training weiter intensivieren, bietet sich die Möglichkeit an, Raumwege (z. B. „Double Step Touch" vor und rück) mit einzubauen. Das Aufwärmen sollte ausschließlich aus Low-Impact-Schritten bestehen, also Schritte, bei denen ein Fuß immer Bodenkontakt behält. Ebenso sollten diverse Low-Impact-Schritte mit stärkerer Gelenkbelastung und höherem technischen Anforderungsniveau (z. B. „Grapevine" oder „Lunge") – wenn überhaupt - eher an das Ende der Aufwärmeinheit gesetzt werden. High-Impact-Schritte (z. B. Sprünge wie „Jumping Jack" oder „Twist") sind aufgrund ihrer höheren Belastung für Bänder, Sehnen und Gelenke für ein Aufwärmprogramm nicht geeignet. Sie werden im regelmäßigen Wechsel mit Low-Impact-Schritten erst in einem Aerobic-Hauptteil eingesetzt, nachdem die Erwärmung samt vorbereitender Dehnung abgeschlossen ist.

Arbeitet man im Aufwärmen unter Einbeziehung des Steps, so ist auf eine sinnvolle Schrittauswahl zu achten. Ideal erscheint eine spielerische Einbeziehung des Steps, wie z. B. „um den Step herumgehen", „auf dem Step marschieren", „Tap On Step" (s. u.). Leichte Grundschritte, wie z. B. „Basic Step" oder die „Lift Steps" (s. u.) können nach und nach mit integriert werden, wenn schon ein höherer Aufwärmgrad erreicht ist. Schritte hingegen, bei denen ein Sprung erforderlich ist, sollte man erst nach entsprechender Dehnung ins Hauptprogramm einbauen. Aus verletzungsprophylaktischer Sicht sind Drehbewegungen im Knie zu jedem Zeitpunkt zu vermeiden.

Der Grundsatz der Belastungssteigerung gilt analog für Armbewegungen. Um Verletzungen zu vermeiden, ist darauf Wert zu legen, dass das Schultergelenk durch anfangs kleine Bewegungen, wie z. B. „Rollen", „Heben/Senken", „Aufrechtes Rudern", „Außenrotation in der Schulter" usw. auf längere Hebel („Arme über Kopf") vorbereitet wird. Der Kreativität sind dann keine Grenzen mehr gesetzt. Um ein gesundheitsorientiertes Übungsprogramm zu gewährleisten, ist auf eine korrekte Bewegungstechnik zu achten. Mögliche allgemeine Anweisungen können hier sein: „Bauch einziehen!", „Brustbein heben!", „Schultern nach hinten unten!", „Stolze Haltung!", „Die Fersen behalten immer Bodenkontakt!", „Die Knie zeigen bei jedem Schritt Richtung Fußmittelpunkt!" u. a. m. Bezieht man den Step in das Aufwärmprogramm mit ein, sind zusätzliche Punkte wichtig, wie „Immer Blickkontakt zum Step halten!", „Ganzer Fuß auf dem Step!", „Füße betont abrollen!", „Zuerst die Ferse aufsetzen!", „Nahe am Step arbeiten!", „Die Gelenke immer leicht gebeugt lassen!"

Im Sinne eines schüler- bzw. handlungsorientierten Unterrichts kann nach einigen Bewegungserfahrungen ebenfalls dazu übergegangen werden, die Schülerinnen und Schüler eigene Schritt- und Armvariationen und -kombinationen finden und ausprobieren zu lassen. Es besteht z. B. die Möglichkeit, dabei verschiedene Grundschritte vorzugeben und jeweils kreative Arme dazu finden zu lassen. Die Schülerinnen und Schüler können so mit der Zeit durchaus ein eigenes Aufwärmprogramm gestalten.

5.5.2 Geeignete Übungsinhalte aus der Aerobic, z. B.

Grundschritt	Schrittmuster	Beschreibung	Didaktische Hinweise vgl. auch „Technik"
Marching/ Walking	❷ ❶	Grundstellung, Gehen re, li am Ort bzw. Gehen vor und rück	– Rücken neutral – Arme gehen locker mit – Oberkörper aufrecht
Toe Tap	② ① ❶ ❷	Grundstellung, abwechselnd die re ① und li ② Fußspitze vorne auftippen	– Bauch einziehen – Brustbein heben – Schultern tief
Push Touch	② ❶❷ ①	Grundstellung, abwechselnd re ① und li ② Fußspitze re und li seitlich auftippen	– Hüfte bleibt gerade – große Schritte – Knie über Fußmittelpunkt
Side To Side	①❷ ❶②	Beine geöffnet, Gewichtsverlagerung auf re Bein, li Bein tippt auf ①, dann nach li, re Bein tippt ②	– über die Ferse abrollen – Ferse bleibt am Boden – Knie stabil halten
Step Touch	❶❷ ②①	Grundstellung, Schritt nach re ①, li ranziehen ②, Schritt nach li, re ran, z. B. a) hoch/tief belastet, b) tief/hoch belastet oder c) neutral	– Oberkörper aufrecht – Fußaufsatz mit Ballen a), c) – Fußaufsatz mit Ferse b) – Fersen kleben am Boden
Leg Curl	❶❷ ① ②	Wie Step Touch, aber Spielbein (li) beugt 90° im Knie ②, dann umgekehrt	– Fersen am Boden – Standknie stabil halten – max 90° beugen

Grundschritt	Schrittmuster	Beschreibung	Didaktische Hinweise vgl. auch „Technik"
Knee Lift	② ● ●　　①	Wie Step Touch, aber Spielbein beugt 90° in der Hüfte ②, Unterschenkel hängt locker	– siehe Leg Curl – max. 90° in der Hüfte – Bauch einziehen
Double Step Touch	● ●　　② ①　　④ ③	Siehe Step Touch, jetzt zwei Step Touch nach re und wieder zurück	– siehe Step-Touch
Grapevine	● ●　　①　　④ ③ ②	Siehe Double Step Touch, aber li Bein ② kreuzt hinten, li wieder zurück	– Hüfte bleibt gerade – Fußspitzen/Knie nach außen – zuerst Ferse aufsetzen
V-Step	②　　① ● ●	Grundstellung, re Bein nach vorne außen re ①, li Bein nach vorne außen li ②, wieder zurück	– zuerst Fersen aufsetzen – Füße abrollen – beide Füße gleich weit vor
Mambo	① ● ● ②	Grundstellung, Wiegeschritt re vor ① und re rück ②, evtl. mit Cha Cha Cha Wechsel auf li	– Knie über Fußmittelpunkt – Ferse zuerst aufsetzen – Hüfte mitnehmen

5.5.3 Geeignete Übungsinhalte aus der Step-Aerobic, z. B.

Grundschritt	Schrittmuster	Beschreibung	Didaktische Hinweise vgl. auch „Technik"
Tap on Step	(② ①) ● ●	Siehe Toe Tap, die Fußspitzen tippen jetzt abwechselnd re ① und li ② auf den Step	– Bauch einziehen – Brustbein heben – Schultern tief
March On Step	(❷ ❶) ● ●	Siehe March, jetzt auf dem Step und evtl. dann im Wechsel am Boden und auf dem Step	– Rücken neutral – Arme gehen locker mit – Oberkörper aufrecht
Basic Step	(② ①) ● ●	Grundstellung, re hoch ①, li hoch ②, dann in Grundstellung zurück, re ab, li ab	– zuerst Ferse aufsetzen – Füße abrollen – aufrechte Körperhaltung
Tap Up/Lift Steps	(② ①　　③ ④) ● ●	Grundstellung, re hoch ①, li tippt ②, li tief, re tief in Grundstellung, li hoch ③, re tippt ④, re ab, li ab; *Variation:* Knee Lift, Leg Curl, Leg Lift, Leg Lift Side anstatt Tippen	– über Ferse abrollen – Knie über Fußmittelpunkt – vgl. Knee Lift, Leg Curl

III. Sportartspezifisches Auf- und Abwärmen

1. Auf- und Abwärmen bei den großen Sportspielen des Basissportunterrichts

DR. JÜRGEN MENG

 Auf- und Abwärmen im Basketball

1. Didaktisch-methodische Vorbemerkungen

In der Übungsauswahl werden nicht die einzelnen Altersstufen berücksichtigt. Insgesamt wird jedoch der Grundsatz „vom Leichten zum Schweren" eingehalten, so dass je nach Alter und Leistungsstand die Übungsbeispiele angewendet werden können.

Folgende Grundsätze sollten beachtet werden:

- Das Aufwärmen hat sich an den für diese Sportart bestimmten Krafteinsätzen und Belastungsstrukturen zu orientieren.
- Die Spezifik der nachfolgenden Belastung sollte sich bereits im allgemeinen Aufwärmteil zeigen (so schnell wie möglich Formen mit Ball).
- Es können im Aufwärmteil bereits erlernte technische Fertigkeiten wiederholt werden.
- Es eignen sich auch einfache Koordinationsübungen als Aufwärmübungen.

2. Übungsformen zum Aufwärmen

2.1 Vorbereitende Übungsformen

Hier empfiehlt es sich, gleich den Ball zu den Aufwärmübungen heranzuziehen (Beginn mit einfachen Übungen – Steigerung der Technikformen). Hier kann man allgemeine und spezielle Übungsformen gut miteinander verbinden.

Einlaufen mit dem Ball (Seitenlinie – Seitenlinie) – auch partnerweise mit Wechsel nach 2 Bahnen:

- einige Bahnen lockeres Laufen, Dribbling – Handwechsel an jeder Seitenlinie – Stoppen – Passen
- hohes Dribbling – Stoppen – Passen
- niedriges Dribbling – Stoppen – Passen
- Dribbling rückwärts – Stoppen – Ball übergeben
- „Schleife" in jeder Bahn – Stoppen – Passen

- Dribbling mit 2 Bällen (**Abb.** 1)
- Wer kann den Ball prellen und sich dabei hinsetzen, hinlegen, wieder aufstehen und dabei weiter dribbeln (re/li Hand)? (**Abb.** 2)

Abb. 1: *Dribbling mit 2 Bällen*

Abb. 2: *Dribbling in verschiedenen Positionen*

Eine weitere Möglichkeit: Rhythmisierungs- und Koordinationsübungen:

- Jeder hat einen Ball (möglich mit allen Hohlbällen). Es folgen nun verschiedene Aufgabenstellungen:
  - Prellen des Balles mit der Sohle, abwechselnd re/li Fuß (zuerst mehrmaliges Auftippen des Balles möglich, dann im Rhythmus re/li mit nur einmaligem Auftippen des Balles)
  - auf einem Bein vorwärts/rückwärts hüpfen und dabei mit dem anderen Fuß den Ball mitführen (Sohle auf dem Ball)
  - gleiche Übung – Bewegungsrichtungen vorgeben, z. B. Linienlauf
- Im Laufen Ball mit einer Hand prellen, Armkreisen vorwärts/rückwärts mit dem anderen Arm
- Ball mit den Füßen dribbeln – beide Arme kreisen
- Liegestütz auf den Unterarmen – Ball unter dem Körper mit beiden Händen hin- und herrollen
- Dribbling durch die Halle, mit freiem Arm beim Mitspieler einhaken, sich dribbelnd einmal im Kreis drehen, zum nächsten Schüler dribbeln
- Alle dribbeln in einem abgegrenzten Raum – es darf keiner mit dem Anderen zusammenstoßen
- Gymnastikreifen hintereinander (Abstand ca. 1 m) mitten durch die Länge der Halle legen. Es folgen nun verschiedene Aufgabenstellungen: Laufrhythmusübungen (zuerst ohne, dann mit Dribbling), z. B.:
  - links im Reifen – rechts zwischen den Reifen ...
  - li/re im Reifen – li zwischen den Reifen ...
  - li/re im Reifen – li/re zwischen den Reifen ...
  - li im Reifen – re/li zwischen den Reifen ... usw.
  - gleiche Übungen in der Rückwärtsbewegung
- Partnerweise mit einem Ball. Der Partner ohne Ball (oder die Lehrkraft) rollt einen Gymnastikreifen durch die Halle:
  - im Seitstellschritt laufen beide Partner neben dem Reifen her und werfen sich gegenseitig den Ball durch den rollenden Reifen zu
  - Partner passen sich im Bodenpass den Ball durch den Reifen zu. Schrittregeln beachten!

Dribbling in großen Gruppen

● Beginn: Dribbling (Lauf beliebig) in einer Hälfte des Basketballspielfeldes – Feld verkleinern – Dribbling in der Zone (mit Handwechsel auf Kommando hohes und niedriges Dribbeln)
● gleiche Formen mit dem Versuch, den Mitschülern Bälle zu „stehlen"
● Ballparcours: In der Halle sind verschiedene Geräte aufgestellt. Nun soll versucht werden, über diese, unter diesen, um diese herum den Ball zu prellen (**Abb.** 3).

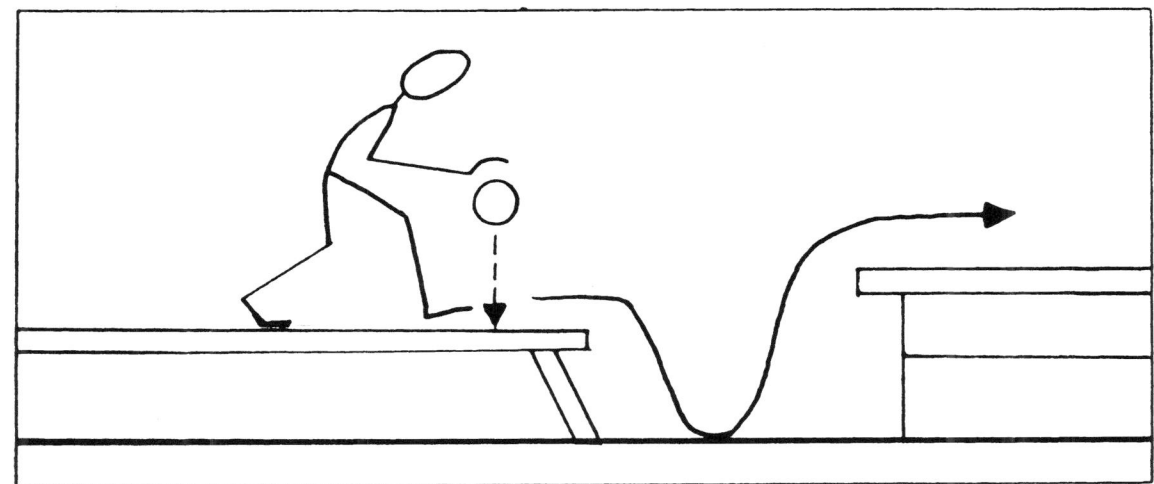

Abb. 3:
Ballparcours

Fangen und Passen (möglichst nach einer allgemeinen Erwärmung) partnerweise in Gegenüberstellung

● Druckpass
● Passen mit zwei Bällen: Partner A Bodenpass, Partner B brusthoher Pass (**Abb.** 4a); A passt mit zwei Bällen gleichzeitig zu B (**Abb.** 4b); wie Abb. 4b, aber Unterarmpass und hoher Pass (**Abb.** 4c)

Abb. 4a: Druckpass   *Abb.* 4b: hoher Pass   *Abb.* 4c: Unterarmpass

Es sind auch kleine Staffelwettbewerbe am Ende des Aufwärmens möglich.

2.2 Dehn- und Kräftigungsübungen

Diese können je nach Intensität des Aufwärmens hier oder auch zu einem späteren Zeitpunkt erfolgen. Gedehnt werden sollen diejenigen Muskelgruppen, die in der nachfolgenden Phase besonders beansprucht werden und die zur Verkürzung neigen (diese sollten regelmäßig gedehnt werden).

Je nach Altersstufe sollten die entsprechenden Dehnmethoden angewandt werden („wiederholtes Dehnen": alle Jahrgangsstufen, Dauerdehnung ab ca. 5. Jahrgangsstufe, CHRS-Methode ab 10. Jahrgangsstufe usw. – vgl. auch Kapitel II Pkt. 1.2 „Didaktisch-methodische Grundsätze des Aufwärmens"). Nach dem Dehnen folgen Kräftigungsübungen.

Für die Kräftigungsübungen gelten die gleichen Grundsätze wie für das Dehnen. Vorsicht: Vor Techniktraining keine Ermüdung der zu beanspruchenden Muskulatur!

2.2.1 Übungsbeispiele Dehnen

- ***Übungen mit Ball***
    - im Liegen den Ball mit den Füßen einklemmen und hinter dem Kopf ablegen und wieder nach vorne holen
    - gleiche Übung – den Ball seitlich neben dem Kopf ablegen
    - 8er-Kreisen des Balles durch die gegrätschten Beine usw.
- ***Übungen vor dem Wurftraining,*** z. B. (vgl. Übungsauswahl I zu Kapitel II, S. 26f.)
    - „Adler" (S. 27)
    - „Wegweiser" (S. 27)
    - „Türsteher" usw. (S. 28)

2.2.2 Übungsbeispiele Kräftigen

- ***Allgemeine Kräftigungsübungen*** (vgl. Übungsauswahl III zu Kapitel II, S. 23 ff.)
    - Gerader Crunch (S. 22)
    - Total Crunch (S. 30)
    - Liegestütz an die Wand
    - Liegestütz im Kniestand (S. 22) usw.
- ***Spezielle Kräftigungsübungen (z. B. mit Medizinball):*** partnerweise Passübungen

2.3 Aufwärmarbeit in der Gruppe

Wurfspiele

- Gruppenwettbewerb: 5 Spieler stehen unmittelbar hintereinander vor einem Korb (kurze bis mittlere Wurfentfernung bei geübten Spielern). Der erste jeder Gruppe hat einen Ball – auf Kommando beginnt der Wettbewerb. Der erste Spieler wirft, holt den Rebound und passt zum Nächsten seiner Reihe, der wirft ... Welche Gruppe hat zuerst 5 (oder mehr) Treffer?
- gleiche Übung, nur zwei Gruppen stehen am Korb (eine rechts, eine links) (**Abb.** 5)

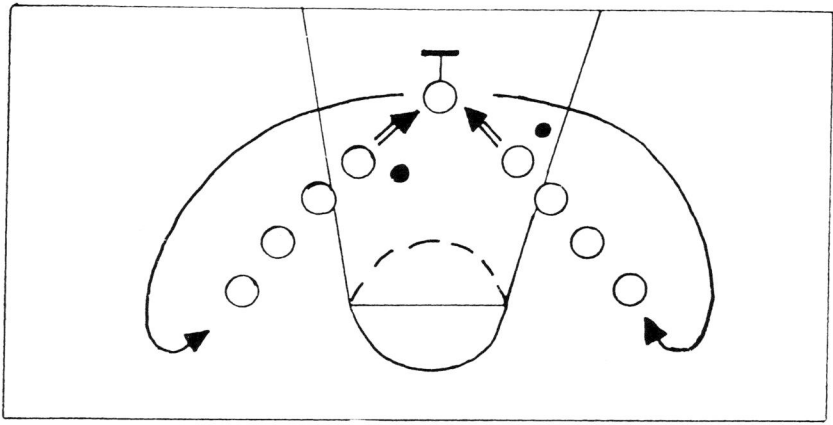

Abb. 5: Gruppenwettbewerb

Passspiele

● Passen und Nachlaufen im Kreis/in offener Formation
Kreisaufstellung der Gruppe: Der Ball wird immer sternförmig zum Spieler in der Kreismitte gepasst. Der Passgebende läuft in die Position des Fängers. Die Passrichtung ist freigestellt.

● die gleiche Übung, nur mit 2 Bällen und 2 Spielern in der Mitte

● Passen und Weglaufen, Kreisaufstellung der Gruppe: Jeder Passgeber läuft nach dem Pass auf die andere Seite des Kreises und füllt so eine entstandene Lücke.

Spielformen mit verschiedenen Anforderungen

● (alle üben gleichzeitig oder aufgeteilt in 2 Gruppen) auf jeden Korb in der Halle 2 Treffer (Korbleger – dann Stand-/Sprungwurf): Nach den 2 Treffern auf einen Korb Dribbling durch den Mittelkreis zum nächsten Korb (auch in Wettkampfform)

● „8er-Lauf" mit Korbleger

● fortlaufend 3 gegen 2 Überzahlspiel

● „Wer trifft zuerst?" (**Abb.** 6)
Die Spieler jeder Mannschaft sind durchgehend nummeriert. Einige Bälle liegen auf der Mittellinie. Nach dem Aufruf einer Nummer laufen diese Spieler zur Mittellinie, nehmen den Ball, dribbeln zum eigenen Korb und versuchen, so schnell wie möglich einen Treffer zu erzielen. Wer zuerst trifft, erhält für seine Mannschaft einen Punkt.
Es können auch zwei Nummern gleichzeitig aufgerufen werden.

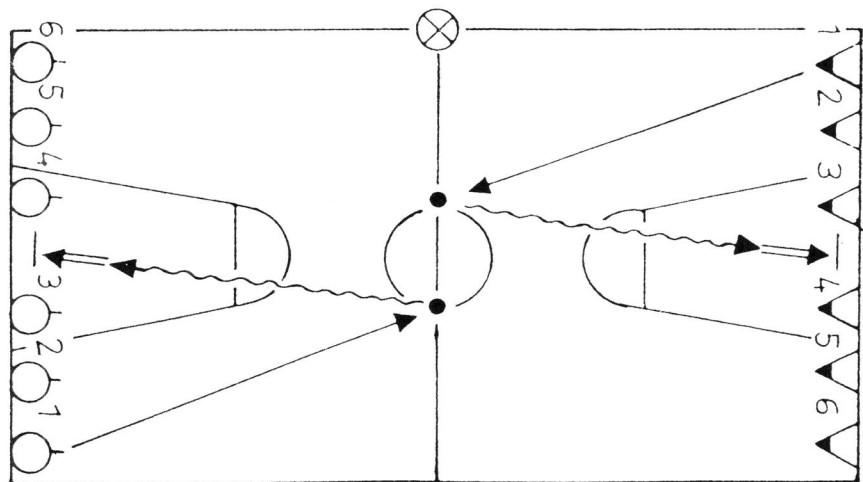

Abb. 6: „Wer trifft zuerst?" (KONZAG 1991, 61)

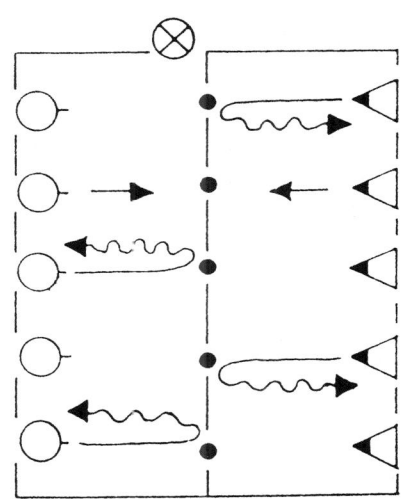

Abb. 7: Einholball (Lit. ebd., 53)

● Einholball (**Abb.** 7)
Zwei Mannschaften stehen sich an den Grundlinien gegenüber. Auf der Mittellinie liegen mehrere Bälle. Auf Kommando stürmen beide Mannschaften zur Mitte, um möglichst viele Bälle im Dribbling (evtl. auch im Zuspiel) hinter die eigene Grundlinie zu bringen (jeweils nur ein Ball). Die Zahl der geholten Bälle entscheidet über den Sieg.

2.4 Komplexübungen

Übungen wie die nachfolgende müssen zuerst intensiv eingeübt werden und können dann, wenn die Laufwege und die Passfolgen sicher beherrscht werden, jederzeit in das Aufwärmprogramm aufgenommen werden. Im Lehrgang werden verschiedene Möglichkeiten gezeigt. Hier eine Möglichkeit von einer Vielzahl von interessanten Komplexübungen:

Komplexübung mit drei Gruppen (**Abb.** 8):

Die Ersten jeder Gruppe bewegen sich gleichzeitig ab der Mittellinie in Richtung Korb (erst langsam, später in höherer Geschwindigkeit).

Sofort: 1 passt zu 2, 2 dribbelt bis zur Freiwurflinie – Schrittstopp – Pass zu 1 – Lauf nach rechts zur Grundlinie, Korbleger von 1 – Lauf nach links – hinten in der Gruppe anschließen, inzwischen Rebound von 3 – Pass zu 2 – hinter 2 herlaufen – hinten in der Mittelgruppe anschließen, 2 dribbelt zur rechten Gruppe – passt dem nächsten Spieler ohne Ball – anschließen an die rechte Gruppe; inzwischen sind die nächsten drei Schüler schon gestartet usw. Sobald die Übung läuft, können weitere Bälle in die rechte Gruppe gegeben werden.

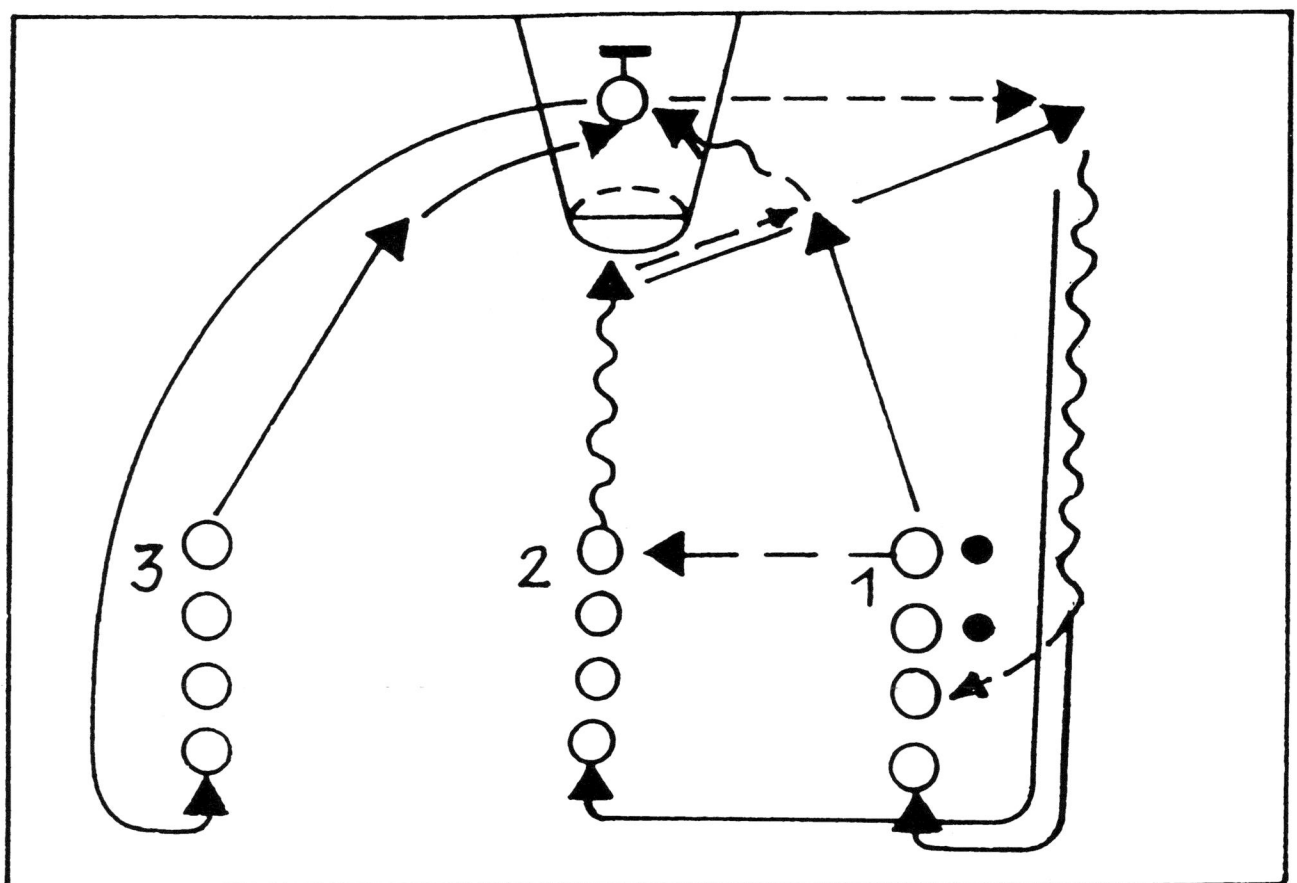

Abb. 8: *Komplexübung mit 3 Gruppen*

3. Übungsformen zum Abwärmen

Je nach Intensität des Übungsprogramms und unter Berücksichtigung des nachfolgenden Unterrichts sollte die Einheit mit Abwärmen enden. Hier bieten sich nun verschiedene Übungen vor allem zur Entspannung an (vgl. hier besonders Kapitel II Pkt. 2.1, S. 42 ff. und 2.2, S. 49 ff.):

- lockeres Auslaufen – Beruhigungsatmung; einige Minuten zur Einleitung regenerativer Stoffwechselprozesse (Nebeneffekt: Verbesserung aerober Ausdauer)
- bewusstes Dehnen der Muskulatur
- bewusstes Dehnen der Muskulatur kombiniert mit Beruhigungsatmung
- Progressive Muskelrelaxation usw. (vgl. Übungsbeispiele, Kapitel II Pkt. 2.2, S. 59 ff.)
- Autogenes Training (S. 65 ff.)
- Phantasiereisen (S. 69 f.)

Zeichenerklärung (auch für die nachfolgenden Ausführungen):

⟶	Spieler läuft ohne Ball
∿⟶	Spieler dribbelt mit dem Ball
------▶	Zuspiel
⇒	Zielwurf, Torschuss
✕	Spieler
●	Ball
△	Hindernis

Literatur:

BEFGMANN, W.: Basketball 1 – Einführung – Fertigkeiten. Düsseldorf: Bagel 1984.

BUCHER, W.: 1000 Spiel- und Übungsformen zum Aufwärmen. Schorndorf: Hofmann 1994[6].

FREIWALD, J.: Aufwärmen im Sport. Reinbek: Rowohlt 1991.

MAEHL, O./HÖHNKE, O.: Aufwärmen – Anleitungen und Programme für die Sportpraxis. Ahrensburg: Cwalina 1988.

KONZAG, I./G.: Basketball – spielend trainieren. Berlin: Sportverlag 1991.

Foto: Kleingeräte unterstützen ein gezieltes Aufwärmen! (BAUER 1996, 64)

GERHARD BAUER

Auf- und Abwärmen im Fußball

1. Didaktisch-methodische Vorbemerkungen

Im Fußballsport der Vereine gehört das Auf- und Abwärmen inzwischen zum Standardprogramm aller gut geführten Mannschaften. Vor Wettkämpfen wärmen sich die Spieler dabei zwischen 15 und 30 Minuten auf; das Abwärmen sollte 10 bis 15 Minuten umfassen. Das Aufwärmen dauert umso länger, je besser der Trainingszustand, je höher das Alter der Spieler und je niedriger die Außentemperaturen sind.

Das **Aufwärmprogramm im Verein und bei schulischen Wettkämpfen** ist dabei in etwa wie nachfolgend dargestellt strukturiert:

- 5–10 Minuten lockeres Laufen ohne Ball
- 5 Minuten Ballführen mit Richtungswechsel und Finten
- 5 Minuten Dehnen und Kräftigen der wichtigsten Muskelgruppen
- 5 Minuten Ballarbeit in Zweiergruppen (Wiederholung aller technischen Elemente)
- 5 Minuten Steigerungsläufe mit und ohne Ball in Verbindung mit Sprints, Stopps, Richtungswechsel (maximales Tempo) (vgl. BAUER 1996, 155)

Das **Abwärmen** besteht zum überwiegenden Teil aus lockerem Traben in Verbindung mit Stretching- und lockernden Gymnastikübungen. Wenn es die Witterung zulässt, sollte das Auslaufen barfüßig erfolgen.

Im Grund wird das **Auf- und Abwärmen im Schulsport** in ähnlicher Weise wie im Verein durchgeführt, getreu nach dem Motto: Was für die Vereine gut ist, das ist für die Schule gerade gut genug. Allerdings gibt es zwischen dem Auf- und Abwärmen in Verein und Schule doch erhebliche zeitliche und inhaltliche Unterschiede. Vor allem die komplizierte und jeweils besondere didaktische Situation, in der man sich als Lehrkraft mit seiner Klasse befindet, ist dabei richtungsweisend.

Aus dem Blickwinkel des Fußballunterrichtes (45-Minuten-Stunde) und der schulischen Wettbewerbe im Fußball stellt sich das Thema Auf- und Abwärmen sehr differenziert dar. Im Rahmen des Basissportunterrichts stehen der Lehrkraft maximal beim Aufwärmen ca. 10 Minuten und beim Abwärmen 5 Minuten zur Verfügung.

Das **Auf- und Abwärmprogramm in Schule und Verein** ist sowohl zeitlich wie inhaltlich den didaktischen Gegebenheiten anzupassen. U. a. sind bei der Planung und Durchführung des fußballspezifischen Auf- und Abwärmens folgende Aspekte zu berücksichtigen:

- Bedeutung bei Trainings- und Wettspielen im Gegensatz zum Fußballunterricht
- Einfluss der Unterrichtsinhalte und der didaktisch-methodischen Verfahren des Unterrichts
- Dauer des Hauptteils der Unterrichtseinheit
- Alter und Geschlecht der Schüler
- Vorkenntnisse und Leistungsstand der Schüler

1.1 Auf- und Abwärmen vor und nach Wettspielen

Das Auf- und Abwärmen ist immer dann von großer Bedeutung, wenn der nachfolgende bzw. vorausgehende Hauptteil ein Trainings- oder Wettspiel ist. Dabei gehen die Spieler von der ersten Minute mit vollem Einsatz zu Werke. Die schnellen Antritte, Stopps, Drehungen und Wendungen und nicht zuletzt die wettkampfspezifischen Zweikämpfe, die sie dabei einzugehen haben, erfordern aus leistungsphysiologischer Sicht und vor allem im Sinne der Verletzungsvorbeugung vom Moment des Spielbeginns ab einen gut aufgewärmten, elastischen Bewegungsapparat. Auch die allgemeine und spielspezifische Koordination funktioniert nur, wenn umfangreich, umfassend und mit spezifischen Methoden und Inhalten aufgewärmt wurde. Inhaltlich kann dabei die gesamte Palette des allgemeinen und fußballspezifischen Auf- und Abwärmens zum Einsatz kommen.

Die Dauer des **Aufwärmens** hängt naturgemäß von der insgesamt zur Verfügung stehenden Zeit ab. Vor Trainingsspielen, die den Hauptteil einer Unterrichtsstunde von nur 45 Minuten Dauer ausmachen, kann das Aufwärmen nur sehr kurz sein. Um dabei überhaupt eine ausreichende Wirkung zu erzielen, muss die Belastungsintensität relativ schnell gesteigert werden. Vor regulären Wettkämpfen dagegen, die über die altersspezifisch volle Zeitspanne laufen und deren Ablauf nicht durch einen nachfolgenden Unterricht limitiert wird (Klassen- oder Schulvergleichsspiele), kann und sollte das Aufwärmen mit allen auf Seite 17 dargelegten Zielsetzungen und mit den ab Seite 53 beschriebenen Übungen und Spielformen betrieben werden.

Wegen der hohen Belastung, welche die Schüler bei Wettkämpfen meist eingehen, ist ein kurzes, aber wirkungsvolles **Abwärmen** immer sinnvoll. Vor allem bei Fußballturnieren kann im Sinne einer optimalen Regeneration nicht auf das Abwärmen verzichtet werden. Wird es gemeinsam durchgeführt, dann hat dies auch sozial-psychologische Wirkungen: Vorausgehende Siege werden intensiver erlebt und Niederlagen gemeinsam schneller verarbeitet. Dabei kann dem sprichwörtlichen Herberger-Wort „Nach dem Spiel ist vor dem Spiel" eine völlig neue Dimension gegeben werden. Wenn die Lehrkraft dabei mit von der Partie ist (sie wird so den vorausgegangenen Stress auch selbst gut verarbeiten!), dann kann sie bei dieser Gelegenheit sehr gut „Vieraugen"-Gespräche zur Nach- und Vorbereitung von Spielen führen.

1.2 Auf- und Abwärmen in Abhängigkeit von Unterrichtsinhalten und methodischen Verfahren

Wenn im Sportunterricht vor den Fußballaktivitäten andere Sportarten unterrichtet werden, kann im allgemeinen davon ausgegangen werden, dass der Bewegungsapparat ausreichend aufgewärmt wird. In diesen Fällen erübrigt sich in der Regel ein gesondertes Aufwärmen; vor allem dürfte dafür dann auch die Zeit nicht mehr ausreichen. Nachfolgende Darstellungen beziehen sich deshalb auf Unterichtseinheiten, in deren Mittelpunkt ausschließlich fußballspezifische Aktivitäten stehen.

In derartigen Unterrichtseinheiten wird das Auf- und Abwärmen primär von den Unterrichtszielen und den daraus resultierenden Unterrichtsinhalten (Übungen und Spiele) sowie von den Unterrichtsverfahren und Methoden bestimmt.

Im Wesentlichen sind folgende fußballspezifische **Unterrichtsziele** zu nennen:

● Schulung und Verbesserung der komplexen Spielfähigkeit im Sinne einer ganzheitlichen psycho-motorischen Handlung
● Schulung taktischer (Teil)handlungen als Ausschnitt aus dem Spielganzen (z. B. Spielzüge)
● Schulung und Verbesserung isolierter technischer Fertigkeiten
● Schulung und Verbesserung konditioneller Fähigkeiten mit fußballspezifischen Spiel- und Übungsformen

1.2.1 Auf- und Abwärmen bei der Schulung der komplexen Spielfähigkeit

Die komplexe Spielfähigkeit wird entweder durch ein Trainingsspiel auf zwei Tore oder mittels einer Vielzahl unterschiedlicher kleiner Parteispiele geschult und verbessert.

In der Regel findet der Unterricht dabei in einer 45-minütigen Unterrichtseinheit statt. Dies hat zur Folge, dass die Zeit, die für ein sinnvolles Auf- und Abwärmen verbleibt, sehr kurz ist. Maximal stehen dabei **10 Minuten** für das **Aufwärmen** und **5 Minuten** für das **Abwärmen** zur Verfügung. Die Zeiten können sich anteilsmäßig verlängern, wenn eine Doppelstunde (z. B. im Differenzierten Sportunterricht) gegeben ist.

Da die Schüler für die erfolgreiche Realisierung komplexer fußballspezifischer Handlungen vor allem technische Fertigkeiten benötigen, sollte das **Aufwärmen** vor allem mit Hilfe von Übungsformen zur Schulung und Verbesserung technischer Spielelemente betrieben werden. Dabei sind Übungen auszuwählen, die in sich eine hohe Bewegungsintensität aufweisen (z. B. Selbstbeschäftigungsübungen mit Ball) oder die mit schwungvollen Läufen gekoppelt sind (z. B. Kombinationsübungen in Zweier- oder Dreiergruppen).

Für das kurzzeitige **Abwärmen** eignet sich ein lockernder Dauerlauf. Er kann mit schüttelnden Übungen oder auch mit gezielten Dehnübungen gekoppelt werden. Diese „Übungsformen ohne Ball" sind auch dann verantwortbar, wenn die Unterrichtseinheit schwerpunktmäßig zur fußballspezifischen (d. h. ballbezogenen) Schulung dient; denn sowohl im o. g. Aufwärmprogramm wie im Hauptteil des Unterrichts steht der Ball im Mittelpunkt der Schüleraktivitäten.

1.2.2 Auf- und Abwärmen bei der Schulung taktischer (Teil)handlungen

Wenn überhaupt, dann werden beim Fußballunterricht in der Schule (im Gegensatz zum ergebnisorientierten Vereinsfußball) nahezu ausschließlich taktische **Angriffs**handlungen geschult (z. B. Spielzüge, Positionswechsel, Einwürfe). Diese werden in der Regel in folgenden methodischen Schritten erarbeitet:

- soliertes Üben der benötigten technischen Fertigkeiten
- Einüben der Angriffshandlungen ohne Gegenspieler
- Üben mit halbaktivem Gegenspieler
- Schulung einer Variante oder einer zweiten ähnlichen Angriffshandlung
- Üben in wettkampfnaher Form mit voll aktivem Gegenspieler

Diese methodische Abfolge beinhaltet bereits ein sinn- und wirkungsvolles **Aufwärmkonzept**. Bei dieser Vorgehensweise steigern sich Umfang und Intensität der Belastung kontinuierlich, so dass sich ein gesondertes Aufwärmen weitgehend erübrigt. Zur Vermeidung von Zerrungen sollten lediglich einige spezifische Dehnübungen (vgl. S. 26 f.) in die ersten Phasen des methodischen Ablaufs eingestreut werden. Diese können auch zur Gestaltung von aktiven Pausen genutzt werden.

Ein kurzes **Abwärmen** nach der wettkampfnahen, zweikampfbetonten Schulung ist sowohl aus physiologischen wie psychologischen Gründen zu empfehlen. Psycho-physische Entspannungsübungen sind dazu besonders geeignet. Übungen aus dem Bereich des Autogenen Trainings oder Tai-Chi bzw. Yoga können hier wertvolle Dienste leisten.

1.2.3 Auf- und Abwärmen bei der Schulung isolierter technischer Fertigkeiten

Beim Schulen isolierter technischer Fertigkeiten ist ein relativ umfangreiches **Aufwärmen** vor allem aus zwei Gründen wichtig:

- Das Übungsprogramm ist (vor allem, wenn mit Anfängern überwiegend mit der bewegungsärmeren Teilmethode trainiert wird) im Sinne der ganzkörperlichen Konditionierung zu wenig bewegungsbetont: In diesem Fall hat das Aufwärmen auch eine kompensatorische Aufgabe; umfangreiche Läufe (z. B. 10-Minuten-Lauf) mit oder ohne Ball, sowie Standardkombinationsübungen mit Positions-/Platzwechsel sind dafür gut geeignet.
- Bestimmte Fußballtechniken erfordern eine fußballspezifische Gelenkflexibilität. Z. B. ist für den Spannstoß die Streckfähigkeit im Sprunggelenk, für den Hüftdrehstoß die abduzierende und für das Tackling die adduzierende Hüftflexibilität ein leistungslimitierender und verletzungsschützender Faktor; deshalb sollten beim Techniktraining unbedingt funktionsunterstützende Dehnübungen in das Laufprogramm mit eingebaut werden.

Da die Schulung technischer Fertigkeiten Konzentration erfordert, ist ein **Abwärmen** danach sehr sinnvoll.

1.2.4 Auf- und Abwärmen beim Training konditioneller Fähigkeiten

Mit Hilfe fußballspezifischer Spiele und Übungen können nahezu alle konditionellen Fähigkeiten geschult und verbessert werden. Das Fußballspiel mit seiner multifaktoriellen Leistungsstruktur erfordert und trainiert nahezu alle Arten der Ausdauer, die Schnelligkeit in vielfältigen Erscheinungsweisen, die Schnellkraft der Bein- und Rumpfmuskulatur und die Flexibilität.

Wenn in Übungsformen trainiert wird, dann kann durch die gezielte Auswahl von Umfang und Intensität der Belastung mehr die eine oder andere motorische Fähigkeit angesteuert werden. Das Auf- und Abwärmprogramm sollte die spezifische Zielsetzung berücksichtigen.

Beim **Ausdauertraining** kann im eigentlichen Aufwärmprogramm auf ein umfangreiches Laufprogramm verzichtet werden. Dafür sollte die Muskulatur durch Dehnübungen gedehnt und gelockert werden.

Beim **Schnelligkeits- und Krafttraining** dagegen muss unbedingt durch bewegungsintensive Übungen mit und ohne Ball der Kreislauf in Schwung gebracht und die Muskulatur als Schutz gegen Verletzungen erwärmt und elastisch gemacht werden.

Nach der Schulung konditioneller Fähigkeiten sollte zur Regeneration ein **Abwärmen** (Entspannen) erfolgen.

1.3 Auf- und Abwärmen in Abhängigkeit von der Dauer des Hauptteils der Unterrichtseinheit

Unabhängig von der inhaltlichen Gestaltung des Sportunterrichtes gelten auch im Fußballunterricht die Grundsätze für die Dauer des Auf- und Abwärmens wie sie im allgemeinen Teil (vgl. Kapitel II Pkt. 1.2 und 2.1) fixiert sind. Die Dauer der Unterrichtseinheit hat direkten Einfluss auf die Dauer des Auf- und Abwärmens. Je mehr Zeit zur Verfügung steht (Einzelstunde/Doppelstunde), umso umfangreicher sollte auf- und abgewärmt werden.

Bei hochintensiven Schnelligkeits- und Zweikampfübungen darf allerdings selbst bei einem zeitlich sehr kurzen Fußballunterricht auf ein notwendiges Mindestmaß an physischer und psychischer Mobilisierung nicht verzichtet werden. Anderenfalls wäre die Verletzungsgefahr zu groß.

1.4 Auf- und Abwärmen in Abhängigkeit von Alter und Geschlecht der Schüler

Das Alter und das Geschlecht der Schüler haben in jeder Art von Sportunterricht Einfluss auf die Gestaltung des Auf- und Abwärmens. In Kampf- und Spielsportarten sind diese Grundsätze besonders zu beachten; Fußball ist sowohl eine Kampf- wie Spielsportart und erfordert deshalb von der Lehrkraft ein hohes Mass an planender Fürsorge.

1.4.1 Fußballunterricht und altersgerechtes Auf- und Abwärmen

Kinder verfügen bis zum Eintritt in die Pubertät über eine gute **Gelenkflexibilität**. Ihre Muskulatur ist elastisch, das Verhältnis zwischen Muskelkraft und Festigkeit der Sehnen und Bänder ist ausgewogen, die Körpermassen, die beschleunigt und abgestoppt werden müssen, sind niedrig. Insofern ist die Gefahr von Muskelverletzungen oder Überlastungsschäden beim Fußballspielen eher als gering zu bewerten.

Allerdings haben Kinder dieser Altersstufen in der Regel noch sehr wenig **Spielerfahrung**; die fußballspezifischen Aktionen – insbesondere die Finten – sind noch wenig bekannt; deshalb verfügen sie auch noch nicht über die Fähigkeit, Spielhandlungen von Gegenspielern im Sinne der Verletzungsprophylaxe zu antizipieren. Nicht selten kommt es deshalb zu verletzungsträchtigen Zusammenstößen.

Auf diese beiden Aspekte sollte insbesondere bei der Gestaltung des Aufwärmprogramms geachtet werden. Stretchingübungen sind weniger zur aktuellen Flexibilisierung einzubauen, sehr wohl aber kann die in der Vorpubertät diesbezüglich gegebene sensitive Phase genutzt werden, um bestimmte fußballrelevante Strukturen zu dehnen (z. B. die Streckfähigkeit des Sprunggelenks, die Außenrotation im Hüftgelenk und die für Finten wichtige Rumpfbeweglichkeit). Diese Übungen können im Aufwärmwie im Abwärmprogramm eingebaut werden.

Um eine wie oben dargestellte psychomotorische Überforderung zu vermeiden, müssen technischtaktische Handlungen methodisch sorgfältig aufgebaut werden. In vielen Fällen kann das Aufwärmprogramm methodisch direkt in den Hauptteil überleiten. Bei Spielformen ist darauf zu achten, dass durch kleine Spielgruppen und eventuell durch Regelvorgaben die Komplexität des Spiels und die damit verbundenen Aufgaben für die Spieler vermindert werden.

1.4.2 Fußballunterricht und geschlechtsspezifisches Auf- und Abwärmen

Bis zum Eintritt in die Pubertät können Buben und Mädchen gemeinsam Fußball spielen. Die motorischen Unterschiede sind dabei unerheblich.

Nach der Pubertät haben die Jungen durch die günstigeren muskulären Bedingungen (Schnellkraft!) im Durchschnitt allerdings doch erhebliche Vorteile; dies vor allem in Zweikampfszenen und bei den Starts und Sprüngen zum Ball. Aus diesem Grunde wird (oft allerdings unter Vernachlässigung übergeordneter Unterrichtsziele!) in und nach der Pubertät nur noch selten koedukativ Fußball gespielt. Jungen spielen dann eher eine kampfbetonte Art von Fußball, Mädchen spielen (wenn überhaupt noch!) mehr technikorientiert.

Ebenso unterschiedlich sollte das Aufwärmprogramm ausfallen. Während die in der Pubertät meist hüft- und gelenksteifen Jungen viele Dehnübungen benötigen, sollte bei Mädchen der Mangel an fußballspezifischer Muskelschnellkraft (Schusskraft, Sprungkraft, Rumpfkraft) beseitigt werden.

2. Übungsformen zum Aufwärmen

2.1 Vorbereitende Übungsformen

2.1.1 Einzelübungen mit Ball

Die im allgemeinen Teil (vgl. Kapitel II Pkt. 1.1) dargestellten physiologischen Wirkungen des Aufwärmens können auch durch Laufformen und gymnastische Übungen ohne Ball erzielt werden. Die psychische Mobilisation (Motivation!) und die optimale Vorbereitung technisch-taktischer Handlungen, die von den Schülern im nachfolgenden Fußballunterricht gefordert werden, sind dagegen durch Spiel- und Übungsformen **mit Ball** effektiver. Außerdem wird durch ein Aufwärmen mit Ball das Ballgefühl und die Technik der Schüler verbessert. Das ist bei der ohnehin knapp bemessenen Zeit, die für den Fußballunterricht im Verlauf eines Jahres zur Verfügung steht, wichtig.

Im Grunde eignen sich die meisten Übungs- und Spielformen, so wie sie vom Techniktraining her bekannt sind, für das Aufwärmprogramm. Sie dürfen anfangs nur nicht mit zu hoher Intensität ausgeführt und nicht mit schnellen Sprints oder Stopps gekoppelt werden. Die nachfolgenden gut geeigneten Beispiele sind deshalb nur als Anregung zu verstehen.

▶ *Ballführen*

- Ball im langsamen Lauf geradeaus vorwärts führen, dabei das Spielbein wechseln und den Ball im Wechsel mit der Innen- und Außenseite sowie mit dem Spann führen
- dsgl., aber in den Lauf Richtungswechsel nach rechts und links einbauen
- dsgl., aber den Ball mit der Innenseite, der Außenseite oder der Sohle in die Gegenrichtung zurückziehen – auch als Reaktionsübung auf Signal der Lehrkraft
- dsgl., zusätzlich verschiedene Finten in den Lauf mit einstreuen (Oberkörper-pendelfinte, Übersteiger, Beckenbauer-Drehung u. a.; vgl. BAUER 1996, 41)
- dsgl., als Schattenlauf mit vorauslaufendem Partner, der stets die Richtung wechselt
- den Ball aus dem Lauf „temperiert" vorwärtspassen, nachstarten, Laufrichtung wechseln
- Ballführen und dabei vorgegebene Figuren oder Zahlen laufen
- alle Übungen wie oben mit wechselndem/höherem Lauftempo

▶ *Balljonglieren*

Die nachfolgenden Übungen haben als „Kunststücke" einen hohen Lust- und Aufforderungscharakter; durch den relativ hohen Schwierigkeitsgehalt müssen die Spieler reagieren und den ungenau hochgespielten Bällen nachstarten; dies hat einen guten Aufwärmeffekt zur Folge.

- Versuchen, den Ball mehrmals hintereinander im Stand mit dem Spann hochzuspielen; schwächere Schüler können den Ball nach jeder Berührung aufspringen lassen
- dsgl., aber in der Vorwärtsbewegung
- dsgl., aber nach jeder Ballberührung mit Drehung um die Längsachse
- dsgl., aber den Ball im Wechsel mit dem Spann und dem Kopf hochspielen
- dsgl., aber den Ball im Wechsel mit dem re/li Bein spielen
- dsgl., aber den Ball als Rückzieher über den Kopf nach rückwärts spielen, drehen usw.

▶ *An- und Mitnehmen hoher Bälle in Form von Selbstbeschäftigungsübungen*

Die Schüler spielen sich den Ball mit dem Fuß selbst hoch oder sie werfen ihn sich aus der Hand mehr oder weniger hoch nach vorne oder zur Seite; der zurückfallende Ball wird mit der Innenseite oder der Außenseite oder der Sohle in die Laufbewegung an- und mitgenommen. Dabei

- technisch sauber spielen,
- das Mitnehmen mit einer Finte einleiten,
- zunehmend schneller und mit ausgeprägteren Richtungswechseln wegstarten,
- den Ball auch mit dem Kopf, dem Oberschenkel oder der Brust an- und mitnehmen.

2.1.2 Übungen mit Ball in der Zweiergruppe

Durch Aufwärmübungen in Zweiergruppen können nebenbei auch soziale Wirkungen erzielt werden, z. B. schwächere mit besseren Schülern mischen; spätere Spielpartner zusammenbringen; Schüler, die sich sympathisch oder auch nicht sympathisch sind, zusammenstellen.

▶ *Spieler A läuft vorwärts, B läuft unmittelbar vor ihm (1–3 m) rücklings rückwärts*

- A führt einen Ball, er startet mehrfach Scheinangriffe mit Täuschungen, um an B vorbei nach vorne zu laufen; B verstellt A den Weg, ohne den Ball ernsthaft abnehmen zu wollen
- A spielt vorwärtslaufend mit kurzen Pässen auf B; dieser stoppt den Ball auf A zurück

- dsgl., aber B stoppt den Ball nach re/li zu, so dass A reagieren muss
- B wirft den Ball auf A; dieser spielt ihn mit Fuß/Kopf in die Hände von B zurück
- dsgl., aber der Zuwurf erfolgt angetäuscht, so dass A wieder reagieren muss.

▶ *Standardkombinationsformen in Zweiergruppen*

- Zick-Zack-Kombination ohne Positionswechsel
- Steil-Quer-Kombination mit Positionswechsel (diagonaler Lauf nach dem Abspiel)
- Steil-Steil-Kombination mit wechselseitigem Überlaufen nach vorne
- A führt den Ball diagonal vor B; B kreuzt ohne Ball hinter dem Rücken von A; A passt aus der Drehung in den Lauf von B, dann B wie vorher A usw.

▶ *Freies Passen und Flanken in Zweiergruppen*

- Spieler A und B laufen in unterschiedlich großen Abständen beliebig im Feld und passen sich dabei den Ball zu; dabei
    - Laufrichtungen wechseln,
    - vor dem Rückpass An- und Mitnahme mit Täuschungen,
    - unterschiedliche Stoßtechniken und beide Beine als Spielbein verwenden,
    - Schärfe des Zuspiels und Abstand verändern.
- Spieler A und B laufen auf einer gedachten Kreisbahn, sie flanken sich den Ball hoch mit dem Innenspann zu, Ballan- und Mitnahme mit unterschiedlichen Techniken
- Die Spielerpaare laufen in begrenztem Spielfeld (Mittelkreis, Strafraum, $\frac{1}{4}$-Spielfeld) durcheinander; dabei passen sie sich den Ball so zu, dass sie die anderen Paare nicht stören (Blickschulung!).

▶ *Dribbeln, Fintieren und Tackeln in Form eines spielerischen 1 gegen 1*

Diese Form gehört zumindest vor Trainings- und Wettkampfspielen in jedes Aufwärmprogramm; sie bereitet physisch, psychisch und technisch auf die bei Wettkämpfen so wichtigen Zweikämpfe vor. Die Partner wechseln sich dabei in der Angreifer- und Verteidigerrolle ab.

2.2   Dehn- und Kräftigungsübungen

2.2.1 Dehnübungen

Nach dem allerersten Erwärmen mit und ohne Ball können und sollen in das Aufwärmprogramm einige Dehnübungen eingebaut werden. Dabei wird sich die Lehrkraft aus Zeitgründen auf wenige, wesentliche Kernübungen beschränken; diese können hintereinander in einem Block oder – und das scheint wirkungsvoller – zwischen die restlichen Übungsformen eingestreut werden.
Dabei werden vor allem Übungen zur Dehnung der für das Fußballspielen wichtigen Fuß-, Bein- und Rumpfmuskulatur (siehe unten) ausgewählt. Wenn ausreichend Zeit zur Verfügung steht, können natürlich alle weiteren, im allgemeinen Teil vorgestellten Übungen (vgl. Kapitel II Pkt. 1.2) nach den 4 Dehnmethoden eingebaut werden.
Um mit dem Dehnprogramm in der trainierten Muskulatur auch die so dringende Kräftigung zu erzielen, wird empfohlen, die sog. CHRS-Methode (Kapitel II Pkt. 1.2, S. 20) zu wählen.
Neben den Dehnübungen nach der Methode der Dauerdehnung sind für das fußballspezifische Aufwärmen auch Dehnübungen nach der Methode der wiederholten Dehnung zu empfehlen. Eine einseitige Beschränkung auf reine Stretchingübungen erfüllt die für das fußballspezifische Aufwärmen gegebene Zielsetzung nicht ausreichend. Im Gegensatz zum statischen Stretchen lernt der Körper bei den leicht dynamischen Bewegungsabläufen an den Endpunkten der Bewegungsausschläge rechtzeitig (reflektorisch) zu stoppen, so dass Muskelverletzungen vermieden werden.

● *Dehnung der Wadenmuskulatur*
(Zwillingswaden- und Schollenmuskel):

Im Liegestütz (**Abb.** 1) oder im Stand gegen eine Wand oder einen Partner gelehnt wird ein Bein zurückgestellt und mit der Fußspitze aufgesetzt; durch Senken der Ferse gegen den Boden werden die Muskelgruppen gedehnt; bei Standübungen wird durch ein mäßiges Anbeugen im Kniegelenk der Zug auf den tieferliegenden Schollenmuskel verstärkt.

Abb. 1: Dehnung der Wadenmuskulatur (BAUER 1996, 80)

● *Dehnung der Kniebeuger*
und Hüftstrecker:

In Rückenlage (**Abb.** 2) wird ein Bein gestreckt; das andere Bein wird mit beiden Händen in gebeugter Stellung (Wirkung auf Hüftstrecker) oder in möglichst gestreckter Stellung (Wirkung auf Kniebeuger) in Richtung zum Oberkörper gezogen.

Abb. 2: Dehnung der Kniebeuger (BAUER 1996, 80)

● *Dehnung der Kniestrecker und Hüftbeuger:* vgl. Kapitel II Pkt. 1.2 S. 26 *„Schräger Käfer"*

● *Dehnung der Adduktoren:*

Ein Bein wird seitwärts abgespreizt (**Abb.** 3) und in einer waagerechten Position auf ein Gerät, einen gebückten Partner oder eine Barriere abgestellt; Dehnen durch Rumpfbeugen vor-seitwärts.

Abb. 3: Dehnung der Adduktoren (BAUER 1996, 81)

● *Dehnung der Gesäß-, Abduktoren- und*
Rückenmuskulatur:

Im Strecksitz (**Abb.** 4) ein Bein anbeugen und über das gestreckte andere Bein stellen; mit dem Oberkörper gegen das angestellte Bein verwringen, die Position mit dem Gegenarm stabilisieren und dabei den Zug auf die Muskulatur verstärken.

Abb. 4: Dehnung der Gesäß-, Abduktoren- und Rückenmuskulatur (BAUER 1996, 81)

● *Flexibilisierung des Sprunggelenks:*

Im Kniestand das Fußgelenk so strecken, dass der Fußrist möglichst flach auf dem Boden aufliegt; dabei mit den Händen auf den Fersen abstützen, um Druck auf das Fußgelenk auszuüben und die Streckung zu verstärken.

2.2.2 Kräftigungsübungen für das fußballspezifische Aufwärmen

Mit Kräftigungsübungen in Verbindung mit dem Aufwärmen muss sehr sorgsam umgegangen werden – so sehr wichtig eine spezifische Kräftigung auch wäre. Vor allem vor einem Programm, bei dem neue Techniken erlernt werden sollen, oder vor Wettspielen können äußerstenfalls Erinnerungsbelastungen gesetzt werden. Die Intensitäten und Wiederholungszahlen dürfen dabei keinesfalls zu einer starken Ermüdung führen, weil sonst die Koordination für das Restprogramm beeinträchtigt wird.

Im Fußballunterricht an Schulen können alle spezifischen Kräftigungsübungen **mit Ball** durchgeführt werden; – dies auch dann, wenn dabei nicht die bestmöglichen Wirkungen für die Entwicklung der Maximal- und damit auch der Schnellkraft erzielt werden. Zur Kräftigung der Rumpfmuskulatur sollte ohne Ball je eine Übung für Bauch- und Rückenmuskulatur durchgeführt werden.

Nachfolgend einige Beispiele dafür, wie durch geringfügige Veränderungen/Anforderungen bei einfachen Technikübungen eine Kräftigung erreicht werden kann:

Schnellkraft der Beine

Balltreiben mit hohem Tempo, auf ein Signal durch die Lehrkraft blitzschnell abstoppen und in die Gegenrichtung wegstarten

● *Sprungkraft*

Aus der Hocke hochschnellen und einen von einem Mitspieler/von einer Lehrkraft zugeworfenen Ball zurückköpfen; nach der Landung sofort wieder abspringen usw.

● *Schuss-, Rumpf- und Wurfkraft*

- partnerweise den Ball mit wenigen Schritten Anlauf über eine zunehmend größere Entfernung möglichst flach und scharf, schussartig zupassen
- dsgl., aber aus dem Stand ohne Anlauf; das Schussbein schwingt nur aus dem Hüft- und Kniegelenk
- dsgl., aber als Einwurf (Schwung aus der Bogenspannung unter Einsatz der Rumpf- und Armmuskulatur)
- dsgl., aber als Kopfball; der Ball wird zum Kopfball selbst etwa 2 bis 3 Meter hochgeworfen (Weite und Schärfe durch Schnepperbewegung unter Einsatz der geraden Bauchmuskulatur)

2.3 Aufwärmarbeit in der Gruppe/spielnahe Übungen

Kleine **Parteispiele** eignen sich wegen ihres psychosozialen Aufforderungscharakters und wegen ihrer komplexen Leistungsstruktur, durch die fast alle Zielsetzungen des Aufwärmens erreicht werden, sehr gut zur Abrundung des Aufwärmprogramms. Sie bilden den nahtlosen Übergang zu Trainings- oder Wettspielen.

Je nach der Dauer des gesamten Aufwärmprogramms genügt es, ein oder höchstens zwei der nachfolgend aufgeführten Spielformen zu berücksichtigen. Zeitlich sind dafür maximal drei bis zehn Minuten zu veranschlagen. Aus Zeitgründen ist es für die Lehrkraft dabei wichtig, dass sie die Spiele möglichst rational organisiert. Das langwierige Aufbauen von Fähnchen oder Begrenzungshütchen kann man sich sparen, wenn den Schülern das Wesentliche der Spielform gesagt und frühzeitig Eigenverantwortung und Selbstorganisation geschult wurde. Auch das Nutzen vorgezeichneter Spielräume (Anstoßkreis, Strafraum, Raum zwischen Strafraum und Seitenlinie) ist dabei hilfreich.

● **Spiel 2 gegen 1 in engem Raum**

Die Spieler sollten sich bemühen, den Spielraum möglichst eng zu halten; bei Ballabnahme oder bei Fehlpässen werden die Positionen gewechselt.
Schwerpunkte: Freilaufen und Entscheidung für Dribbling oder Passen

● **Spiel 3 gegen 1**

Beide Mitspieler sollten sich dem Mann am Ball auf seiner rechten und linken Seite anbieten; keine starre Dreieckaufstellung; nach jedem Pass sollten die Positionen neu besetzt werden.
Schwerpunkte: Freilaufen, Abstimmen mit dem Nebenspieler; Zuspiel mit der Innenseite

● **Spiel 4 gegen 2**

Ähnlich dem 3:1, aber durch den zusätzlichen Mitspieler der ballbesitzenden Partei kann sich immer ein Spieler in die Gasse zwischen den beiden Abwehrspielern hinein freilaufen. Die Abwehrspieler teilen sich die Aufgaben: Einer attackiert in Ballnähe, der andere sichert im Rückraum. Wer am längsten als Fänger spielt, kommt bei Ballverlust „aus der Tratz".
Schwerpunkte: wie oben

● **Spiel 2 gegen 2 (3:3, 4:4) im Wechsel von drei Mannschaften**

Mannschaft A greift gegen B an und versucht auf relativ engem Raum die Abwehrreihen zu durchbrechen; nach erfolgreichem Durchbruch oder wenn Mannschaft B den Ball abnimmt, wird B zum Angreifer; Mannschaft C (hat bisher im Rückraum von A gewartet) wird dann zur abwehrenden Mannschaft.
Schwerpunkte: wie oben, zusätzlich: Dribbling, Positionswechsel, schneller Übergang von Abwehr auf Angriff

● **Spiel 4 gegen 4 (bis 8:8) frei im Feld**

Ohne Tore, nur mit dem Ziel der Ballsicherung bzw. der Balleroberung. Das Spiel kann als reines Fußballspiel oder im Sinne eines raschen Aufwärmens (weniger Ballverluste) auch als Handballspiel, als Handball-Fußball-Wechselspiel oder als Hand-Rollballspiel durchgeführt werden.
Bei diesem Spiel empfiehlt es sich, das Spielfeld (in Abhängigkeit von der Spielerzahl) durch Fahnen oder Hütchen zu markieren. Durch die Größe des Spielfeldes in Relation zur Spielerzahl kann beeinflusst werden, welche Technik die Spieler bevorzugt einzusetzen haben: Kleines Feld → Dribbling; normale Größe → Kurzpass; großes Feld → Langpass

3. Übungsformen zum Abwärmen

Die Zielsetzungen, Prinzipien und Übungsformen des Abwärmens sind im allgemeinen Teil (Kapitel II Pkt. 2.1 und 2.2) sehr umfassend dargestellt. Die regenerativen Maßnahmen beim Abwärmen haben eine positive Wirkung auf die Verarbeitung des Trainings- und Wettkampfreizes und auf den Abbau von Milchsäure (Laktat) und Harnstoffen in der Muskulatur. Wir unterscheiden das aktive Abwärmen (Kapitel II Pkt. 2.1.5, S. 46) und das passive Abwärmen (Kapitel II Pkt. 2.1.6, S. 47).
Die Abwärmphase sollte im Rahmen des 45-minütigen Fußballunterrichtes mindestens 3–5 Min. dauern. In einer Doppelstunde könnte auch einmal eine psycho-somatische Entspannungsmethode untergebracht werden können.
Noch wichtiger ist es, die Schüler davon zu überzeugen, dass ein kurzes Abwärmen aus physiologischer und psychohygienischer Sicht sinnvoll ist. Die Gründe dafür sind ebenfalls sehr detailliert im all-

gemeinen Teil dargelegt. Dabei sollte nicht eine Vielfalt von Übungen angestrebt werden. U. E. sollte der Schüler vielmehr ein einfach zu handhabendes Standardprogramm erlernen, das er nach jedem Fußballunterricht selbstständig, ohne Anleitung durch die Lehrkraft, durchführen kann. Die systematische eigenverantwortliche Anwendung im Unterricht könnte dazu führen, dass die Schüler diese Erfahrung auch für das außerschulische Sporttreiben nutzen.

Nachfolgend ein Beispiel (das nach Belieben verändert werden kann!) für ein adäquates, maximal 5- bis 10-minütiges Standard-Abwärmprogramm:

- langsames Traben; dabei sollte sich der Puls kontinuierlich senken (keinesfalls mehr als 130 Schläge!)
- flacher Hopserlauf mit schüttelnden Bewegungen von Armen und Beinen
- Stretchen der Muskelgruppen, die bereits beim Aufwärmen angesprochen wurden (Methode der Dauerdehnung)
- 1 Minute in völlig entspannter Haltung (nach Möglichkeit in Rückenlage, vgl. hierzu auch Yoga-Übungen zum Abwärmen, S. 79) verharren und dabei ruhig und tief atmen
- ca. 10 Sekunden lang möglichst viele Muskelgruppen gleichzeitig anspannen, nachfühlen und danach aufstehen.

Literatur:

AUSTE, N.: Poster 1 „Aufwärmen", Poster 6 „Abwärmen". Leer: BfP Versand.

BAUER, G.: Lehrbuch Fußball. München: BLV 1996[4].

BISANZ, G./GERISCH, G.: Fußball. Training, Technik, Taktik. Reinbek: RoRoRo 1988.

BISANZ, G.: Zeitschrift „Fußballtraining". Münster: Philippka 1996[8].

FREIWALD, J.: Aufwärmen Fußball, Erfolg mit Warm-Up und Cool-Down. Reinbek: RoRoRo 1994.

KNEBEL, K. P./HERBECK, B./HAMSEN, G.: Fußball Funktionsgymnastik. Reinbek: RoRoRo 1988.

KOCH, W.: Warm-Up–Fußball. Leer: BfP Versand 1992.

WEINECK, J.: Optimales Fußballtraining. Erlangen: Perimed 1992.

FOTO: Aufkleber für Ballspieltore: Für deine Sicherheit!

Dieser Aufkleber kann kostenfrei beim Bayerischen Gemeindeunfallversicherungsverband (Bayer. GUVV) und bei der Bayerischen Landesunfallkasse (Bayer. LUK) bezogen werden.

ANDREA POLNIK

C Auf- und Abwärmen im Handball

1. Didaktisch-methodische Vorbemerkungen

In der folgenden Auswahl werden Übungen aus den Bereichen Fangen und Werfen, Dribbeln und Angriffs- sowie Abwehrschulung dargestellt. Die Übungsformen reichen von elementaren, leichten Übungen bis hin zu komplexen Übungsformen, die sich auch als Stundenschwerpunkte einsetzen lassen. Auch kleine Spiele für jüngere SchülerInnen sind unter 2.1.4, S. 143 f. zu finden.

2. Übungsformen zum Aufwärmen

Um die knappe Aufwärmzeit möglichst effizient zu nutzen, wurden nur Übungen mit Ball ausgewählt. Selbstverständlich können zur Erwärmung auch Fangspiele ohne Ball sowie verschiedene Lauf- und Sprungformen durchgeführt werden. Im Vordergrund der Übungsauswahl stehen das Passen und Fangen, da technische Fehler den Spaß am Spiel oft verderben.

2.1 Vorbereitende Übungsformen

2.1.1 Einfache Übungsformen allein

● **Standardbewegungen ohne Ball/mit Ball in der Hand:**

(1) Die Spieler beginnen am Torkreis mit Seitwärtsbewegungen, wobei sie zwischendurch immer wieder einen leichten Sprung-Block/Strecksprung bilden.

(2) Jetzt Seitwärtsschritte bis zur Mittellinie.

(3) Dann ½ Drehung und mit dem Rücken zum Spielfeld wieder Seitwärtsschritte.

(4) Am gegenüberliegenden Torkreis Heraustreten/ Zurücktreten der Kreislinie entlang.

(5) Anschließend Rückwärts/Seitwärts-Abwehrbewegungen

(6) und nach schneller Drehung Sprint in die Spielfeldecke. (GRAGE 1992, 47)

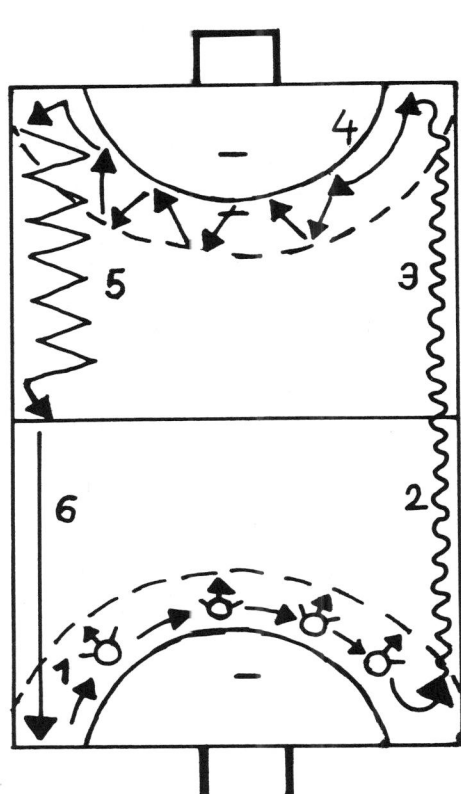

Abb. 1

2.1.2 Einfache Übungsformen mit dem Partner

● **Rotation:**

Zwei Spieler stehen hintereinander ca. 1–2 m von einer Wand entfernt. Spieler A wirft gegen die Wand. Spieler B soll den Ball fangen, während sich A hinter B bewegt. Nun wirft B gegen die Wand, tritt nach seitlich-hinten und A nimmt den Ball an. So werfen und fangen beide Spieler immer abwechselnd. Variationen durch Bodenpässe, Sprungwurf oder andere Hand. (**Abb.** 2)

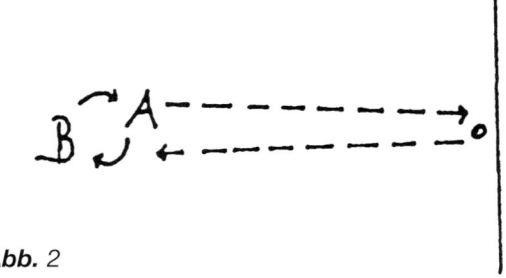

Abb. 2

● **Plätze wechseln:**

Beide Partner prellen ihre Bälle möglichst hoch, wechseln schnell die Plätze und fangen den Ball des Partners. Auch mit Hochwerfen möglich. (**Abb.** 3) (SINGER 1978, 37)

Abb. 3

● **Partnerprellen:**

Dem Partner wird der Ball mit der offenen Hand zugeprellt. Wer kann den Ball zurückprellen? Abstand ca. 3 m. (**Abb.** 4) (SINGER 1978, 40)

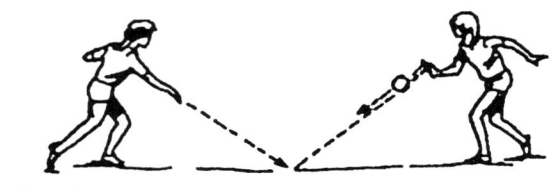

Abb. 4

● **Squash:**

In einem begrenzten Raum spielen zwei Schüler gegeneinander. A versucht, den Ball so an die Wand zu werfen, dass B diesen Ball nach einmaligem Aufprellen auf dem Boden nicht mehr erreichen kann. (**Abb.** 5)
Variation: Die Bälle müssen mit einem Bodenpass an die Wand geworfen werden; die Fänger müssen den Ball fangen, bevor dieser den Boden berührt hat. (BUCHER 1997, 104)

Abb. 5

● **Miteinander – Gegeneinander:**

(1) Zwei Spieler A und B laufen in einem Abstand von 1–2 m entlang der Auslinie zum gegenüberliegenden Tor und passen sich dabei den Ball zu.
(2) Dort angekommen wird ein Spieler zum Angreifer, der andere zum Abwehrspieler. Der Angreifer versucht, den Abwehrspieler auszudribbeln und auf der wiederum gegenüberliegenden Seite
(3) ein Tor zu erzielen.

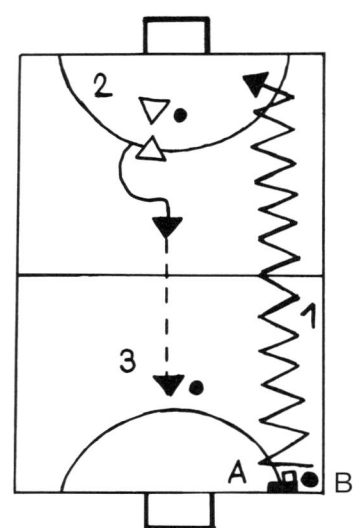

Abb. 6

2.1.3 Einfache Übungsformen zu dritt

Bei nachfolgenden Übungen sollen die Positionen immer gewechselt werden.

● Dreieckskombinationen:

B und C haben jeweils einen Ball, A keinen. Spieler A wird von B und C abwechselnd angespielt. Er muss versuchen, die Pässe so schnell wie möglich zurückzuspielen. (**Abb.** 7)

Variation: Nun spielen B und C nicht diagonal zu A, sondern zur gegenüberliegenden Position. Spieler A muss sich nun schnell nach links und rechts bewegen, um die Bälle fangen zu können. (**Abb.** 8)

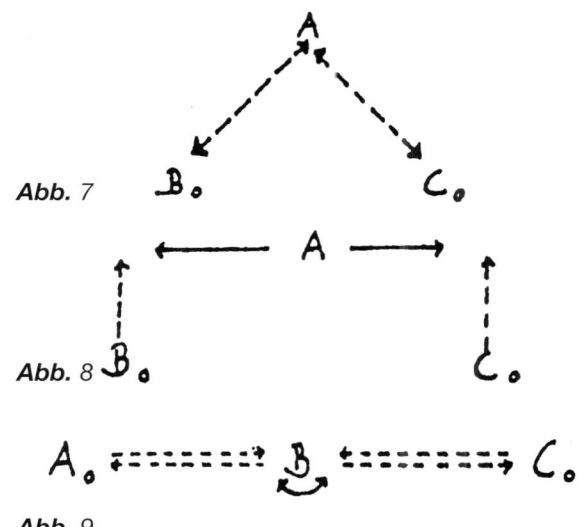

Abb. 7

Abb. 8

● Reihenkombinationen:

Spieler A und C haben jeweils einen Ball. Sie spielen nun abwechselnd zu B. Dieser muss sich schnell drehen und die Pässe zurückspielen. (**Abb.** 9)

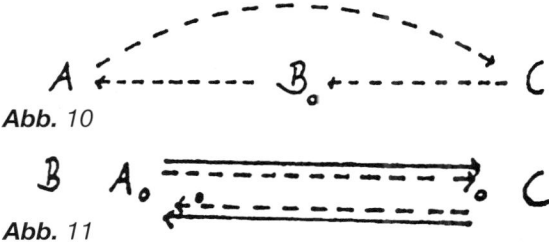

Abb. 9

Spieler B hat nur einen Ball. Er passt im Schlagwurf zu A, A spielt im Sprungwurf zu C, C im Druckwurf zu B, B wieder zu A usw. (**Abb.** 10)

Spieler A und B stehen hintereinander, passen den Ball zu C. A läuft sofort auf die Position von C. C passt zu B, läuft dem Pass nach usw. (**Abb.** 11)

Abb. 10

Abb. 11

2.1.4 Kleine Spiele zum Erwärmen

● Bälle von der Bank:

Zwei Bänke nebeneinander, auf denen ca. 10–15 Medizinbälle liegen. Wurf auf die Bälle aus ca. 5 m Entfernung! (**Abb.** 12) (SINGER 1978, 38)

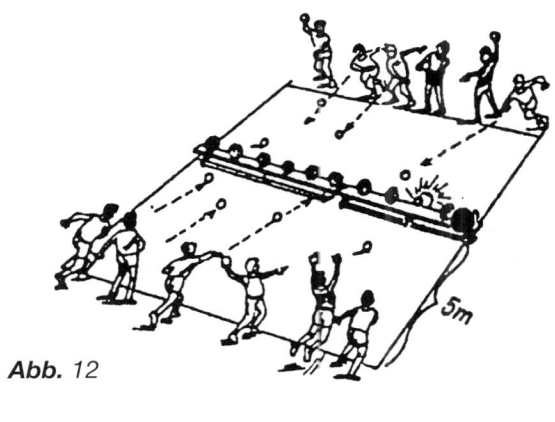

Abb. 12

● Ball durch die Gasse:

Ein Basketball o. Ä. wird durch die Gasse gerollt. Die Schüler werfen auf den rollenden Ball. (**Abb.** 13) (SINGER 1978, 38)

Abb. 13

● **Wurfball:**

Alle Schüler auf dem Spielfeld, davon 10 mit Ball. Sie werfen die Bälle nur den Partnern zu, mit denen Blickverbindung aufgenommen wurde! (**Abb.** 14) (SINGER 1978, 44)

Abb. 14

● **Balljagd auf den Kastenmann:**

Aufstellung im Kreis, Spieler hinter dem Kasten. Der Kastenmann soll getroffen werden. Vor jedem Wurf mindestens 3 Ballkontakte. Auswechseln des Kastenmannes nach 3 Minuten. **Weichen** Ball benützen! (**Abb.** 15) (SINGER 1978, 50)

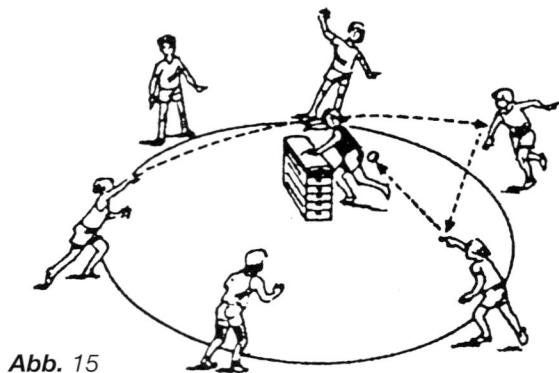

Abb. 15

● **Wildschweinrennen:**

Ein Medizinball wird von zwei Schülern vor der Hallenwand hin- und hergerollt. Die Schüler versuchen von der gegenüberliegenden Wand aus, möglichst viele Treffer anzubringen. (**Abb.** 16)

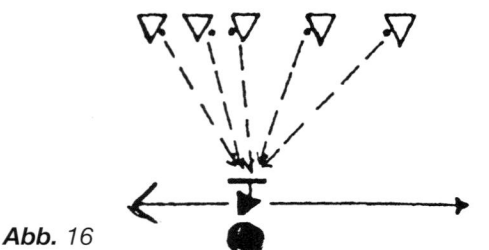

Abb. 16

2.2 Dehn- und Kräftigungsübungen

Außer den in Kapitel II Pkt. 1.2 angeführten Dehn- und Kräftigungsübungen eignen sich im Handballsport insbesondere Ganzkörperübungen, die die Rumpfkraft stärken und so den Rücken vor Verletzungen und Überbeanspruchung schützen.
Neben der schon im Kapitel II gezeigten Funktionsgymnastik können noch folgende Kräftigungsübungen durchgeführt werden:

● *Beckenlift:*

Rückenlage, Beine sind in Knie und Hüfte jeweils 90° gebeugt. Nun soll das Becken senkrecht vom Boden in Richtung Decke abgehoben werden.

● *Unterarmstütz rücklings:*

Aus dem Unterarmstütz rücklings soll das Becken vom Boden abgehoben werden, so dass der Körper eine Linie bildet. Nun abwechselnd linke und rechte Ferse vom Boden abheben.

● *Unterarmstütz seitlich:*

Aus dem Unterarmstütz seitlich soll das Becken so vom Boden abgehoben werden, dass der Körper eine Gerade bildet. *Variation:* Das obere Bein ein kleines Stück in Richtung Decke heben. Seite wechseln.

● *Unterarmstütz vorlings:*

Aus dem Unterarmstütz die Knie leicht vom Boden wegdrücken. Die Beine bleiben dabei leicht gebeugt. Der Bauch ist angespannt, Rücken gerade. Nun abwechselnd das linke und rechte Bein vom Boden abheben. (Boeckh-Behrens/Buskies III, 1995, 20)

2.3 Aufwärmarbeit in der Gruppe/Komplexübungen

RA = Rechtsaußen
RR = Rückraumspieler rechts
RM = Rückraumspieler Mitte
RL = Rückraumspieler links

LA = Linksaußen
T   = Torwart
K   = Kreisspieler

2.3.1 Komplexübungen zur Verbesserung von Passen und Fangen

● **Handgelenkspässe:**

Aus der Bewegung in die Stoßbewegung des Mitspielers passen: Spieler RL geht mit dem Ball in die Stoßbewegung und passt ohne zu stoppen zu RR (1). RL bewegt sich schnell rückwärts hinter seine Übungsgruppe zurück. RR passt zum 2. Spieler auf der RL-Position (2) usw. (**Abb.** 17) (Grage 1992, 86)

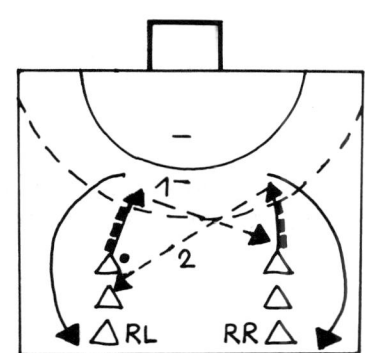

Abb. 17

● **Laufspiel:**

RA passt zu RR (1) und läuft am Kreis entlang ein. RR passt zum RL (2), RL passt an den Kreis zum RA (3). RA passt zum ersten Spieler auf der LA-Position (4) und schließt sich hinter Gruppe LA an. (**Abb.** 18) (Grage 1992, 48)

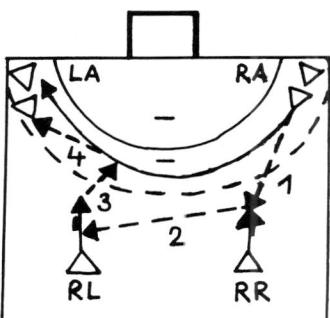

Abb. 18

● **Transportpässe:**

Zwei Spieler passen sich den Ball im Lauf auf das gegnerische Tor zu; Torwurf. (**Abb.** 19)
Variationen:
a) Laufwege verengen sich
b) Laufwege erweitern sich
c) Pässe auch indirekt
d) Abwehrspieler läuft in der Mitte und versucht Pässe herauszufangen (Grage 1992, 51)

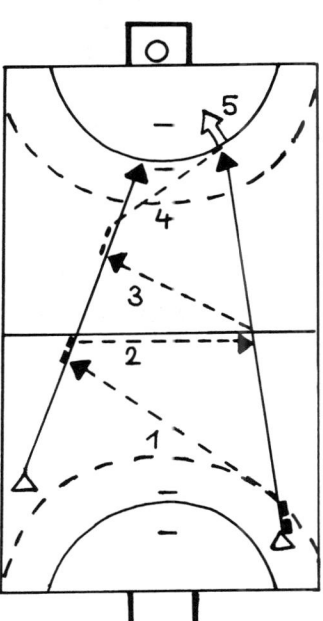

Abb. 19

● **Passen und Annehmen im Viereck:**
(Trosse 1985, 127)

a) Die Spieler laufen dem gepassten Ball nach und stellen sich an das hintere Ende der nächsten Gruppe (Pass Spieler 1 von der Gruppe A zu Spieler 1 von Gruppe B, A1 läuft hinter B3).

b) Der Pass wird diagonal gespielt. Es erfolgt ein Platztausch in der Gruppe (Pass A1 zu C1, Lauf hinter A3).

c) Die Spieler laufen dem gepassten Ball nach, der diagonal gespielt wird (Pass von A1 zu C1, Lauf hinter C3).

d) Der Pass wird diagonal gespielt, die Spieler laufen zur nächsten Gruppe (A1 zu C1, A1 läuft hinter B3).

e) Der Pass wird abwechselnd diagonal oder zur nächsten Gruppe gespielt, der Lauf erfolgt dementsprechend (A1 passt zu C1 und läuft hinter B3). (**Abb.** 20)

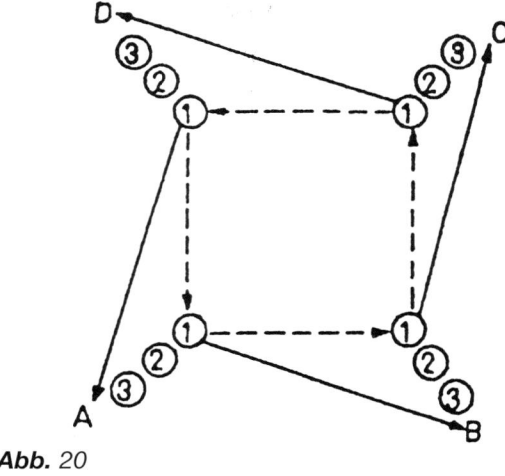

Abb. 20

● **Passen und Annehmen im Dreieck:**
(Trosse 1985, 127 f.)

a) Spieler 1, 2 und 3 passen nacheinander zu 4, dieser passt jeweils sofort zurück und läuft hinter 6, jetzt folgen die Pässe auf Spieler 5 usw. (**Abb.** 21)

b) wie Übung a): jetzt laufen 4, 5 und 6 in die jeweils gegenüberliegende Position von 1, 2 und 3 und passen dort zurück.

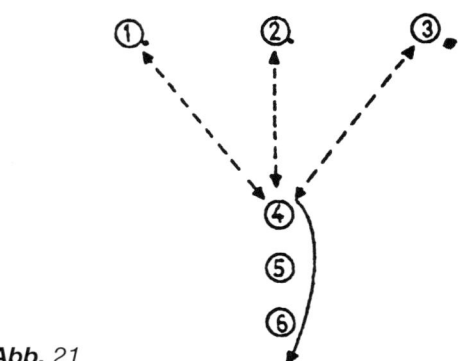

Abb. 21

c) Spieler 4 passt zu 2, 2 passt zu 1, 1 passt zu 5, alle Spieler laufen ihrem Ball nach und besetzen die nächste Position. Spieler 5 zu 4 (der sich im Rückwärtslauf zur Position 2 befindet), 4 passt zu 3, 3 passt zu 6. Es wird also abwechselnd im Dreieck links und im Dreieck rechts gespielt. Nach dem Abspiel dem Pass nachlaufen. (**Abb.** 22)

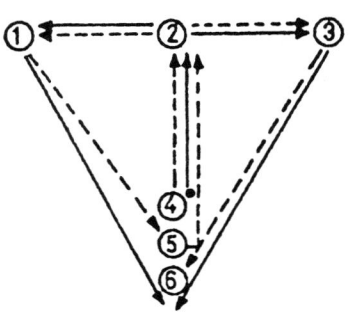

Abb. 22

d) Gleiches Prinzip wie c), aber jetzt wird der Ball nach der einen Seite gespielt und zur entgegengesetzten Seite gelaufen (1. Position bleibt frei). (**Abb.** 23)
Diese Variation empfiehlt sich nur, wenn Übung c) reibungslos funktioniert.

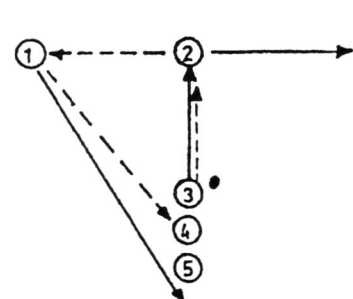

Abb. 23

2.3.2 Komplexübungen zur Verbesserung des Dribblings

● Kreisprellen:

Kreis mit 4 bis 5 Spielern, 1 Schüler in der Mitte des Kreises. Er ruft den Namen einer seiner MitspielerInnen und prellt den Ball sehr hoch. Der aufgerufene Spieler läuft in die Kreismitte und fängt den Ball. Der Ball sollte senkrecht geprellt werden! (**Abb.** 24) (SINGER 1978, 40)

Abb. 24

● Prellstaffel:

Prellstaffeln um Male, auch als Slalomprellstaffel oder mit eingebauten Hindernissen möglich. (**Abb.** 25) (SINGER 1978, 40)

Abb. 25

● Prellen auf kleinen Flächen:

4 Felder mit je einer Gruppe nummeriert von 1 bis 4. Der Lehrer ruft 2 Zahlen, die dann ihre Felder prellend wechseln. (**Abb.** 26) (SINGER 1978, 74)

Abb. 26

2.3.3 Komplexübungen zur Angriffs-/Abwehrschulung, Torwurf

a) Wurfübungen:

Zwei Übungsgruppen im Wechsel; jeder Spieler der Gruppe A und der Gruppe B hat einen Ball: A passt zu Anspieler X, X passt in den Lauf von A zurück, A wirft auf das Tor, holt den Ball, sprintet und schließt sich wieder Gruppe A an. Dann passt B zu Anspieler Y usw. (**Abb.** 27) (GRAGE 1992, 91)

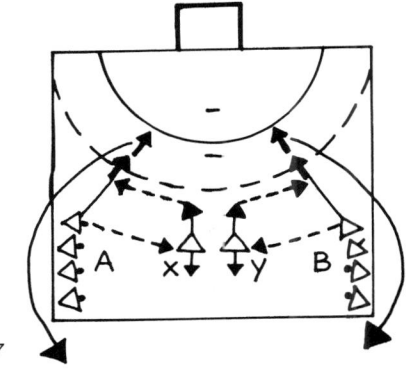

Abb. 27

b) Gegenstoßübungen:

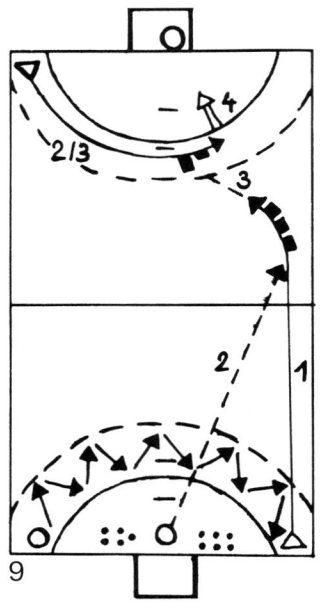

Abb. 28a

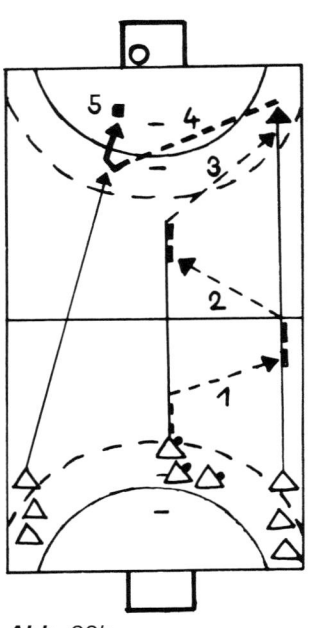

Abb. 28b

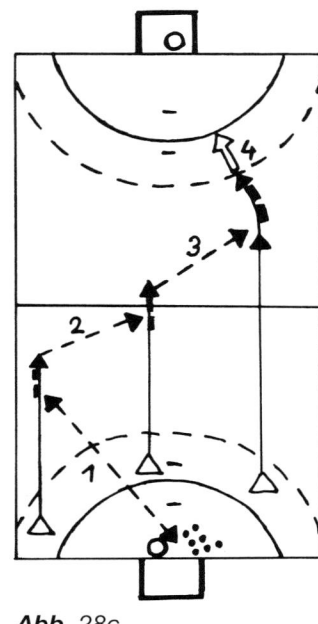

Abb. 28c

Abb. 28a
Spieler 9 beginnt mit Abwehrbewegungen ohne Ball (siehe Skizze) entlang des Kreises. Dann wird er zum Angriffsspieler. Start zum gegenüberliegenden Tor (1) und Anspiel durch den Torwart (2) in den Lauf. Ballannahme und Zuspiel (3) zum einlaufenden LA, der mit Torwurf abschließt (4). (GRAGE 1992, 39)

Abb. 28b:
RM mit Ball passt aus dem Lauf (1) zum ersten Spieler der re. Übungsgruppe. Dieser spielt zum RM aus dem Lauf zurück (2) und wird von diesem wieder angespielt (3). Nun passt der Spieler der re. Übungsgruppe zum mitgelaufenen ersten Spieler der li. Übungsgruppe (4), der auf das Tor wirft (5). (GRAGE 1992, 41)

Abb. 28c:
Der Torwart passt in den Lauf des Spielers auf der li. Spielfeldseite (1), dieser passt zum mitlaufenden RM (2) und der Mittelspieler auf den Spieler der re. Seite, der auf das Tor wirft (4). (GRAGE 1992, 43)

c) Parallelstoßübungen: (TROSSE 1985, 130–133)

● T1 zu RL, RL zu RM, RM zu RR; RR Schlagwurf aus dem Stemmschritt/Sprungwurf
● Passfolge von T2 über RR, RM zu RL. RL mit Torwurf. (**Abb.** 29)
● *Variationen:* gegen Abwehrspieler

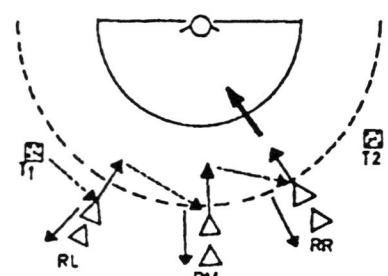

Abb. 29

● Passfolge LA, RL, RM, RR, RA mit Torwurf
● LA läuft dem Pass zeitverzögert nach, erhält von RA einen Pass und schließt ab. (**Abb.** 30)

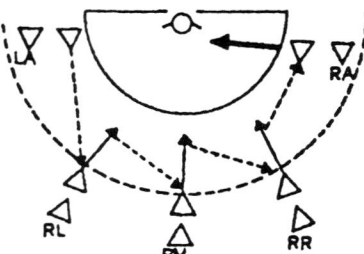

Abb. 30

- Passfolge LA, RL, RM kreuzt mit RR, RR mit Torwurf
- Passfolge von RA, RL kommt nach Kreuzen mit RM zum Wurf. (**Abb.** 31)
- Variationen mit Abwehrspieler oder weiterspielen zum Außenspieler oder Kreisläufer.

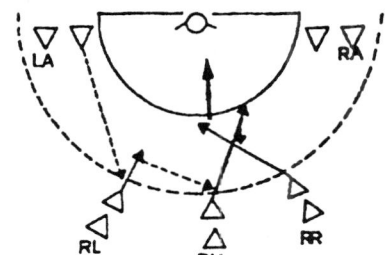

Abb. 31

3. Übungsformen zum Abwärmen

Zum Abwärmen eignen sich, je nach Stundenaufbau, folgende Möglichkeiten des Abwärmens:

- lockeres Auslaufen und Hopserlauf, am besten barfuß
- Progressive Muskelrelaxion
- Phantasiereisen, Autogenes Training
- einfache Yogaformen
- Entspannungsstellungen mit dem Pezziball (Stufenlagerung, entspanntes Liegen auf dem Ball)

Weitere Hinweise und Übungsbeispiele bei Kapitel II Pkt. 2.1 und 2.2.

Literatur:

BOECKH-BEHRENS, W.-U./BUSKIES, W.: Gesundheitsorientiertes Fitnesstraining. Lüneburg: Wehdemeier & Pusch 1995.
BUCHER, W.: 1000 Spiel- und Übungsformen zum Aufwärmen. Schorndorf: Hofmann 1997.
GRAGE, W.: Handballtraining. Trainieren – Spielen – Gewinnen. Aachen: Meyer & Meyer 1992.
SINGER, E.: Spielschule Handball. Stuttgart: CD Verlagsgesellschaft 1997[8].
TROSSE, H.-D: Trainingslehre – Handball. Berlin: Bartels und Wernitz 1985.

FOTO: Vor dem großen Auftritt – Übungen zum Aufwärmen
(HELLMUND MAINPOST 1996)

DR. JÜRGEN MENG

 Auf- und Abwärmen im Volleyball

1. Didaktisch-methodische Vorbemerkungen

Eine schnelligkeitsorientierte Sportart wie Volleyball zeichnet sich durch hohe Krafteinsätze und sehr hohe Bewegungsgeschwindigkeiten aus; deshalb ist gerade hier eine umfangreiche und spezifische Aufwärmarbeit notwendig.
Folgende Grundsätze sollten beachtet werden:

- Die Spezifik der nachfolgenden Belastung sollte sich bereits im allgemeinen Aufwärmteil zeigen (so schnell wie möglich Formen mit Ball).
- Es können im Aufwärmteil bereits erlernte technische Fertigkeiten wiederholt werden.
- Es eignen sich auch einfache Koordinationsübungen als Aufwärmübungen.

Die Auswahl der Übungen sollte sich nach Alter und Können der Übenden richten.

2. Übungsformen zum Aufwärmen

2.1 Vorbereitende Übungsformen

Hier sollen allgemeine und spezielle Übungsformen miteinander verbunden werden. Nach einer ersten allgemeinen Erwärmung (einfache Laufübungen wie z. B. Linienläufe) können bereits einfache Koordinationsübungen in das Aufwärmprogramm aufgenommen werden:

2.1.1 Einzelübung (1 Ball)

- in Pritschhaltung Volleyball über Kopf nach oben pritschen
- Prellen des Balles mit der Sohle abwechselnd re – li Fuß (zuerst mehrmaliges Auftippen des Balles möglich, dann im Rhythmus re/li mit nur einmaligem Auftippen des Balles)
- wie oben Prellen des Balles mit der Sohle, vor dem Aufkommen des Balles auf dem Boden diesen mit dem Spann hochkicken, den Ball auftippen lassen – ihn wieder prellen usw. (zuerst mit dem starken Fuß, dann auch abwechselnd li/re)
- auf einem Bein vorwärts/rückwärts hüpfen und dabei mit dem anderen Fuß den Ball mitführen (Sohle auf dem Ball)
- gleiche Übung, Bewegungsrichtungen vorgeben, z. B. Linienlauf
- im Laufen mit einer Hand den Ball prellen; Armkreisen vorw./rückw., mit dem anderen Arm
- den Ball mit den Füßen dribbeln – beide Arme kreisen
- im Laufen einen Ball mit beiden Händen über dem Kopf von einer Hand zur anderen pritschen
- Unterarmstütz – Volleyball unter dem Körper mit beiden Händen hin- und herrollen

2.1.2 Partnerweise (1 Ball – Gegenüberstellung – Abstand ca. 3 m)

- A im Crunch – B wirft Ball zu A – A pritscht zurück
- A Unterarmstütz seitwärts – B wirft Ball A zu – A pritscht Ball mit einer Hand zurück
- A Unterarmstütz seitwärts – B wirft Ball A zu – B schießt den Ball zurück
- A pritscht Ball über Kopf und dann zu B; zurück in die Linie gehen
- Baggerhaltung, Ball seitlich halten, Arme gestreckt: Aus der Linie heraus zum Partner werfen
- Ball tief zuwerfen (leicht seitlich) – Partner soll nach den Bewegungsmerkmalen des Baggerns hinter den Ball kommen, ihn fangen und dem Partner in der tiefen Stellung zurückwerfen; beide Partner sind Übende
- abwechselnd Volleyballtennis Pritschen/Baggern

2.1.3 Partnerweise (2, dann 3 Bälle)

- hoch/tief zuwerfen
- 3 Bälle zuwerfen

2.1.4 Partnerweise (1 Ball)

- 2 Langbänke aufeinander stellen/4 Matten (beide Seiten) (Abb. 1); partnerweise auf den Matten gegenüberstellen – Ball tief zuwerfen und fangen – der Ball darf nicht die Matte berühren
- Matte nicht berühren: gleiche Übung – die Partner stehen hinter der Matte und fangen/werfen den Ball – der Ball darf die Matte nicht berühren

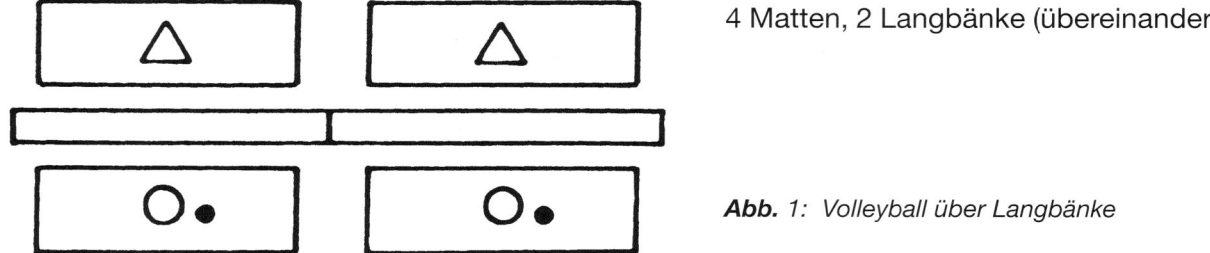

4 Matten, 2 Langbänke (übereinander gestellt)

Abb. 1: *Volleyball über Langbänke*

2.1.5 Partnerweise (2 Bälle) (Abb. 2a)

„Blicksprungtechnik"
- 1 Spieler wirft seinen Ball senkrecht hoch – der Partner wirft ihm den Ball direkt zu – er wirft zurück und fängt dann seinen Ball (Variieren des Zuwerfens – re/li/tief/hoch)
- Ball hochwerfen – den zugeworfenen Ball zurückpritschen/zurückbaggern

Abb. 2a

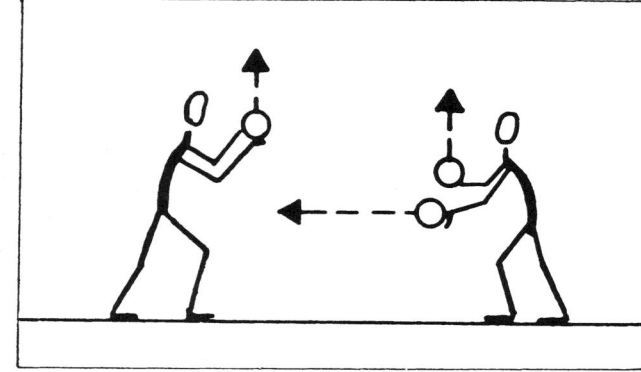

Abb. 2b

2.1.6 Partnerweise (3 Bälle) (Abb. 2b)

wechselseitig hochwerfen

2.1.7 Partnerweise (1 Ball)

● Aufstellung in einer Linie – 1 Spieler in der Mitte – der Partner an der Seitenlinie (Abb. 3) – Spieler (Mitte) wirft den Ball hoch und läuft zur Seitenlinie – Partner läuft zur Mitte und fängt den Ball in Pritschhaltung über dem Kopf, wirft den Ball hoch und läuft zur Seitenlinie zurück – inzwischen kommt auch der Mittelspieler zurück, fängt den Ball über Kopf in Pritschhaltung und startet nach ca. 1–2 Sek. Pause die nächsten Rundläufe
● gleiche Übung – in der Mitte hochpritschen/baggern (zuerst Volleyballtennis)

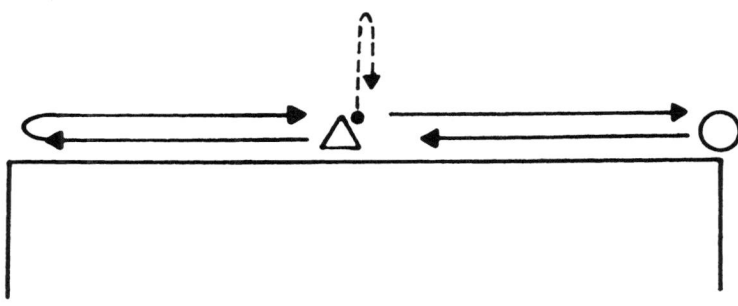

Abb. 3: Volleyballtennis

2.2 Dehn- und Kräftigungsübungen

Diese können je nach Intensität des Aufwärmens hier oder auch zu einem späteren Zeitpunkt erfolgen (vgl. Grundsätze und Übungsbeispiele unter Kapitel II Pkt. 1.2). Gedehnt werden sollen diejenigen Muskelgruppen, die in der nachfolgenden Phase besonders beansprucht werden und die zur Verkürzung neigen (diese sollten regelmäßig gedehnt werden).
Je nach Altersstufe sollten die entsprechenden Dehnmethoden angewandt werden („wiederholtes Dehnen“: alle Jahrgangsstufen, Dauerdehnung ab ca. 5. Jahrgangsstufe, CHRS-Methode ab 10. Jahrgangsstufe usw. – vgl. auch Kapitel II Pkt. 1.2 „Didaktisch-methodische Grundsätze des Aufwärmens“). Nach dem Dehnen folgen Kräftigungsübungen. Für die Kräftigungsübungen gelten die gleichen Grundsätze wie für das Dehnen. Vorsicht: Vor dem Techniktraining keine Ermüdung der zu beanspruchenden Muskulatur.

2.2.1 Übungsbeispiele Dehnen (vgl. auch Kapitel II Pkt. 1.2.2, S. 20)

● **Vorbereitendes Dehnen**

Es gibt vielfache Darstellungen über vorbereitendes Dehnen im Volleyball (Gesundheitsaspekt berücksichtigen), so z. B.:
– schulterbreiter Stand: Ellbogen des angewinkelten Armes in Richtung des gegenüberliegenden Schultergelenks ziehen
– den gebeugten Arm hinter den Kopf führen: Oberkörper gerade halten, den nach hinten-oben gebrachten Arm am Ellbogen Richtung Gegenschulter ziehen
– Stand seitlich zur Wand: den gestreckten Arm nach hinten mit der Handfläche an die Wand legen, Brustmuskulatur dehnen usw.

- **Übungen vor Schmetterübungen**

  z. B. (vgl. Übungsauswahl I „Dehnübungen allein", S. 27 ff.)
  – „Adler"
  – „Wegweiser"
  – „Türsteher" usw.

2.2.2 Übungsbeispiele Kräftigen (vgl. Übungsauswahl III „Kräftigungsübungen", S. 31 ff.)

- **Allgemeine Kräftigungsübungen**

  – Gerader Crunch (S. 22)
  – Total Crunch
  – Liegestütz an die Wand
  – Liegestütz im Kniestand usw.

- **Spezielle Kräftigungsübungen** (z. B. mit dem Volleyball)

  – paarweise mit 1 Ball frontal im Liegestütz gegenüber (Abstand ca. 1 m), mit einer Hand aufstützen, mit der anderen Hand den Ball dem Partner zuwerfen, Handwechsel nach 6 Würfen
  – Variationen:
     + mit dem Handrücken hochschlagen
     + zuprellen
     + nach jedem Prellen Handwechsel
  – den Ball im Sprung senkrecht aufprellen und zum Fangen sofort wieder hochspringen

2.3 Aufwärmarbeit in der Gruppe

Als vorbereitende Aufwärmübungen eignen sich besonders kleine Spiele und vorbereitende spezielle Übungsformen, die das Spielverhalten schulen.
Sollte ein Volleyballnetz längs durch die ganze Halle nicht vorhanden sein, so kann man sich auch mit einer Zauberschnur behelfen.

- **„Kurz oder lang"** (**Abb.** 4)

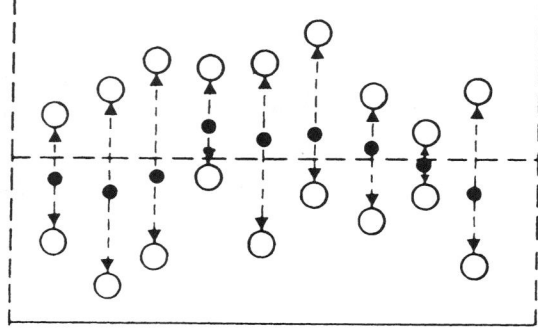

Spielfeld:	ganze Halle durch Netz oder Zauberschnur geteilt
Gruppengröße:	2 Schüler mit Ball; paarweise Gegenüberstellung getrennt durch Netz/Zauberschnur
Spielgedanke:	2 Schüler versuchen, sich nur durch kurz oder lang gespielte Bälle so auszuspielen, dass der Ball nicht mehr zurückgespielt werden kann.
Spielregeln:	Mit dem Ball darf nicht gelaufen werden. Der Ball darf im Stand oder im

Abb. 4: *„Kurz oder lang"* (LANGOLF)

Sprung geworfen werden. Netzberührung (Ball oder Spieler) sowie Übertreten der Mittellinie sind Fehler. Der Ball ist im „Aus", wenn er zur Seite oder hinter eine Grundlinie gespielt wird (festgelegt durch die Spieler). Punkte werden nur dann erzielt, wenn der Partner einen Fehler macht.

Variationen:	– Spiel mit verschiedenen Volleyballtechniken (Pritschen/Baggern usw.)
	– Punkte können nur bei eigenem Aufschlag erzielt werden
	– 2 Ballberührungen erlaubt
	– 3 Ballberührungen erlaubt

● **„Doppelball"** (**Abb.** 5)

Spielfeld:	kleine Felder – ganze Halle geteilt
Gruppengröße:	3 : 3 oder 4 : 4 mit je 2 Bällen
Spielgedanke:	Die Schüler spielen Ball-über-die-Schnur mit 2 Bällen und versuchen, den Gegner durch geschicktes Anspielen von Schwachpunkten am Fangen der Bälle zu hindern.
Spielregeln:	Punkte können jederzeit erzielt werden. Wenn ein Ball den Boden berührt, wird dem Gegner ein Punkt zugesprochen. Weitere Fehler sind: Ball im

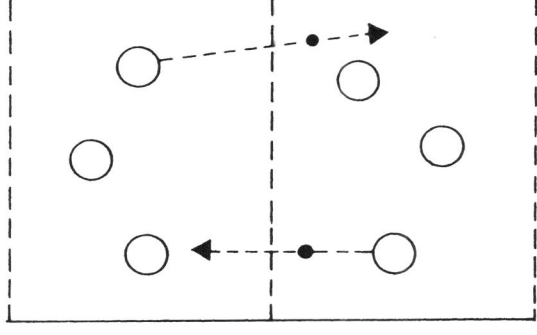

*Abb. 5: „Doppelball" (*Langolf*)*

„Aus", Übertreten der Mittellinie, Netzberührung von Ball oder Spieler, Laufen mit Ball, Halten von zwei Bällen gleichzeitig durch einen Spieler

Variation:	Veränderung der Spielfeldgröße

● **„Ausspielen 2 : 2"** (**Abb.** 6)

Spielfeld:	kleine Felder – ganze Halle geteilt
Gruppengröße:	4 Schüler mit Ball; 2 gegen 2 in Gegenüberstellung am Netz/Zauberschnur
Spielgedanke:	2 Paare versuchen, sich gegenseitig so auszuspielen, dass der Ball vom gegnerischen Paar nicht mehr zurückgespielt werden kann.
Spielregeln:	Punkte können nur bei eigenem Einwurf/Aufschlag erzielt werden. Wenn ein Paar das Aufschlagsrecht zurückerobert, muss es rotieren. Fehler wie beim normalen Spiel.

*Abb. 6: „Ausspielen 2:2" (*Langolf*)*

Variationen:	– Fangen und Werfen
	– Pritschen und Baggern mit oder ohne Aufschlag
	– 3 Ballkontakte Pflicht
	– nach jedem Angriff Platztausch innerhalb des Paares

2.4 Komplexübungen

Wichtig beim Volleyballspiel ist die Verständigung. Dies kann zum Beispiel bei den folgenden Aufwärmübungen erlernt oder auch automatisiert werden.

● **Partnerübungen** (**Abb.** 7a-c)

Abb. 7a:	Die Spieler stehen sich partnerweise im Abstand von ca. 7 m senkrecht zum Netz gegenüber. Der Netzspieler pritscht, der Grundlinienspieler ruft „Ich" und baggert zurück.
Abb. 7b:	Wie vorher: der Netzspieler weicht aber seitlich aus, ruft „Zu mir" und pritscht den Ball, der Grundlinienspieler ruft „Ich" und baggert zurück.

● **Übungsform in der Dreiergruppe**

Abb. 7c:	Die Spieler B und C stehen dem Spieler A leicht versetzt im Abstand von ca. 7 m senkrecht zum Netz gegenüber. Der Spieler A pritscht genau auf einen der beiden Annahmespieler B und C, wobei er seine genaue Abspielrichtung durch die Drehung der Schulterachse (Signal für den Annahmespieler) deutlich macht.

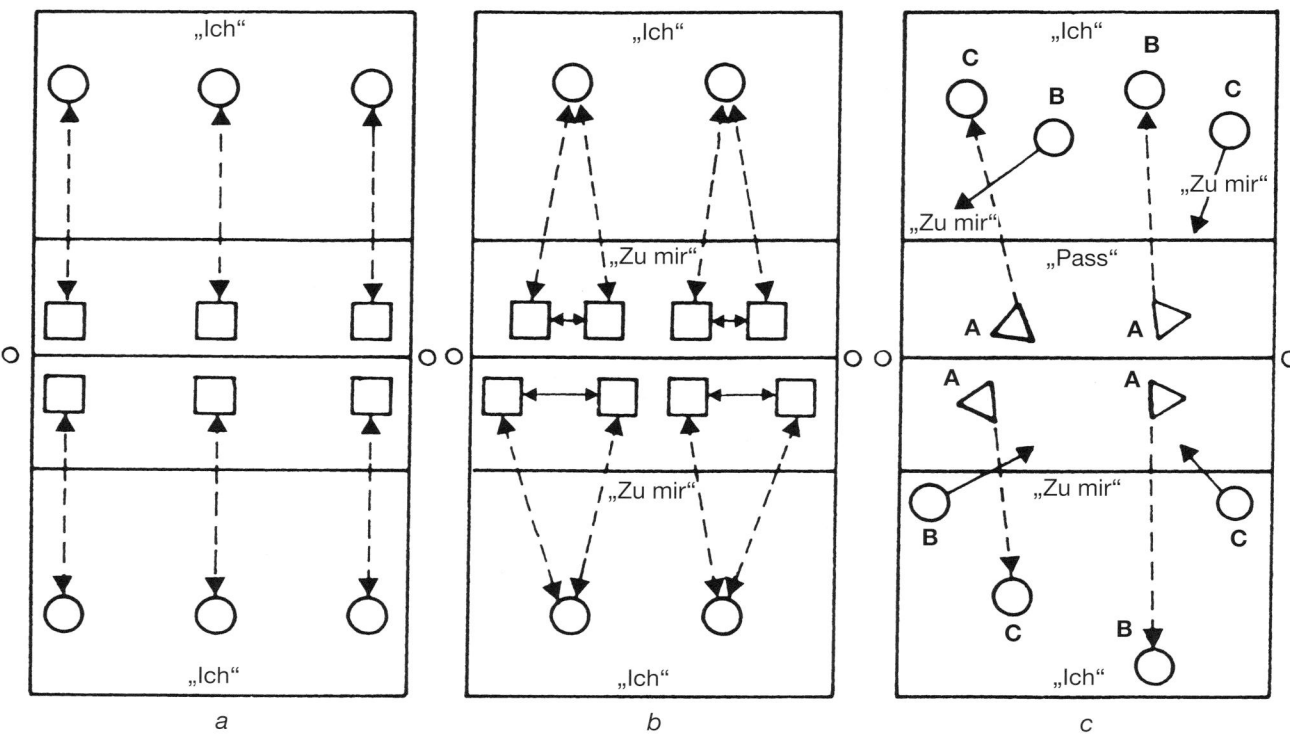

Abb. 7: *Verständigung beim Volleyball (LANGOLF)*

Sobald B oder C die Absicht von A erkennt, ruft er „Ich". Sein Partner läuft ans Netz, erhält von „Ich" den Ball und pritscht diesen zu A zurück, der den Ball fängt.
B und C gehen in die Ausgangsstellung zurück.

Variation: A fängt nicht, sondern pritscht den Ball. B oder C muss dann sehr schnell wieder in der Ausgangsposition sein.

3. Übungsformen zum Abwärmen

Je nach Intensität des Übungsprogramms und unter Berücksichtigung des nachfolgenden Unterrichts sollte die Einheit mit Abwärmen enden. Hier bieten sich nun verschiedene Übungen vor allem zur Entspannung an (vgl. hier besonders Kapitel II Pkt. 2.1/2.2):

● lockeres Auslaufen – Beruhigungsatmung; einige Minuten zur Einleitung regenerativer Stoffwechselprozesse (Nebeneffekt: Verbesserung aerober Ausdauer)
● bewusstes Dehnen der Muskulatur
● bewusstes Dehnen der Muskulatur kombiniert mit Beruhigungsatmung
● Progressive Muskelrelaxation (Übungsbeispiele: vgl. Kapitel II Pkt. 2.2, S. 59 ff.)
● Autogenes Training
● Phantasiereisen

Literatur:

BUCHER, W.: 1000 Spiel- und Übungsformen zum Aufwärmen. Schorndorf: Hofmann 1994[6].
DÜRRWÄCHTER, G.: Aufwärmen – nicht nur lästige Pflichtübung. Schorndorf: Hofmann 1996.
FREIWALD, J.: Aufwärmen im Sport. Reinbeck: Rowohlt 1991.
LANGOLF, K.: Volleyball. Unveröffentlichtes Manuskript. Uni Würzburg o. J.
MAEHL, O./ HÖHNKE, O.: Aufwärmen – Anleitungen und Programme für die Sportpraxis. Ahrensburg: Cwalina 1988.

2. Auf- und Abwärmen bei den Individual- sportarten des Basissportunterrichts

VERA DILL, MARION DORFNER, BIRGIT REUTER

 Auf- und Abwärmen in Gymnastik und Tanz

1. Didaktisch-methodische Vorbemerkungen
(VERA DILL)

Der Fachlehrplan für Sport umfasst in der Individualsportart Gymnastik und Tanz folgende vier Themenbereiche:

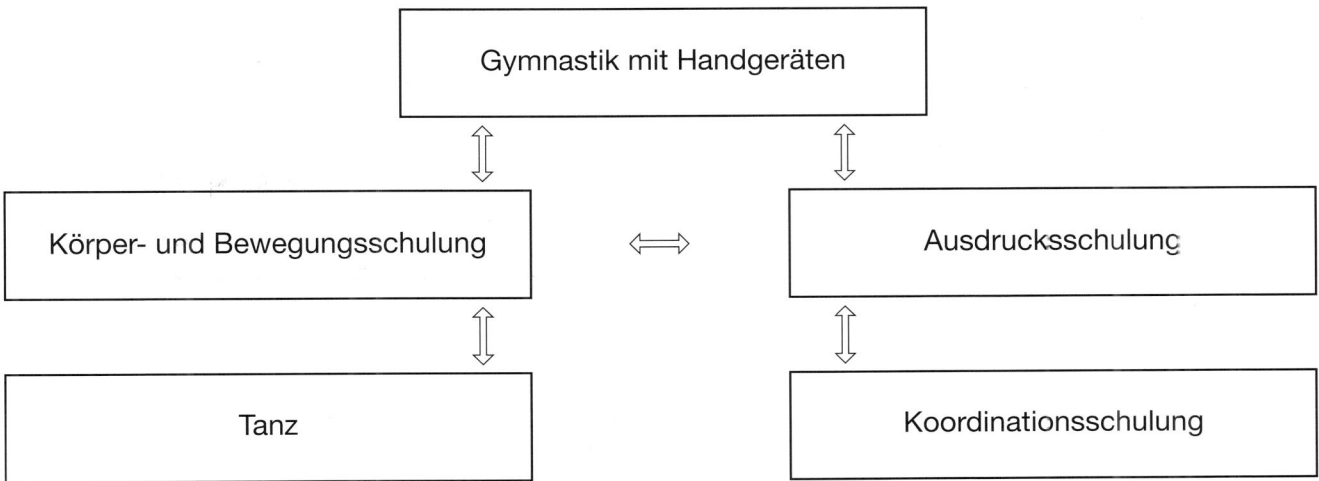

Die Angebote an Aufwärmübungen folgen dem methodischen Schema:

● Prinzip vom Einfachen zum Komplexen
● Berücksichtigung der Jahrgangsstufe
● Themenbereich des Fachlehrplans für Sport
● angestrebtes Stundenziel
● größtmögliche Freiheiten in einem vorgegebenen Bewegungsrahmen

2. Übungsformen zum Aufwärmen
(VERA DILL/MARION DORFNER)

Für diese bewegungs- und ausdrucksstarke Individualsportart steht die Körper- und Bewegungsschulung im Zentrum der Aufwärmarbeit.

Grundformen
der Bewegung:

| Gehen |
| Federn |
| Laufen |
| Hüpfen |
| Springen |

Variation nach:

| Raum |
| Zeit |
| Dynamik |
| Einzel-Partner-Gruppe |

Durch eine gezielte Kombination der angeführten Parameter ergeben sich unzählige Gestaltungsmöglichkeiten für die Aufwärmarbeit. Dabei können im Aufwärmteil bereits erlernte technische Fertigkeiten wiederholt werden. Als Übungsinhalte bieten sich auch Bausteine des Hauptteils der Sportstunde an.

2.1 Themenbereich KÖRPER- UND BEWEGUNGSSCHULUNG (VERA DILL)

Die Auswahl der Bewegungsart(en) richtet sich nach dem Stundenziel. Nachfolgend werden für die drei Altersbereiche (1.–4., 5.–7. und 8.–11. Jahrgangsstufe) Angebote für eine Aufwärmarbeit gegeben.
Dehn- und Kräftigungsübungen vgl. Kapitel II Pkt. 1.2!

2.1.1 Grundschule: LAUFEN

Stundenziel: Bewegungskombination Laufen – Springen
Aufwärmarbeit: Laufen variiert nach Raum/Ebene/Bewegungsweite

- Laufen frei im Raum
- Laufen nach Musik
- vw, rw, sw (überkreuzen) laufen, auch mit Richtungsänderungen bzw. Drehungen
- Laufen entlang der Hallenmarkierungen
- Laufen zu zweit, zu dritt, in Gruppen, in zwei Gruppen
- Laufen in der einen Hallenhälfte geradlinig, in der anderen kurvig
- Laufen an der Hallenlängsseite mit raumgreifenden Schritten (schnelles Laufen) und an der Hallenquerseite kombiniert mit Schrittsprüngen

2.1.2 5.–7. Jahrgangsstufe: GEHEN

In dieser Jahrgangsstufe lassen sich bereits komplexere Übungen in der Aufwärmarbeit durchführen.
Stundenziel: Spielerische Grundformen aus dem Tanzbereich GESELLSCHAFTSTANZ
Aufwärmarbeit: Gehen variiert nach Raumrichtung/Ebene/Bewegungsweite/Aufstellungsform

- Gehen frei im Raum, dabei Blickkontakt aufnehmen
- Gehen nach Musik (Musikvorschläge vgl. S. 168)
- auf beliebigen Partner zugehen, begrüßen, am Partner vorbeidrehen
- Kreisaufstellung (Innenstirnkreis):
  - alle gehen am Ort
  - alle 8× Gehen am Ort, 8× in die Kreismitte und 8× rw zurück zur Ausgangsposition
  - Variation: A gehen am Ort, B gehen um A

- Flankenkreis: 2 Schritte (1 + 2), 2 Nachstellschritte (3 + 4) oder vw: lang, kurz, kurz, lang
- 3× Gehen und 4× Federn am Ort und 8× Gehen und 4× Federn am Ort usw.
- Innenstirnkreis: 4× Federn am Ort, 8× Gehschritte zur Kreismitte, 4× Federn am Ort, 8× Gehschritte zurück

2.1.3 8.–11. Jahrgangsstufe: Kombination federndes LAUFEN und HÜPFEN

Stundenziel: Bewegungskombination mit dem Seil
Aufwärmarbeit: Laufen frei im Raum nach Rhythmus-Vorgabe

- Wer den Rhythmus erfasst hat, beginnt zu laufen!
- Hüpft zu zweit und versucht verschiedene Aufstellungen zu finden!
- Hüpft zu zweit vw, rw, sw!
- Alle wieder frei im Raum hüpfen!
- Hüpft zu dritt nebeneinander, zu viert, in zwei großen Gruppen!
- Hüpft über die Diagonale!

Um den Schülern vor dem Hauptteil der Stunde eine kleine Verschnaufpause zu gönnen, bietet sich eine Aufgabe am Ort an: Bestimmung der Zählzeiten und Erfühlen eines von der Lehrkraft vorgegebenen Taktmaßes.

2.1.4 Dehnübungen

(Es ist wichtig, Dehnübungen immer langsam auszuführen)

1. Grundposition: Hüftbreit geöffnete Grätsche; Fußspitzen zeigen genau nach vorn; die Knie sind gestreckt

Auf 1: Den Oberkörper in die Waagrechte neigen (Tischposition; die Nachbarn korrigieren sich gegenseitig)

Auf 2: Die gestreckten Arme über die Seite nach vorne neben die Ohren führen

Auf 3: Den durch die Arme verlängerten Oberkörper noch mehr nach vorne unten ziehen (gerader Rücken)

Auf 4: Spannung im Rücken auflösen und den Oberkörper Wirbel für Wirbel aufrichten (der Kopf richtet sich als Letztes auf)

2. Sitz am Boden mit gegrätschten, gestreckten Beinen; Oberkörper aufrecht; Arme in Seithalte

Immer im Wechsel die Handrücken vor dem Körper zusammenführen (dabei die aufrechte Oberkörperposition aufgeben und ausatmen) und anschließend die Handrücken weit zurückführen (dabei den Oberkörper wieder aufrichten, die Brust weit vorschieben und einatmen).

Nach mehrmaligem Wechseln in der aufgerichteten Position bleiben und so den Oberkörper nach vorn Richtung Boden neigen (Rücken gerade; nicht Nase zum Boden, sondern Kopf in Verlängerung der Wirbelsäule).

3. Grundposition: Stand mit geschlossenen, gestreckten Beinen

Auf 1: Den Oberkörper absenken, die Hände auf den Boden führen

Auf 2: Mit den Händen soweit nach vorn krabbeln, dass die Fersen gerade noch am Boden bleiben (die Knie sind noch gestreckt)

Auf 3: Langsam den Armrumpfwinkel auflösen (also die Brust Richtung Boden drücken)

Auf 4: Mit den Händen wieder zurückkrabbeln

Auf 5: Die Beine beugen und mit den Handflächen am Boden bleiben

Auf 6: Die Beine wieder strecken

Auf 7 und 8: Spannung auflösen und den Oberkörper langsam aufrichten

2.2 Themenbereich KOORDINATION (BIRGIT REUTER)

Übungskatalog:

2.2.1 Laufen am Ort mit Variationen:

Musikvorschläge: „Shout" aus Sisteract, „Travellin'prayer" von Billy Joel

Während des Laufens werden gleichzeitig Hand- oder Armbewegungen ausgeführt werden:

- Handkreisen mit gestreckten Armen in Seit-, Vor- oder Hochhalte
- Klappen der Handgelenke
- Armkreise, die schnell, langsam, mit großem oder kleinem Radius ausgeführt werden
- Rhythmisches Einklappen der Unterarme nach oben oder unten, gleich oder gegengleich

Beim Laufen kann man auch die Haltung des jeweils unbelasteten Beins variieren:

- Das freie Bein nach vorn strecken (oder gestreckt zur Seite bzw. zurückführen)
- Im Wechsel ein Bein nach vorn, das andere zur Seite strecken (oder: rück – seit – rück – seit ...)
- Schwierigste Variante: vor – seit – rück – vor – seit – rück ...
- Im Wechsel ein Bein gestreckt, das andere gebeugt nach vorn, zur Seite oder zurückführen

2.2.2 Beweglichmachen der Wirbelsäule:

Musikvorschläge: „piano man" von Billy Joel, „what a wonderfull world" von Frank Sinatra

Grundposition: Stand in der Grätsche, die Füße zeigen leicht nach außen:

Auf 1: Oberkörper nach rechts beugen (der linke Arm wird dabei gestreckt über den Kopf geführt und die Knie bleiben gestreckt)

Auf 2: Von hier aus den Oberkörper senken (dabei die Arme nach unten hängen lassen und die Beine beugen)

Auf 3: Oberkörper zur linken Seite hin aufrichten (den rechten Arm gestreckt über den Kopf führen und die Beine wieder strecken)

Auf 4: Grundposition wieder einnehmen

oder:

Grundposition: Grätsche; Füße leicht ausgedreht; Knie gestreckt:

Auf 1 und 2: Die Knie beugen und die Arme gleichzeitig nach oben führen (Handinnenseiten zueinander; Knie genau über die Füße schieben in Richtung der Zehenspitzen)

Auf 3 und 4: Den Oberkörper genau zur rechten Seite neigen

Auf 5 und 6: Den Oberkörper geneigt lassen und die Beine strecken

Auf 7 und 8: Grundstellung wieder einnehmen

2.2.3 „Let's walking"

Musik: „Let's walking" von Fats Domino

Sehr schnelles Gehen am Ort mit folgender Armbewegung:

(Diese zuerst sehr langsam ausführen, d. h. pro Bewegung 8 Zählzeiten, dann das Tempo steigern, d. h. 4, dann 2, dann 1 Zählzeit pro Bewegung)

- Den rechten Arm gestreckt mit geballter Faust in Vorhalte bringen
- Den linken Arm dazuführen

– Den rechten Arm in Hochhalte bringen
– Den linken Arm dazuführen
– Den rechten Arm zur Seite strecken
– Den linken Arm dazuführen
– Den rechten Arm in Tiefhalte bringen
– Den linken Arm dazuführen

Varianten:

a) Beide Arme führen gleichzeitig obige Bewegung aus
b) Die Arme führen die Bewegung um eine Zählzeit versetzt zueinander aus

2.2.4 Kleine Übungsverbindung Arme – Beine:

Musik: „New York, New York"

Armbewegung:

Auf 1: Die zur Seite gestreckten Arme werden waagrecht nach innen geklappt (also die Hände zur Schulter geführt)
Auf 2: Die Ellenbogen werden an den Oberkörper geführt
Auf 3: Die Arme werden in Hochhalte geführt
Auf 4: Die Arme werden in die Ausgangsposition zurückgeführt

Mögliche Beinbewegungen dazu:

a) Schritt nach vorn – Tipp zur Seite
b) Schritt seit – Tipp ran
c) Schritt – Kick

Vorgehensweise:

Zuerst müssen die Arm- und Beinbewegungen jeweils getrennt voneinander geübt werden; erst auf halbes Tempo, dann schnell.
Arme und Beine zusammen zunächst ganz langsam ohne Musik üben, dann das Zähltempo steigern bis das Tempo der Musik erreicht ist und die Bewegung mit Musik geübt werden kann.
Wenn die Übung beherrscht wird, kann man sie erschweren, indem man die Armbewegung nicht symmetrisch, sondern um einen Schlag zeitlich versetzt ausführt.

2.3 Themenbereich Ausdrucksschulung (VERA DILL)

Die Ausdrucksschulung beginnt bereits in der Grundschule. Dabei werden die Grundformen Gehen, Federn, Laufen, Hüpfen, Springen mit Bewegungs- und Vorstellungsthemen kombiniert. Auch für die Aufwärmarbeit können Inhalte dieses Themenbereichs genützt oder Umsetzungsmöglichkeiten von Musik in Bewegung spielend erprobt werden; hierfür einige Vorschläge bezogen auf die bereits o. a. Altersbereiche. **Dehn- und Kräftigungsübungen** vgl. Kapitel II Pkt. 1.2!

2.3.1 Grundschule

Blitz: Freies Gehen im Raum, auf ein Zeichen (der Lehrkraft, der Musik u. a.) = Blitz
– Äpfel pflücken vom Baum
– unter einem Zaun durchrobben
– Schleichen wie ein Panther

– Stolzieren wie ein Storch
– Hüpfen wie ein Frosch u. a. m.

Literatur

Sing- und Rhythmusspiele (BROICH; BRUGGER/SCHMID/BUCHER)

2.3.2 5.–7. Jahrgangsstufe

Richtungswechsel: Gehe durch den Raum: werde schneller, noch schneller, laufe! Nutze den gesamten Raum, auch Ecken und Nischen! Gehe laut oder leise! Triffst du einen Mitschüler, weiche rechtwinklig aus, nimm ihn mit, drehe dich mit ihm usw.!
Wenden Sie sich bei Fragen an den Tanzfachmann des BSG!

2.3.3 8.–11. Jahrgangsstufe

Generationswechsel: Wir „bewegen" uns durch die verschiedenen Lebensstadien: Bewegen wie Kinder, Jugendliche, Erwachsene, Rentner, Greise

2.4 Themenbereich Gymnastik mit Handgeräten
(MARION DORFNER/VERA DILL)

In der Aufwärmphase werden alle Bewegungselemente, die anschließend im Hauptteil der Sportstunde Verwendung finden, spielerisch und ohne festen Ordnungsrahmen aufgebaut und erprobt. Dabei wird der Umgang mit den Handgeräten einbezogen und variiert nach Raum, Zeit, Dynamik und Partner/Gruppe. Früher erlernte Bewegungselemente oder -kombinationen können ebenfalls zur Aufwärmarbeit genützt werden. Dabei werden hauptsächlich folgende Muskelgruppen beansprucht:

Wadenmuskulatur	Dehnübung: „Stütz die Wand" (S. 29)
Hüftbeugemuskulatur	„Riesenausfallschritt" (S. 28)
Vordere Oberschenkelmuskulatur	„Schräger Käfer" (S. 28)
Rumpf- und Gesäßmuskulatur	„Knoten" (S. 29)

Weitere Dehnübungen vgl. auch Kap. II Pkt.1.2 „Didaktisch-methodische Grundsätze des Aufwärmens".

2.4.1 Übungen mit dem Handgerät SEIL

● **Übungen zur allgemeinen Erwärmung und Ausdauerschulung**

Einzelübungen:

– elastisches Fersenheben
– Federn
– Hüpfen über das am Boden liegende Seil, vw und rw und mit Zwischenfederung (Musik!)
– Schwingen und Kreisen in der Frontal- und Sagittalebene re und li
– Schlussspringen mit Durchschlag vw und rw
– verschiedene Sprünge ausführen: Grätschsprung, Wedelsprung, Twistsprung, Hacke-Spitze u. a.
– Kombination, z. B. von Schwingen und Schlussspringen
– mit geschlossener Seilschlinge, beide Knoten in einer Hand, horizontale Kreise überspringen

– Laufen mit Durchschlag vw geradlinig, auf der Kreisbahn
– Laufen vw mit horizontalen Seilkreisen
– Hüpfen vw mit horizontalen Seilkreisen (über Kopf) bzw. Achterkreisen (neben Körper)
– verschiedene Verbindungen der genannten Übungen auch mit ½ oder ¼ Drehung

Übungen zu zweit mit einem langem Seil oder mit 2 zusammengeknoteten Seilen:

– jeder Partner hält ein Seilende in der re Hand, einer führt Schlusssprünge aus
– beide Partner stehen nebeneinander, halten mit der äußeren Hand je ein Seilende und führen Schlusssprünge aus
– Partner stehen hintereinander, der hintere Partner schwingt das Seil, beide führen Schlusssprünge aus

Übungen zu zweit mit zwei Seilen:

Beide Partner stehen nebeneinander und halten mit der inneren Hand das Seilende des Partners. Schlusssprünge mit Durchschlag vw.

● **Dehn- und Kräftigungsübungen**

Seil doppelt oder dreifach gefasst:

– Seil aus der Tiefhalte vor dem Körper über die Hochhalte in die Tiefhalte hinter dem Körper führen
– über das Seil steigen und hinter dem Rücken wieder vorführen

Seil vierfach gefasst:

– Rumpfbeugen seitwärts
– Grätschstand, Seil straff in Hochhalte, Rumpfbeuge vorwärts, Oberkörper (OK) waagerecht, OK nach re und li aufdrehen
– Grätschsitz, Seil in Hochhalte: langsames Senken des Seiles hinter den re (li) Fuß (Fuß in „Flexstellung"), mit dem gespannten Seil Fuß in Richtung Körper ziehen
– wie oben: Im Strecksitz mit beiden Füßen
– Strecksitz, Beugen eines Beines, Seil unter die Fußsohle legen, Strecken des Beines
– Strecksitz: Seil in Vorhalte, Beine abwechselnd über das Seil strecken und wieder zurück
– Bauchlage: Seil in Hochhalte, vom Boden heben und wieder ablegen

2.4.2 Übungen mit dem Handgerät BALL

● **Übungen zur allgemeinen Erwärmung und Rhythmusschulung**

Einzelübungen:

– Ball rollen (mit der Hand – mit dem Fuß): neben dem rollenden Ball vw laufen/rw laufen, Laufsprünge oder Pferdchensprünge ausführen, den Ball wieder aufnehmen/um den Ball laufen und den Ball nach einer ½ Drehung wieder aufnehmen
– frei im Raum laufen (vw, rw) und prellen li, re
– Innenstirnkreis: rhythmisches Prellen am Ort auch mit Zusatzaufgaben: in den Kniestand, Fersensitz, Schneidersitz, Rückenlage etc. und wieder aufstehen
– Doppelkreis, innerer Kreis geht (Aufgabe: Ball balancieren oder schwingen), äußerer Kreis prellt den Rhythmus
– um den Körper prellen
– in einem Kreis um den geprellten Ball gehen, hüpfen
– schräges Prellen am Ort, in der Seitwärtsbewegung mit Seitgalopp

● **Dehn- und Kräftigungsübungen**

Einzelübungen:

– im Stand: Ball prellen, Bein auswärts und einwärts überspreizen
– im Stand: Ball um Hüfte und Beine kreisen
– Strecksitz/Grätschsitz: Ball um die Beine rollen
– Strecksitz: Ball mit den Beinen hochwerfen
– Strecksitz: Beine gestreckt anheben, Ball unter den Beinen hin- und herrollen

Partnerübungen:

– Partner sitzen sich gegenüber, Ball mit den Füßen aufnehmen und übergeben (auch ohne Stütz der Hände)
– Bauchlage gegenüber: OK anheben, Ball zum Partner rollen oder werfen
– Rücken an Rücken stehend (kleiner Abstand): Ballübergabe beidhändig über dem Kopf, zwischen den Beinen, seitlich durch ½ Drehung des OK

Geschicklichkeits- und Koordinationsübungen:

– Ball um die Hände rollen
– Ball am Rücken hinabrollen und wieder aufnehmen
– Grätschsprung mit Prellen durch die Beine von vorn nach hinten, sofort ½ Drehung, Ball fangen
– Ball mit Knie oder Fuß prellen

2.4.3 Übungen mit dem Handgerät BAND

● **Übungen zur allgemeinen Erwärmung und Rhythmusschulung**

Einzelübungen:

– Laufen rw mit verschiedenen Bandtechniken re und li, z. B. horizontale und vertikale Schlangen vor dem Körper, Spiralen einwärts/auswärts, in verschiedenen Höhen
– Laufen vw mit den verschiedenen Bandtechniken; verschiedene Sprünge (auch durch das geschwungene Band)
– Schwünge und Kreise vw bzw. rw in der sagittalen Ebene; re, li, mit Übergeben des Bandes, mit Körperwelle
– Links- und Rechtsschwünge, Achterschwünge in der frontalen Ebene
– Schwünge bzw. Kreise in der horizontalen Ebene über dem Kopf, vor dem Körper

Die Schwünge sollten jeweils mit re und li ausgeführt werden. Typisch ist die Kombination der Schwünge mit Sprüngen, Ständen und Körperwellen. Bei der Ausführung ist auf eine genaue Bandzeichnung und eine große Bewegungsweite zu achten.

● **Dehn- und Kräftigungsübungen**

Horizontalkreisen über dem Kopf in verschiedenen Ausgangsstellungen: Kniestand, Strecksitz, Grätschsitz, Bauchlage, Rückenlage; verschiedene Verbindungen (vgl. Kap. II Pkt. 1.2)

2.4.4 Übungen mit dem Handgerät REIFEN

● **Übungen zur allgemeinen Erwärmung und Rhythmusschulung**

– Reifen frei in der Halle auslegen, verschiedene Aufgaben, z. B. um die Reifen laufen, in die Reifen springen (verschiedene Stände), setzen, auf den Reifen balancieren
– Reifen zwirbeln und anschließend frei im Raum laufen (kein Reifen darf umfallen); in den Reifen hüpfen, wieder herausspringen, dann zwirbeln

Grundtechniken:

– Schwingen und Kreisen in allen Ebenen: Über dem Kopf, um dem Körper bzw. verschiedene Körperteile, mit Übergabe; Handumkreisen
– Werfen und Fangen am Ort und im Laufen vw
– Rollen zum Partner; mit Nachlaufen und Aufnehmen, in Kombination mit Sprüngen und Ständen bzw. Körperwellen; Rollen mit Effet
– Reifendurchschläge vw und rw, mit verschiedenen Griffarten

● Dehn- und Kräftigungsübungen

– Grätschstand, Reifen in Hochhalte: Flankendehnung; OK in die Waagerechte absenken und seitlich aufdrehen
– Reifen vor dem Körper aufstellen, abwechselnd das li bzw. re Bein überspreizen
– Strecksitz: Reifen abwechselnd unter dem re und li Bein durchgeben
– Strecksitz: Reifen vertikal vor dem Körper halten, die geschlossenen Beine durch den Reifen strecken

● Geschicklichkeits- und Koordinationsübungen

– Pendelschwung sagittal im Speichgriff, Abwurf im vorderen oder hinteren (Drehung) Umkehrpunkt
– Handumkreisen im Laufen vw, mit Sprüngen
– Umkreisen von Körperteilen, z. B. Fußgelenk
– Abwurf aus dem Reifendurchschlag
– Rollen am Körper, z. B. Rollen von vorne über eine Schulter und über den Rücken. Der Reifen wird hinter dem Rücken wieder aufgenommen.
– durch den rollenden Reifen hüpfen bzw. steigen

2.5 Themenbereich TANZ

Der Themenbereich TANZ umfasst vier Tanzbereiche: Folkloretanz, Ethnischer Tanz, Gesellschaftstanz und Künstlerischer Tanz. Da pro Schuljahr zwei Tanzbereiche zu berücksichtigen sind, sind Hinweise zur Aufwärmarbeit auch für diesen Themenbereich angebracht.
Die Aufwärmarbeit für die einzelnen Tänze richtet sich grundsätzlich nach den enthaltenen Bewegungselementen, Aufstellungsformen, Fassungen etc. Diese gilt es zunächst zu analysieren, das Alter der Schüler zu berücksichtigen und das Prinzip vom Einfachen zum Komplizierten zu verwirklichen. **Dehn- und Kräftigungsübungen** hierzu vgl. Kapitel II Pkt.1.2!

2.5.1 Übungen für den Tanzbereich FOLKLORETANZ (Vera Dill)

Stundenziel: TROIKA, 5. Jahrgangsstufe
Bewegungselemente: Laufen, richtungsändernde Schlusssprünge
Aufstellungsform: Flankenkreis – Dreiergruppen, durchgefasst

– freies Laufen einzeln im Rhythmus der Musik
– zu dritt laufen
– zu dritt nebeneinander mit Handfassung laufen
– einzeln laufen
– wieder zu dritt im durchgefassten Stirnkreis laufen
– einzeln laufen, zu dritt, im Kreis
– einzeln laufen und bei Musikstopp Schlusssprünge re, li, dann weiterlaufen usw.

2.5.2 Übungen für den Tanzbereich ETHNISCHER TANZ (Vera Dill)

Zunächst muss ein Verständnis der Lebensgewohnheiten und der Kultur des jeweiligen Volkes bei den Schülern geschaffen werden. Dazu eignen sich in der Aufwärmphase die Themen:

- Bewegungsvorstellung schaffen durch Musik, Bilder, Klanginstrumente
- Körpererfahrung einzeln und zu zweit
- Körpertechniken am Ort und in der Fortbewegung

Stundenziel: Bewegungselemente aus dem AFRIKANISCHEN TANZ
Bewegungselemente: Grundstellung, Gehen mit Bewegungsvariationen nach afrikanischer Musik,
                          Grundtechniken wie Isolation, Spannung – Entspannung
Aufstellungsform: Freie Aufstellung im Raum

Aufwärmarbeit:

- Laufen im Rhythmus der Musik und dabei den Körper als Klanginstrument benutzen
- dsgl., auf Musikstopp mit einem Partner einen Klatschrhythmus entwerfen
- dsgl., abrupt stehen bleiben, Grundhaltung einnehmen und im Stand ein Körperteil weiter bewegen. Wandert dabei vom Kopf bis zu den Zehen durch den ganzen Körper!
- dsgl., im Rhythmus der Musik
- dsgl., lege dich auf den Boden und stelle dir vor, ein Körperteil klebt fest auf dem Boden: Versuche, dich um diesen Körperteil zu bewegen, ohne ihn vom Boden zu lösen.
- dsgl., springe mehrmals in der Grundstellung mit flachen Sprüngen unter Aufsetzen der ganzen Fußsohle vw und rw über eine Hallenmarkierung. Halte dich an den Musikrhythmus!
- dsgl., lauft zu dritt und nehmt immer wieder einen Schüler in die Gruppe auf
- geht in Grundhaltung im Rhythmus der Musik durch den Raum und verändert die Richtung, indem ihr zunächst den Kopf in die neue Richtung dreht und danach den Körper folgen lasst
- paarweise Aufstellung (P1 steht hinter P2): P1 berührt einen Körperteil von P2, P2 baut an dieser Berührungsstelle eine Gegenspannung auf, die er 5–8 Sekunden hält. Ohne Unterbrechung werden weitere Körperteile berührt usw. (Auch zum Abwärmen geeignet!)

2.5.3 Übungen für den Tanzbereich GESELLSCHAFTSTANZ (Vera Dill)

Stundenziel: CHA-CHA-CHA, 9. Jahrgangsstufe
Bewegungselemente: Gehen mit Bewegungsvariationen nach charakteristischer Musik
Aufstellungsform: Freie Aufstellung im Raum

- Gehen vw und rw, dabei immer mit den Fußballen zuerst aufsetzen
- dsgl., neben dem Partner hergehen und mit ihm gehen
- dsgl., auf Partner zugehen und mit ihm gehen
- nun werden Schüler abwechselnd aufgerufen, sich eine Übung zu den verschiedenen Körperteilen (von Kopf bis Fuß), die die Lehrkraft vorgibt, vorzustellen; in der Gruppe üben
- ausgewählte Übungen mit Zwischenschritten zu einer Exercise zusammenstellen
- Exercise nach Musik

In der Aufwärmphase werden alle Bewegungselemente, die Inhalt des anschließenden Stundenteils sind, spielerisch und ohne festen Ordnungsrahmen eingebracht. Einmal erlernte Grundschritte lassen sich gut als allgemeine Erwärmung einbauen.

2.5.4 Übungen für den Tanzbereich KÜNSTLERISCHER TANZ (MARION DORFNER/VERA DILL)

Stundenziel: Jazztanz
Bewegungselemente: Gehen (Exercise)
Aufstellungsform: Freie Aufstellung im Raum
Aufwärmarbeit: Nachfolgend werden 4 Beispiele einer Aufwärmarbeit vorgestellt:

1. Beispiel: Vorstellen des Themas anhand des Bewegungsspiels „In der Tierwelt":
  – versucht, die Gangarten des Panthers in verschiedenen Lebenssituationen (schleichen, fliehen, anpirschen, suchen) nachzuahmen
  – verschiedene Jazzwalks probieren

2. Beispiel: Erarbeiten einer einfachen Exercise unter Mithilfe der Schüler
  – Bewegt euch mit verschiedenen Jazzwalks frei im Raum (Wiederholung des Erlernten)!
  – Schüler werden abwechselnd aufgerufen: Die Schüler stellen eine Übung für einen Körperteil vor, den die Lehrkraft vorgibt
  – dazwischen immer wieder einzelne Gangarten üben
  – Kombination der einzelnen Übungen zu einer Exercise von Kopf bis Fuß

3. Beispiel: Exercise
  – 2. Position 4× große Kniebeuge (grand plié)
  – im plié abwechselnd re und li Ferse anheben (2×)
  – Gewichtsverlagerung nach re und li mit Schulterkreisen (Armschwung) re bzw. li
  – Gewichtsverlagerung re (4×), li Arm gestreckt nach rw oben, Blick zur Hand, Hand in den Nacken, Blick zum Ellbogen
  – $\frac{1}{4}$ Drehung des OK, Zehenspitzen zeigen nach re, Hüfte tief, rückwärtiges Bein gestreckt
  – zur Mitte kommen, Beine gebeugt, body roll (contract, release); ggf. wiederholen.

4. Beispiel: Exercise; Wiederholung einer Exercise früherer Sportstunden (Tanz)

3. Übungsformen zum Abwärmen

(MARION DORFNER/VERA DILL)

Im Bereich Gymnastik und Tanz erfolgt meistens ein Abwärmen ohne Gerät. Geeignet sind Übungen zum Entspannen der Füße und des Rückens sowie Bewegungsspiele. Auch eine auf den Hauptteil abgestimmte Auswahl an Übungen aus den Bereichen Yoga (vgl. Kapitel II Pkt. 2.3) und Stretching ist geeignet, auch Übungen zum Abwärmen bei den in Kapitel III angeführten Sportarten.

3.1 Entspannen der Füße

● Gehen auf einem Tau vw, rw, sw, mit den Fußballen, mit den Fersen, mit dem Mittelfuß
● Fußmassage mit dem Tennisball
● Füße durchkneten

3.2 Entspannen des Rückens

Ganzkörpermassage mit Tennisbällen, P1 in Bauchlage, P2 in bequemer Stellung daneben: massiert mit kreisenden Bewegungen Rücken, Arme, Beine, Fußsohlen (vgl. Kap. II, Pkt. 2.2, S. 53, 55).

3.3 Bewegungsspiele

● Wir ranken: Leg dich auf den Boden, du fängst an zu ranken, du wächst, wirst größer, beginne beim Ranken mit den Fingern und gleite dann mit deiner Vorstellung den ganzen Körper hinab zu den Zehen
● Ich bin ein Luftballon (S. 91)
● Stimmungen klatschen und erraten

Hier bieten sich auch die Methode der Dauerdehnung in Verbindung mit Beruhigungsatmung (S. 55), das Autogene Training (S. 65) oder die Entspannung durch Entspannungsgeschichten und durch geführte Phantasiereisen (S. 69) (vgl. Kapitel II Pkt. 2.2) an.

Literatur

BROICH, J.: Körper- und Bewegungsspiele. Köln: Maternus 1994[3].
BRUGGER/SCHMID/BUCHER: 1000 Spiel- und Übungsformen zum Aufwärmen. Best.-Nr. 6406; Dortmund: Verlag modernes Lernen, borgmann publishing 1994.
FRITSCH, U.: Tanzen – Sport. Reinbek: Rowohlt 1985.
HASELBACH, B.: Tanzerziehung. Klett 1991[6].
GIENGER, S.: Rhythmische Sportgymnastik. Reinbek: Rowohlt 1988.
KNEBEL, K.-P.: Funktionsgymnastik. Reinbek: Rowohlt 1985.
KROMBHOLZ/LEIS-HAASE: Richtig Tanzen I. München: BLV 1992.
MEUSEL, W.: Allerlei Bewegung. Best.-Nr. 1138; Dortmund: Verlag modernes Lernen, borgmann publishing 1995.
REICHARDT, H.: Das ist Schongymnastik. München: BLV 1993.
ROSENBERG, CHR.: Handbuch für Gymnastik und Tanz. Meyer & Meyer 1993[2].
ZIMMER, R.: Spielformen des Tanzens. Best.-Nr. 1129, Verlag modernes Lernen 1991[1].

Musikvorschläge:

Aufwärmen:	Musicals, Soundtracks, „Klassiker" der Tanzmusik und die gängige Pop-musik sind zum Aufwärmen vielfach einsetzbar. Geeignet ist jede Musik im $^4/_4$ Takt.
Gehen:	Tina Turner „Typical Male"; Whigfield „Another Day"; Madonna „Express Yourself"; Sense & Sensibility (soundtrack) „Willoughby", „Miss Grey"
Laufen:	Tina Turner „Overnight Sensation" (Federn); Hair „Aquarius/Let the Sunshine in"
Körper- und Bewegungsschulung:	Bravo Hits, die neuesten aus der Hitparade, CD; Claydermann „Concerto"; Madonna: The immaculate collection, CD; Rock-'n'-Roll-Musik
Ausdrucksschulung:	Rene Aubry, CD
Moderner Tanz:	Cutoff „Don't Stop" Thea Austin; Enigma „The Voice of Enigma"; Grace Jones: Island Life und andere Synthesizer Greatest hits
Rhythmische Sportgymnastik:	Rose Windross „Fairplay" (Seil, Hüpfer); JJ Cale „Sensitive Kind" (Ball); Kool & the Gang „Ladies Night" (Ball); Trence Trent d'Arby „Sign your name" (Gehen, Ball); Orlando (soundtrack) „Coming" (Gehen, Prellen)
Abwärmen:	Soll zum Abwärmen ebenfalls Musik eingesetzt werden, so kann auf das reiche Angebot von Entspannungsmusiken (Esoterikbereich) zurückgegriffen werden (vgl. Kap. II Pkt. 2.2.1, S. 50 f.).

PETER DÄXLE

B **Auf- und Abwärmen in der Leichtathletik**

1. Didaktisch-methodische Vorbemerkungen

Wie in allen anderen Sportarten so stellen auch in der Leichtathletik das Auf- und Abwärmen wichtige Komponenten in Bezug auf den Hauptteil einer Sportstunde dar. Besonders bei intensiver läuferischer Belastung, bei Sprungvariationen und Schnellkraftübungen kann nicht auf ein allgemeines und eventuell spezielles Aufwärmprogramm aufgrund der biologischen Funktionseigenschaften des Körpers und der Verringerung der Verletzungsgefahr verzichtet werden.

Natürlich darf in der Leichtathletik mit ihrem starken Aufforderungscharakter Bewegung im „Überfluss" entstehen, jedoch niemals während der Aufwärmphase. Vielerlei Erfahrungen zeigen, dass spielerische Aufwärmarbeit, variiert mit spezieller Aufwärmtechnik, und beruhigendes Abwärmen bis hinauf in die gymnasiale Oberstufe freudvoll ausgeführt werden.

2. Allgemeine Übungsformen zum Aufwärmen

2.1 Vorbereitende Übungsformen

2.1.1 Einlaufen mit besonderer Aufgabenstellung – spielerische Formen

Langsames Traben!

- Zahlen-, Nummern-, Buchstaben-, Wörter-, Figurenlauf, beliebige Gegenstände laufen
  Beispiele: 8; 3; 105; U, V, M, D, OTTO, Bus, Stern, Auto, Schlange, Fisch
  Kontaktlaufen: Bei Begegnung klatschen wir dem Partner in die Hand
- Pulsschätzläufe: Vgl. Kap. I Pkt. 1.2., S. 19
- Zeitschätzläufe: Vgl. Kap. I Pkt. 1.2., S. 17
- Minutenläufe: Vgl. Kap. I Pkt. 1.2., S. 19
- Kommandolaufen: (Lehrkraft oder Schüler übernimmt das K.)

K.: laufen	⇒ laufen
K.: flach	⇒ Bauchlage
K.: Bock	⇒ Bockstellung (einer darf springen)
K.: Käfer	⇒ Rückenlage (Arme und Beine zappeln in der Luft)
K.: alle Vögel fliegen	⇒ Armschwünge
K.: Tiger	⇒ alle bringen sich in Sicherheit usw.

2.1.2 Freudvolles Einlaufen mit dem Fahrradreifen (vgl. KATZENBOGNER 1992)

Geringes Unfallrisiko, denn Reifen sind rutschfest und verformbar, im Freien und in der Halle zu gebrauchen, leicht zu transportieren und umsonst in Fahrradgeschäften zu bekommen.

Langsames Laufen mit dem Reifen

- Lenkrad: Reifen gestreckt vor der Brust
- Heiligenschein: Reifen über dem Kopf
- Kaminkehrer: Reifen auf der Schulter

Kommandospiele – Reifen auf dem Boden

- jeder in einem Reifen (2, 3, 4, in einem Reifen, Absprache unter den Schülern!)
- Wer erwischt keinen Reifen? (1 oder 2 Reifen weniger als Schüler)
- in den Reifen springen: Reifen nach oben führen, zur Seite ablegen, weiterlaufen
- Reifen als Parkplatz (kurze Ruhephase für schwächere Schüler)
- Sprünge in, um und aus dem Reifen
- Hände im Reifen, Füße um den Reifen
- Füße im Reifen, Hände laufen um den Reifen
- von unten den Reifen partnerweise zuwerfen

Laufmusik gestaltet das Ganze noch schwungvoller!

Reifen übergeben (die Hälfte der Schüler besitzt einen Reifen)

- im Laufen Reifen übergeben; dem Läufer ohne Reifen zurollen
- Reifen zuerst auf den Boden legen, Läufer ohne Reifen übernimmt

Im Rhythmus laufen – Reifen liegen auf dem Boden

- beim Laufen mit dem rechten oder linken Fuß in den Reifen treten, ohne den Schrittrhythmus zu verändern
- Reifen überlaufen; Schrittrhythmus schnell wieder herstellen
- mit der rechten oder linken Hand oder mit beiden Händen die Innenfläche des Reifens berühren
- Partner in Handhaltung: beide treten wechselweise mit dem äußeren oder inneren Bein in den Reifen, ohne den Schrittrhythmus zu verändern

Beliebige Verteilung der Reifen in der Halle!

2.2 Dehn- und Kräftigungsübungen (vgl. Kapitel II Punkt 1.2)

Folgende Übungsinhalte müssen enthalten sein:

- funktionelles Dehnen der zur Verkürzung neigenden Muskulatur
- Stabilisation und Kräftigung des Rumpfes mit dem Schwerpunkt „Rückenmuskulatur"
- Mobilisation der Wirbelsäule
- Kräftigung und Mobilisation der Beine und Arme
- Kräftigung der Rückenstrecker, Gesäß- und Kniebeugemuskulatur

2.2.1 Übungsbeispiele Dehnen

- Dehnung der Abduktoren
- Dehnung der Adduktoren → Verhinderung muskulärer Dysbalancen! Vgl. Kapitel II Pkt. 1.2, S. 29 („Kniedrücker")!

Übungsformen nach der CHRS-Methode:

- sanft andehnen bis zur leichten Muskelspannung
- Anspannen mit großer Kraft, ca. 6 Sek.
- Entspannen und nachdehnen (vgl. Kapitel II Pkt. 1.2)

Die CHRS-Methode hat in der Leichtathletik, besonders im Hochleistungstraining, an Bedeutung gewonnen, obwohl zur Zeit keine wissenschaftlich fundierten Ergebnisse vorliegen. Übungsauswahl: vgl. Kapitel II Pkt. 1.2 und Literaturangebot!

Hinweis: Eine Vielzahl funktioneller Übungen aus den verschiedensten Programmen lassen sich mit dem Partner oder mit Geräten (Sprungseil, Stäben oder auch mit dem Fahrradreifen) ausführen.

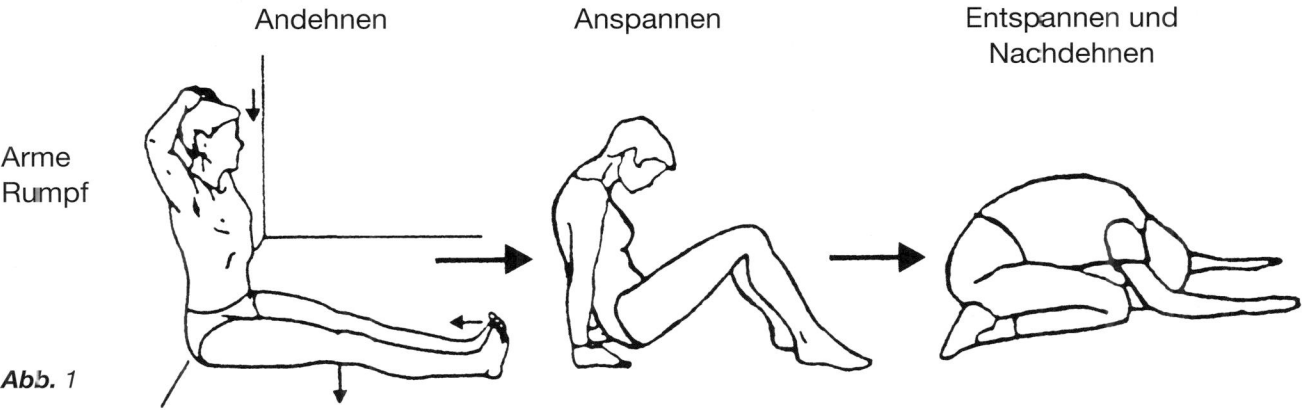

| Andehnen | Anspannen | Entspannen und Nachdehnen |

Arme
Rumpf

Abb. 1

2.2.2 Übungsbeispiele Kräftigen: vgl. Kapitel II Pkt. 1.2

3. Spezielle Aufwärmarbeit

3.1 Lauf und Sprint

Vorbemerkung:
Ohne Frage eignen sich die unter Kapitel II Pkt. 4 „Kleine Spiele zum Auf- und Abwärmen" angebotenen Aufgabenstellungen zum Teil auch für die Aufwärmarbeit im Sprint.
Besonderes Augenmerk sollte bereits in der Aufwärmphase auf rhythmische Bein- und Armarbeit gelegt werden. Unterstützend wirkt dabei Laufmusik, partnerweises Laufen und Klatschen.

Wichtig: Beginne die Aufwärmarbeit rhythmisch, mit geringem Tempo und ohne Hektik!

3.1.1 Partnerübungen

- Partner laufen im gleichen Rhythmus, Schulter an Schulter, kreuz und quer durch die Halle (Sportgelände)
- treffen sich zwei Paare, klatschen sich die begegnenden Läufer in die Hand
- ein Pärchen bildet einen Tunnel, zweites läuft hindurch – durch Zuruf wird geklärt, wer „tunnelt"
- bei Begegnung einhaken mit anschließender Drehung – weiterlaufen im Rhythmus
- partnerweise seitwärts laufen mit Kniehub – Hände auf den Schultern des Partners – oder gerader Lauf mit Kniehub
- partnerweise seitwärts laufen mit Beinkreuzen vorne und hinten
- Hopserlauf mit Partner, Arme schwingen vor und zurück
- Kniehebelauf im Stand, Hände des Partners fangen die Oberschenkel ab

Weitere Möglichkeiten:

Läufe über Langbänke, Medizinbälle, Matten, niedrige Kästen, Kartons, durch Gassen, in Reifen, um Hütchen etc.

3.1.2 Beispiel Reifenläufe

rhythmisches Laufen,
Seitstep

Achtung Gegenverkehr!

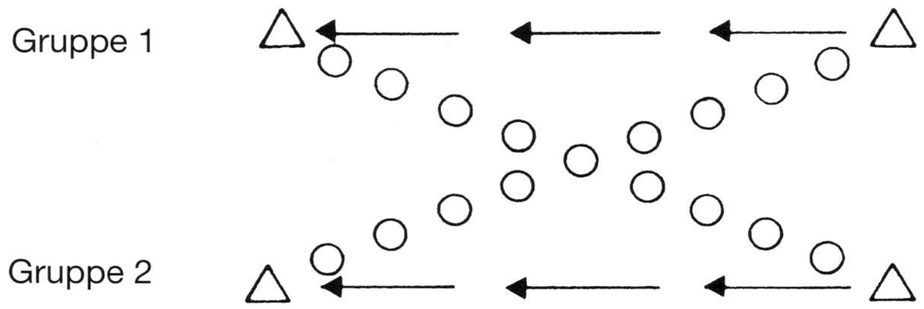

Gruppe 1

Gruppe 2

Abb. 2 Veränderungen der Reifenabstände, kein Sprunglauf!

Variationen:

- Kniehebelauf in den Reifen
- Anfersen; anfersen in jedem dritten Reifen
- Kniehub in jedem dritten, fünften Reifen

3.1.3 Beispiel Laufspiele

Am Ende eines Sprint-Aufwärm-Programmes bieten sich mitunter ein oder zwei kleine Laufspiele an.

- Überholen aus dem Traben:

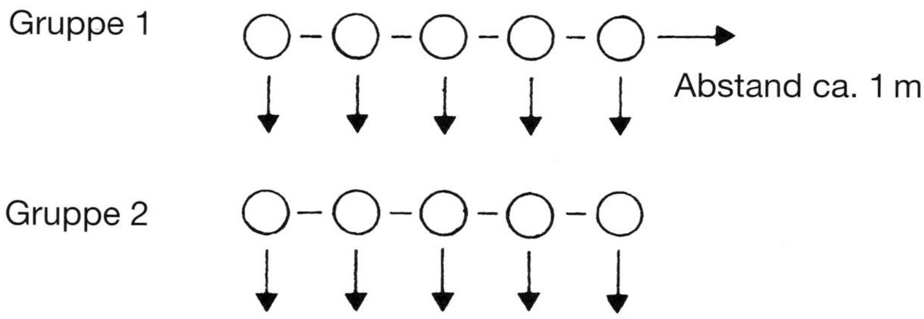

Gruppe 1

Abstand ca. 1 m

Gruppe 2

Abb. 3 Gruppe 1 versucht Gruppe 2 zu überholen

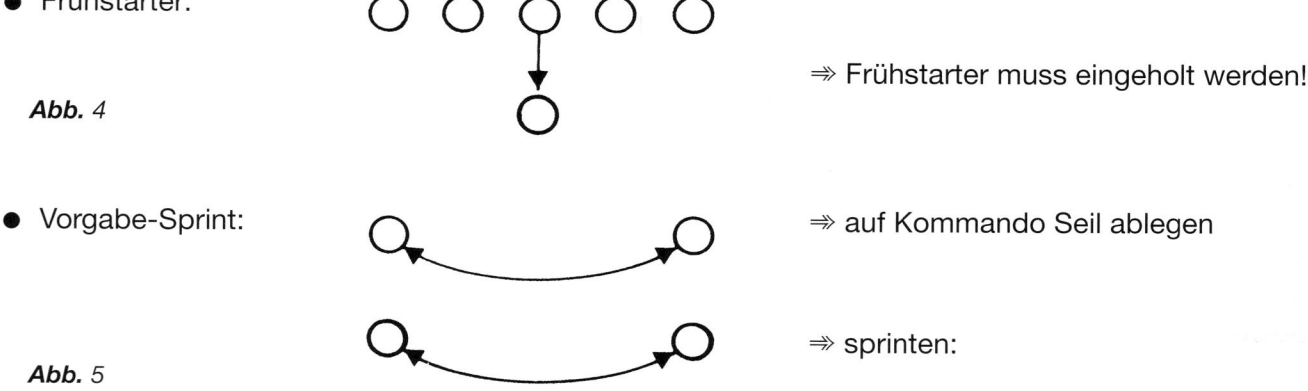

- Frühstarter:

Abb. 4

⇒ Frühstarter muss eingeholt werden!

- Vorgabe-Sprint:

Abb. 5

⇒ auf Kommando Seil ablegen

⇒ sprinten:

3.1.4 Funktionelle Dehn- und Kräftigungsübungen zum Lauf
   (vgl. Kapitel II Pkt. 1.2, S. 27 ff.)

● Dehnübungen: „Schräger Käfer" (S. 27)   „Good morning" (S. 20)
                           „Stütz die Wand" (S. 28)   „Der Kniedrücker" (S. 28)

● Kräftigungsübungen: „Total Crunch" (S. 30)   „Nackenbrücke" (S. 31)
                           „Kickback einbeinig" (S. 30)   „Statue in Bauchlage I–III" (S. 31/32)

● Zusätzliche Übungsformen können sein (vgl. LENHART/SEIBERT 1991, 288 f.):

Abb. 6

3.2   Sprung

3.2.1 Sprung allgemein

Aufwärmarbeit durch freudvolles Springen mit dem Fahrradreifen (KATZENBOGNER 1992, 64).

Übungskreis 1:   *Abb. 7*   A B

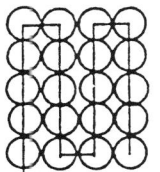  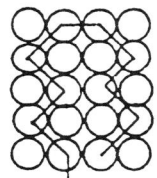   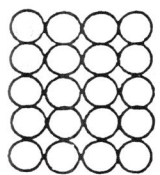

beidbeinig   beidbeinig   beidbeinig   ein Fuß im re,   beidbeinig   Eine bestimmte
einbeinig re   einbeinig re,   einbeinig re,   ein Fuß im li   Anzahl von
eine Reihe,   li oder im   li oder im   Reifen   Teilnehmern
dann li eine   Wechsel   Wechsel   Variation: m.   springt so, dass
Reihe   Partner (A, B)   immer nur einer
                                                                                                    im Reifen ist.

Übungskreis 2:   *Abb. 8*

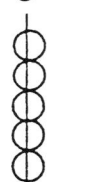   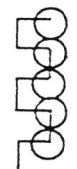   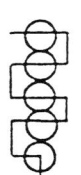   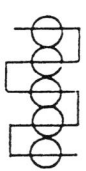   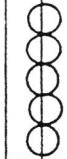

| vw, rw, sw, beid./ einbeinig oder im Seitgelopp | vw – Reifen – vw – Reifen | Reifen – li – vw – re – re – vw – li – li – vw | über R. Drehsprung re -vw- Drehsprung li – über Reifen usw. | re Fuß im R., li Fuß außen – vw springen, dann umgek. |

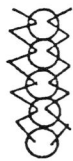   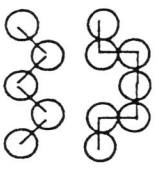   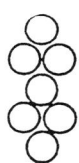   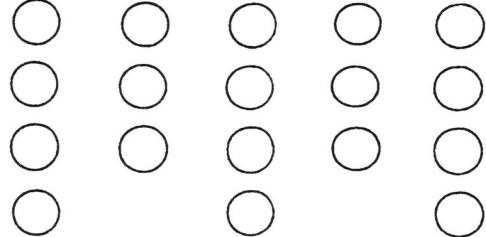

| Grätschen u. Schließen im Wechsel | Zickzack- u. Rechtwinkelsprünge | Springen mit Schließen u. Grätschen der Beine | Springen mit größeren Abständen: |

Übungskreis 3: (Katzenbogner 1992, 65).

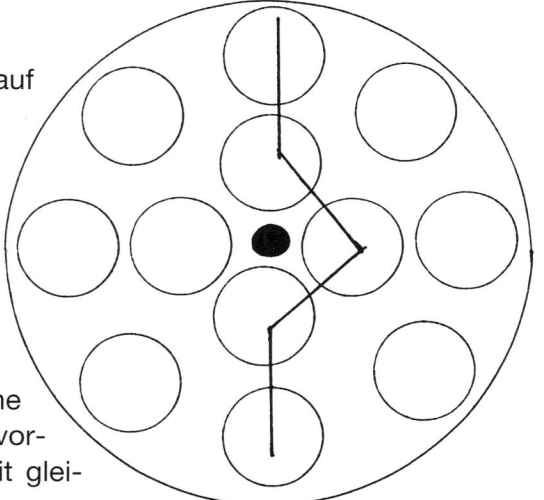

1. Springen von Reifen zu Reifen mit Zwischensprung
2. Slalomspringen (beidbeinig, Seitgalopp, Hopserlauf usw.)
3. zum Mittelpunkt springen beidbeinig (oder re hin, li zurück) und zum eigenen Reifen (R.) zurück (oder zum nächsten), auch Hopserlauf, Seitgalopp
4. Im Uhrzeigersinn um den eigenen R. springen, dann zum nächsten R. – dort wieder im Uhrzeigersinn usw.
5. außen herum zum Übernächsten (zum Dritten, Vierten oder eine Viertelrunde) springen
6. Platzwechsel: Jeder Springer in seinem R. erhält eine Nummer (bei 12 R. sollten die Zahlen 1–6 zweimal vorkommen) – auf Kommando wechseln die Schüler mit gleichen Zahlen die gegenüberliegenden Plätze
7. Bei Aufruf der Zahl 5 versuchen die beiden Schüler springend zuerst einen R., der auf dem Mittelpunkt liegt, zu erreichen und mit einer Hand den Innenraum des Reifens zu berühren.
8. Bei Aufruf der Zahl 3 versuchen die zwei Schüler mit schnellen Sprüngen um den Kreis zuerst den Platz ihres Gegenspielers zu erreichen.
9. Wer kommt mit möglichst wenig Sprüngen um den Kreis herum?
10. Platzwechsel: Schüler mit gleichen Zahlen wechseln die Plätze, dürfen aber auf ihrem Weg zum anderen Platz nur in den Reifen des Innenraumes landen.

3.2.2 Hochsprung – Flop/Stundenbeispiel

Abb. 9

Aufwärmen:

- allgemeines Aufwärmen, vgl. S. 169
- Bogenspannung zur Lattenüberquerung
- Kosakentanz im Liegestütz rücklings
- 2 Schritte ⇒ Absprung, ¼ Drehung, Arme ziehen nach oben
- Rückenlage ⇒ Kick ⇒ L-Haltung einnehmen (Abb. 9)
- Partnerübung: Absprung beidbeinig gestreckt nach hinten, Partner blockt mit Händen im Schulterbereich
- Laufübungen: Kniehebelauf im Kreis (Linie als Vorgabe) oder Kniehebelauf in Reifen, um Stäbe; Kurvenlauf in Reifen oder um Stäbe

Hauptteil: Erlernen der Floptechnik an zwei Hochsprunganlagen

- Geräteaufbau: Weichboden

Abb. 10

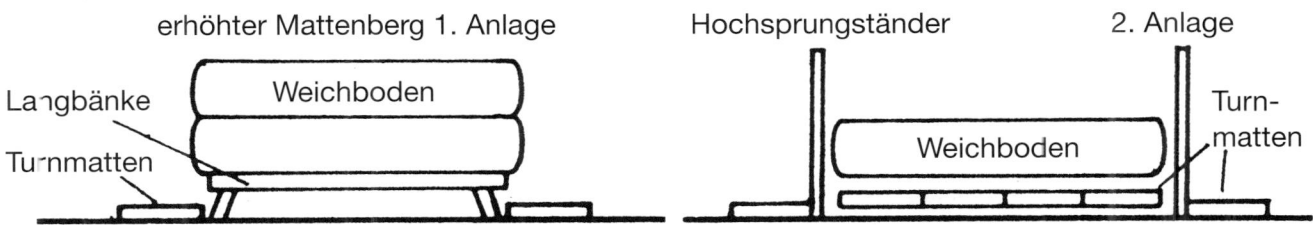

- Anlaufschulung: 4 kraftvolle Schritte auf der Geraden (Markierungen), 3 Schritte auf vorgezeichnetem Bogen ⇒ Innenneigung
- Standflop: auf erhöhte Mattenanlage; festhaken mit den Unterschenkeln am Mattenberg ⇒ Anlage 1
- Schersprünge: aus dem bogenförmigen Anlauf mit verschiedenen Aufgaben, Landung im Sitz, Landung im Langsitz, Landung im Sitz mit Blick zur Latte ⇒ Anlage 2
- Flopsprünge: mit 7 Schritten Anlauf (bogenförmig 3 Schritte) auf den Sprunghügel ⇒ Anlage 1
- Flopsprünge: mit 7 Schritten Anlauf über die Latte mit gezielter Verbesserung der technischen Elemente: Absprung, Lattenüberquerung, Landung ⇒ Anlage 2

Abwärmen: Vgl. Kapitel II Pkt. 2.2 „Entspannungstraining" (S. 49)

3.2.3 Weitsprung

Sprungvariationen: Mattensprünge, Sprünge über kleine Kästen, Sprünge über Langbänke, Sprünge in Reifen, Sprünge über Seilgassen, Sprünge über Medizinbälle, Durchlaufen einer Kastentreppe mit gezieltem Absprung, Rope Skipping

Funktionelle Übungen zum Weitsprung (REUTER 1994, Teil 4/S. 3–6):

Abb. 11

  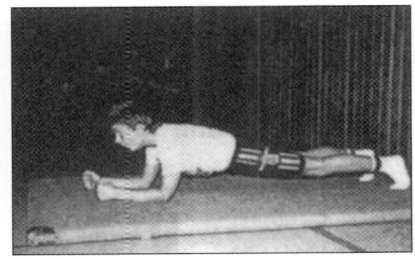

3.3 Wurf

In unserem Lebensbereich wird es für Kinder immer schwieriger, unbeschwert im Freien das Werfen mit Steinen, Holzstücken, Bällen zu üben. Es hat sich deshalb im Schulsport besonders günstig erwiesen, das Werfen in den verschiedensten Variationen anzubieten (MEDLER 1993, 132–152).

Für die **Aufwärmarbeit** eignen sich alle Wurfarten wie Schlagwurf, Drehwurf, Schockwurf vorwärts und rückwärts, Einwurf und Druckwurf.

Wurfgeräte: Bälle, Ringe, Reifen, Keulen (Vorsicht!!)

Programm A:

Geräte: Je zwei Schüler ein Medizinball, Band für Hallenteilung, eventuell Musik. (Gewicht der Bälle auf das Alter der Schüler abstimmen!)

In der Halle werden halb so viele **Medizinbälle** verteilt wie Schüler vorhanden sind:

- alle Schüler laufen durch die Halle (Musik!), auf Pfiff muss ein Ball erobert und über den Kopf gehalten werden
- Ball unter der Schnur (2 Gruppen): Bälle müssen unter dem Band hindurchgerollt werden und die Hallenwand berühren → Punkte! Halle längs geteilt
- zwei Partner versuchen sich festhaltend an einem Medizinball über eine Linie zu ziehen
- Partner sitzen sich gegenüber; einer klemmt den Ball zwischen die Füße und dreht sich einmal um die eigene Achse; Übergabe des Balles an den Partner

Funktionelle Übungen **ohne Gerät:**

- Partner stehen sich gegenüber und drücken mit gestrecktem Arm gegeneinander
- Partner liegen Seite an Seite auf dem Rücken, Kopf entgegengesetzt; gestreckte Beine werden gegeneinander gedrückt

Weitere Übungsformen vgl. Abbildungen (REUTER 1994, Teil 4/S. 2 u. 5):   ***Abb. 12***

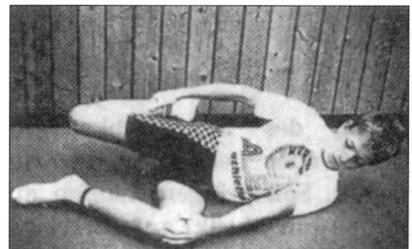  

Programm B:

Geräte: Tennisbälle oder Schweifbälle, 2 Bälle pro Schüler

- Schüler gehen oder traben durch die Halle und werfen sich einen Ball zu (Vorsicht: nur leichte Würfe!)
- Partner bewegen sich im Seitstep und werfen links – rechts, Kreisbahn in der Halle
- Kirschenpflücken: Schüler werfen sich im Abstand von ca. 3–4 m Bälle zu und „pflücken" sie links – rechts
- Aufpraller: Ein Partner wirft den Ball senkrecht auf den Boden, der andere fängt und wirft
- in Gegenüberstellung: zwei Bälle gleichzeitig fangen, Abstand ca. 3–4 m

Weitere Beispiele zum Wurf vgl. „Übungen mit dem Reifen"

4. Übungsformen zum Abwärmen (Cool-down)

Eine Trainingseinheit in der Leichtathletik wird im Leistungs- und Hochleistungsbereich seit einigen Jahren mit einem speziellen und individuellen Abwärmprogramm beendet; dies umfasst meist eine aktive und eine sich anschließende passive Phase.

Für den leichtathletischen Schulsport bedeutet die **aktive** Cool-down-Phase ein beruhigendes, freudvolles Spiel, ein spielendes Aufräumen der Geräte, Auslaufen (Gehen) nach Musik, Stretchübungen, aktive Entspannungsatmung, progressive Muskelentspannung (vgl. Kapitel II Pkt. 2.2 „Abwärmen"!).

Die **passive** Phase vollzieht sich auf dem Weg in die Kabine, beim Waschen oder Duschen, im Abschlussgespräch in der Halle, auf der Wiese oder im Umkleideraum. 5 Minuten am Ende einer Stunde genügen, um die Schüler in gelockerter Atmosphäre aus dem Sport zu entlassen.

4.1 Lauf und Sprung

- „Bei Lauf- und Sprungstunden" bietet sich entspanntes Traben in der Halle oder im Freien – im Sommer barfuß – an
- Besonders bewährt hat sich das rhythmische Auslaufen partnerweise; lassen Sie dabei Gespräche zu!
- Beim Auslaufen in der Gruppe darf ein Schüler eine Geschichte erzählen.
- Wurden viele Geräte verwendet, so können zunächst im Laufschritt die leichten Geräte, im Gehen die schweren aufgeräumt werden. Matten bleiben in der Halle. 2 Schüler pro Matte legen sich auf den Rücken und schließen die Augen. Beruhigungsatmung (bei Berührung durch die Lehrkraft räumen die Partner ihre Matte auf)!
- Ruhige Spiele, z. B. „Ochs am Berg": ein Spieler steht mit dem Rücken zur Gruppe an einer Hallenwand; die Gruppe steht an der gegenüberliegenden Seite und schleicht sich an; nach dem Ruf „Ochs am Berg" darf sich der einzelne Spieler schnell umdrehen und alle, die sich noch bewegen, zurückschicken.

4.2 Wurf

Spiele:

- **Freies Pferd:**   Die Hälfte der Schüler bildet einen Kreis in Bankstellung (Abstand ca. 1 m), die andere Hälfte sind Reiter; sie stellen sich in Grätschstellung über den Rücken der Pferde; ein Pferd bleibt unbesetzt; ein Reiter außerhalb des Kreises muss nun auf das freie Pferd gelangen; die anderen Reiter versuchen, dies durch Pferdewechsel zu verhindern; Läufer muss sich um den Kreis bewegen

- **Schere, Stein, Papier:**   2 Partner stehen sich an der Mittellinie gegenüber; auf Kommando-„Zeichen" → Schere, Stein, Papier verfolgt das stärkere Zeichen das schwächere.

- **Versteinern:**   Schüler laufen nach Musik in der Halle, Musikstopp – die Kinder stehen wie versteinert.

- **Wildschweinrennen:**   Lehrkraft läuft mit Schutzschild (Matte) vor der Hallenwand hin und her; Schüler versuchen von bestimmter Markierung aus, viele Treffer auf dem Schutzschild anzubringen. Bälle: Volleybälle, Gymnastikbälle

- **Jonglieren**

Hinweis:

Es gibt eine Vielzahl von Spielmöglichkeiten zum Ausklang der Stunde. Achten Sie in Ihrer Auswahl darauf, inwieweit der Stundenschwerpunkt bewegungsintensiv war oder mehr die Technikschulung im Vordergrund stand.

4.3 Übungen zum Ausklang der Stunde

- lockeres Vor- und Rückschwingen eines Beines; Gegenbewegung der Arme; Sprint – Sprung
- Rückenlage: Partner zieht die Arme langsam nach oben; schüttelt anschließend die Arme aus; Wurf
- Rückenlage: Ablegen der angewinkelten Beine links und rechts; Sprung – Wurf
- Kauersitz: allgemeine Entspannung
- Hakenlage: Lauf – Wurf – Sprung
- Strecksitz: Lauf – Wurf – Sprung

Übungen zur Atemtechnik im Liegen oder Sitzen und zur progressiven Muskelentspannung (Spannung 5–7 Sek.; Entspannung ca. 30 Sek.; 2 Wiederholungen); vgl. Kapitel II Pkt. 2.2

5. Zusammenfassung

- Die Aufwärmarbeit, allgemein oder speziell, sollte in der Leichtathletik so oft wie möglich spielerisch erfolgen.
- Ca. 4 Dehnübungen pro Unterrichtsstunde genügen.
- Beginnen Sie die Einstimmung der Stunde und den Schwerpunkt nicht mit „vollem Tempo!"
- Gestalten Sie das Abwärmen je nach Stundenschwerpunkt wiederum spielerisch oder beruhigend!

> **Die Ausführungen nehmen bezüglich der Übungsauswahl keine Rücksicht auf das Alter der Schüler; denn was z. B. für eine sportliche 7. Klasse machbar ist, kann sich für eine unbegabte 10. Klasse als zu schwierig erweisen. Entscheiden Sie also selbst, welche Übungen für Ihre Jahrgangsstufe geeignet sind!**

Literatur:

BAYER. STAATSMINISTERIUM FÜR UNTERRICHT, KULTUS, WISSENSCHAFT UND KUNST (BayStmfUKWK): Konzept für staatliche Lehrerfortbildung für Betreuer von Schulmannschaften in Leichtathletik (LG-Nr. 298/37). München 1989.

–: Konzept für staatliche Lehrerfortbildung; Fachlehrplan Sport für das Gymnasium – Lernbereich Gesundheit. München 1992.

–: Sicherheitserziehung und Unfallverhütung im Sportunterricht der weiterführenden Schulen/Leichtathletik. München: WS4 1996.

Bucher, W.: 1000 Spiel- und Übungsformen zum Aufwärmen. Schorndorf: Hofmann 6/1994.

FREIWALD, J.: Aufwärmen im Sport. Reinbek: Rowohlt 1991.

HABERKORN, C.: Leichtathletik. Lehrerkolleg. München: TR-Verlagsunion 1979.

HABERKORN, C./PLASS, R.: Leichtathletik 1 und 2. Frankfurt. Diesterweg u. Sauerlander 1992.

KATZENBOGNER, H./MEDLER, M.: Spielleichtathletik, Teil 1: Laufen und Werfen. Neumünster: Medler 1993.

KATZENBOGNER, H.: Spielerisches Lernen, Üben und Trainieren. Aus Schule und Verein 1992.

KNEBEL, K.-P.: Funktionsgymnastik. Reinbek: Rowohlt 1985.

KEYDEL, H.: Ganzkörpergymnastik als Aufwärmprogramm. Lehre der Leichtathletik 1980.

LENHART, P./SEIBERT, W.: Funktionelles Bewegungstraining. Oberhaching: Sportinform 1991.

MAEHL, O./HÖHNKE, O.: Aufwärmen. Ahrensburg: Rowohlt 1987.

MEDLER, M.: Leichtathletik, Spiel- und Wettkampfformen. Neumünster: Sportbuch-Verlag 1993.

REUTER, M.: Fertig ausgearbeitete Unterrichtsbausteine für das Fach Sport. Kissing: Weka Fachverlage 1994.

SÖLVEBORN, S.: Das Buch vom Stretching. München: Mosaik 1983.

Lehrerfortbildung audiovisuell
Sport

WS 4

Sicherheitserziehung und Unfallverhütung im Sportunterricht der weiterführenden Schulen

Leichtathletik

(Das Video kann bestellt werden bei: Bayerischer Gemeindeunfallversicherungsverband, 80791 München)

Abbildung: BayStmfUKWK 1996, 47

WALTER EISENMANN

 Auf- und Abwärmen beim Schwimmen

1. Didaktisch-methodische Vorbemerkungen

Verschafft man sich zu diesem Thema einen Überblick über die gängige Schwimmliteratur, so stellt man fest, dass dem „Aufwärmen" sehr wenig Platz gewidmet ist und Hinweise für das „Abwärmen" kaum gegeben werden. Entweder wird Aufwärmen mit Einschwimmen gleichgesetzt, oder es wird nur angedeutet, dass zusätzliches Muskeldehnen und Lockern der Muskulatur vor dem Schwimmtraining bzw. -wettkampf von Nutzen sei. Abwärmen wiederum wird meist in Form des ruhigen Ausschwimmens durchgeführt. Von einigen Autoren wird noch angegeben, dass ein Dehnen der vorher am meisten beanspruchten Muskeln zur schnelleren Erholung dient. Das heißt nun aber nicht, dass Aufwärmen und Abwärmen bei den Schwimmern einen sehr geringen Stellenwert hätten; denn jeder auch nur einigermaßen zielbewusste Aktive führt selbstständig Dehnübungen und sein Einschwimmprogramm durch.

Eine Möglichkeit, das Thema „Aufwärmen" zu gliedern, findet sich im Konzept für Lehrerfortbildung im Schwimmen II (BayStmfUKWK 1985, 83), wo im Rahmen eines Stundenbildes drei Varianten für die Aufwärm-(Einstimm-)phase vorgeschlagen werden:

- belebender Auftakt in spielerischer Form
- Wiederholung von bereits gelernten Bewegungsabläufen
- bewegungsvorbereitende Übungen

Da insgesamt für eine Schwimmstunde nur relativ wenig Zeit bzw. für das Aufwärmen meist nicht mehr als 5–10 Minuten zur Verfügung stehen, ist es normalerweise nicht möglich, mehr als eine der oben angeführten Formen anzuwenden.

2. Übungsformen zum Aufwärmen

2.1 Bewegungsvorbereitende Übungen (Ganzkörperübungen, Dehnübungen)

Mit diesen Übungen wird das Ziel verfolgt, die Muskeln vorzuwärmen, vorzudehnen und die Beweglichkeit in den Gelenken zu erhöhen. Zudem soll die Körpertemperatur auf einen höheren Wert gebracht werden. Dies „fördert und beschleunigt das Erlernen bestimmter Bewegungsfertigkeiten (Techniken), reduziert die Verletzungsgefahr, erleichtert einen optimalen Muskeleinsatz ... und verbessert innerhalb eines gezielten Bewegungsablaufes das Wechselspiel zwischen Be- und Entlastung" (BECKMANN o. J., 86).

Bei diesen Übungen soll aber auch bedacht werden, welche Schwimmart etc. in der folgenden Stunde schwerpunktmäßig im Vordergrund steht bzw. welche Anforderungen damit an die Beweglichkeit gestellt werden. Wo die Beweglichkeit besonders groß sein muss, zeigt die folgende Tabelle:

Schultergelenke	vor allem Rücken- und Delphinschwimmen
Fußgelenke	alle Lagen
Hüft- und Kniegelenke	vor allem Brustschwimmen
Brust- und Lendenwirbelsäule	vor allem Delphinschwimmen und modernes Brustschwimmen

Es würde bei weitem über den Rahmen dieses Beitrages hinausgehen, würde man die zahlreichen Möglichkeiten aufzählen, sich an Land auf das nachfolgende Wasserüben/-training vorzubereiten. Deshalb soll hier nur ein Überblick gegeben werden, umso mehr, da erfahrungsgemäß ein Aufwärmen an Land im Schulsport kaum stattfindet und größtenteils auch die äußeren Gegebenheiten ein solches kaum zulassen. Es erscheint deshalb sinnvoller, die Beweglichkeit der betreffenden Gelenke beim Sportunterricht zu verbessern und vor der Schwimmstunde nur ein kurzes Dehnen und Lockern durchzuführen. Auf Kräftigungsübungen wird in der Schwimmhalle verzichtet, sie werden regelmäßig im Sportunterricht durchgeführt.

Ganzkörperübungen, Dehnübungen

Am Anfang sollten einige Ganzkörperübungen stehen, wie z. B. Hüpfen am (trockenen) Ort, auch mit Anhocken oder „Hampelmänner" (Beachte: Rutschgefahr auf glatten Fliesen!). Danach schließen sich Dehnübungen für die verschiedenen Körperpartien an:

- Schultergürtel (z. B. Schulter- und Armkreisen)
- Rumpf (Vor-, Rück- und Seitbeugen; Beckenkreisen)
- Fuß (Beugen und Strecken im Stand bzw. im Sitzen)
- Kniegelenk (Schrittknien mit Vorschieben der Hüfte und Anfersen).
  Bei dieser Übung ein Handtuch, mehrmals eingeschlagen, unter das Knie legen!
- Handgelenk (passives Überstrecken und Beugen)

Will man die Muskeln gezielt und intensiv dehnen, so ist dies nur vor einem Training im Rahmen eines 5–10-minütigen Aufwärmens möglich; denn ein längeres Üben vermindert den Muskeltonus derart, dass in der Trainingsphase oder bei einem Wettkampf keine optimalen Leistungen mehr erreicht werden können. Dabei bieten sich heute zahlreiche Methoden an, die im Kapitel II Pkt.1.2 „Didaktisch-methodische Grundsätze des Aufwärmens" (Seite 9) angeführt sind.

Für den Schulbereich erscheint es sinnvoll, aus diesem Übungsangebot einige Übungen als Standardprogramm mit den Schülern einzuüben und dieses vor dem Training oder in Kurzform auch vor dem Wettkampf selbstständig durchführen zu lassen. Dies setzt allerdings voraus, dass die Übungen von den Schülern richtig beherrscht werden.

Im Folgenden seien nur einige Übungen aufgeführt (vgl. Übungsauswahl I, S. 21 ff.):

- „Schräger Käfer" (S. 27)
- „Good morning" (S. 20)
- „Der Türsteher" (S. 27)
- Dehnung der Oberschenkelbeuger, des großen Gesäßmuskels, der langen Rückenstrecker, der Außenrotatoren der Schulter und der großen Brustmuskeln (BayStmfUKWK 1991, 32):

Abb. 1

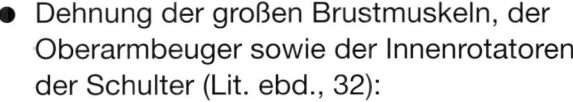

- Dehnung der großen Brustmuskeln, der Oberarmbeuger sowie der Innenrotatoren der Schulter (Lit. ebd., 32):

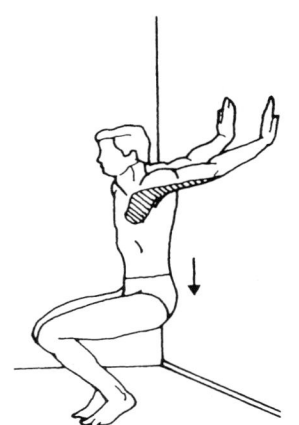
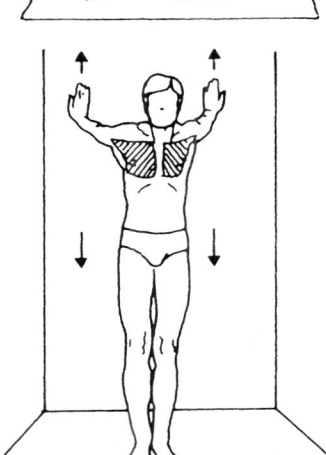

Abb. 2

● Dehnung der Adduktoren
und Gesäßmuskeln, teil-
weise der Achillessehnen
(Lit. ebd., 33):

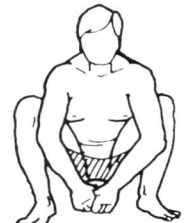

***Abb.** 3*

● Dehnung der Oberschenkel-
strecker und der Hüftbeuger
(Lit. ebd., 33):

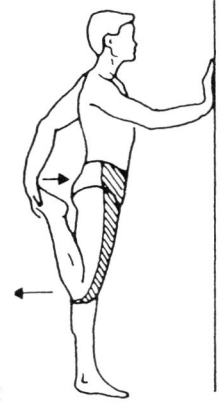

***Abb.** 4*

2.2 Einschwimmen

Mehr noch als vorbereitende Übungen an Land ist das **Einschwimmen** ein wesentlicher Bestandteil bei der Vorbereitung auf das Training und den Wettkampf. Selbst jene Aktiven, die Dehnübungen nahezu vollständig ausfallen lassen oder nur andeutungsweise ausführen, stimmen sich mit einigen 100 Metern lockeren Schwimmens auf die Trainingsarbeit und den Wettkampf ein. Auch für Schüler, die am Differenzierten Sportunterricht in Schwimmen teilnehmen, sollte das Einschwimmen zur Selbstverständlichkeit werden.

Grundsätzlich unterscheidet sich das Einschwimmen für das Training von dem für den Wettkampf. Im **Training** wird meist nur eine erhöhte Pulsfrequenz (120–140 Schläge/ Minute) durch eine langsam gesteigerte Aktivität und das subjektive Empfinden größerer Leistungsbereitschaft angestrebt. Vielfach gilt es auch, zuerst einmal vom Alltag (Schulstress) abzuschalten und so einen harmonischen Übergang zu den höheren Leistungsforderungen im Hauptteil einer Schwimmstunde zu schaffen.

Einschwimmen sollte nicht immer nur gleichmäßiges BAHNENSCHWIMMEN sein; denn oft endet dies bei großer Klassenstärke, bei unterschiedlicher Leistungsfähigkeit der Schüler, bei der Unfähigkeit vieler Schüler geradeaus zu schwimmen, bei dem Drang, bereits nach 20 m zu wenden, und bei den wenigen zur Verfügung stehenden Bahnen in einer Schwimmhalle im Chaos. Es erscheint nur dann angebracht, wenn nicht mehr als 10 Schüler auf einer Bahn üben. Ausreichend ist es dabei im Allgemeinen, bis zu 8 Bahnen schwimmen zu lassen, bei besserer Kondition auch 12 bis 16. Dies kann in gleichmäßigem Tempo geschehen, mit einer leichten Steigerung jeweils nach 100 m oder auch nach der Fahrtspielmethode.

Im Klassenverband sinnvoller ist das Schwimmen in WELLEN, in dem man z. B. 3–6 × 25 m schwimmen und die Schüler wieder zum Startplatz zurückgehen lässt. Um die Reihe der Wartenden nicht allzu lange werden zu lassen, kann man jede Bahn mit 2 Schwimmern besetzen. Dies ist allerdings beim Brustschwimmen problematisch und beim Delphinschwimmen auf Grund der Schwingungsweite der Arme nicht möglich. Man muss die Schüler anfangs darauf hinweisen, dass es bei dieser relativ kurzen Übung nicht auf die absolute Geschwindigkeit, sondern auf das technisch saubere Schwimmen ankommt. Dies gilt umso mehr beim Schwimmen mit Zeitnahme. Weiterhin ist zu berücksichtigen, dass die Besten in der ersten Welle, die Nächsten in der zweiten usw. schwimmen, so dass jeder ohne Behinderung sein eigenes Tempo einhalten kann.

Ideal ist es in den unteren Klassen (bis etwa 6. Jahrgangstufe), wenn QUERBAHNEN (10 m) zur Verfügung stehen. Auf Grund des größeren Platzes an der Längsseite des Beckens kann man dadurch im Normalfall alle Schüler gleichzeitig beschäftigen. Günstigerweise beginnt die Lehrkraft das Einschwimmen in Form einer Endlosstaffel (3 Schwimmer je Staffel, ca. 3 Minuten), um den ersten „Tatendrang zu bändigen". Rücksichtnahme ist dabei die einzige Vorgabe (Delphinschwimmen!). Danach kann man gezielt Aufgaben stellen, wobei man an die vorhergegangene Stunde anknüpfen kann (z. B. Kraulbeinschlag mit und ohne Brett). Nach dieser Wiederholung kann die Lehrkraft zu neuen Aufgaben überleiten.

Bei der Vorbereitung auf eine **Leistungsabnahme** oder einen **Wettkampf** ist das Einschwimmen differenzierter. Nach ruhigem Schwimmbeginn wird die Intensität gesteigert und letztlich einige 25-m-Strecken (bei Langstreckler, wenn möglich, auch 50 m) auf Zeit geschwommen. Besitzt der Schwimmer schon ein gutes Tempogefühl, hat die erzielte Zeit eine leistungsbezogene Aussagekraft. Anschließend sollten noch drei bis vier Bahnen locker ausgeschwommen werden. Insgesamt wird so vor einem Wettkampf eine Gesamtstrecke von ca. 400 m erreicht.

Allgemeines und differenziertes Einschwimmen müsste im Training vorgeübt sein. Ferner ist zu beachten, dass der Schwimmer beim Einschwimmen für einen Wettkampf besonders auf die Techniken zurückgreift, die nachfolgend geschwommen werden. Eine Einschränkung gilt noch für das Delphinschwimmen: hier muss mehr Wert auf technische Übungen (Übungen zur Koordination, für den Beinschlag) gelegt werden, so dass die in der Schwimmart Delphin zurückgelegte Strecke nicht zu umfangreich sein sollte.

2.3 Belebender Auftakt in spielerischer Form

Kleine Spiele sind vor allem in den unteren Klassen eine ideale Möglichkeit zur Einstimmung und Aufwärmung am Anfang einer Schwimmstunde. Durch den Einsatz von Schwimmhilfen ist die Anzahl der **Übungen** nahezu unbegrenzt. Zu berücksichtigen ist allerdings, dass dabei nicht gegen bestehende Vorsichtmaßnahmen und Baderegeln des Schwimmbades verstoßen wird. Welche Übungen zur Anwendung kommen, hängt auch im hohem Maße von den Gegebenheiten im Schwimmbad selbst ab. Gerade für die unteren Klassen ist es wichtig, dass die Kinder stehen können, d. h. es muss ein Lehrbecken oder ein flacher, abgegrenzter Teil im Hauptbecken vorhanden sein. Oftmals muss man sich mit anderen Lehrkräften absprechen (es können ja keine Längsbahnen geschwommen werden); dies sollte allerdings das geringste Problem sein.

Kleine Spiele können zweckfrei sein; ebenso besteht aber die Möglichkeit, gezielt auf die Lernphase vorzubereiten. Als Beispiel seien hier Staffelformen angeführt, wo Übungen der vorhergegangenen Stunde zur Anwendung kommen (Beinschlag, mit und ohne Brett; Armzug mit Pull-Buoys; Beginn des Schwimmens mit Hechtschießen; letztlich ganze Lage). Mit einfachen Ballspielen, die die Kondition fördern, lässt sich zudem auch das Wasserballspiel vorbereiten.

(BayStmfUKWK 1997, 97 ff. Diese Lehrerhandreichung „Schwimmen" ist über die Bayerische Landesstelle für den Schulsport in München zu beziehen.)

2.3.1 Lauf- und Fangspiele

„Begrüßungsspiel"

Die Schüler bewegen sich frei durchs Wasser und begrüßen jeden Mitspieler mit Handschlag. Bei Pfiff oder Musik-Stopp zeigt der Lehrer ein Körperteil (Fuß, Bauch, Rücken, Kopf, Fo etc.), mit dem sich die Schüler bei Zusammentreffen berühren.

„Wer hat Angst vor dem Wassermann?"

= „Schwarzer Mann": Zwei gegenüberliegende Seiten werden auf der gesamten Breite als Freischlagraum festgelegt. Auf der einen Seite befindet sich ein Schüler als „Wassermann", der durch seine Frage „Wer fürchtet sich vorm Wassermann?" die Mitschüler auffordert, die Beckenseite zu wechseln. Der Wassermann versucht, möglichst viele Schüler abzuschlagen, die dann ebenfalls zu Fängern werden. Der letzte freie Schüler darf das nächste Spiel eröffnen.

„Zauberfische"

Alle Schüler verteilen sich im Becken. 2–3 Zauberfische stoßen die Kinder mit Schwimmbrettern an (Abschlag), diese erstarren zu Korallen (schwingen im Stand die Arme in Hochhalte hin und her). Die

Korallen werden erlöst, indem die Mitspieler z. B. durch die gegrätschten Beine tauchen oder die Hand abschlagen (= Befreiung).

„Kettenfangen"

Ein Schüler eröffnet als Fänger das Spiel. Er versucht, einen anderen abzuschlagen und nimmt diesen an der Hand. Jetzt bemühen sich beide gemeinsam, weitere Schüler zu fangen und die Kette somit zu vergrößern.
Variation: Fangen bis zur Viererkette, trennen zu zwei Paaren, weiterfangen bis zur Viererkette usw."

„Atomspiel"

Die Schüler bewegen sich frei durchs Wasser und bilden auf Pfiff oder Musik-Stopp Gruppen, die der Anzahl der gezeigten Finger des Lehrers entsprechen.

„Tabu"

Fangspiel, bei dem der Mitspieler nicht gefangen werden darf, wenn er eine bestimmte Position, z. B. Ballettbein oder Wassertreten mit einem Arm aus dem Wasser o. Ä., einnimmt.

„Mannschaftsverfolgungsrennen"

Vier Schülergruppen starten in „ihrer" Ecke des Schwimmbeckens, laufen an den Rändern entlang und versuchen, die vor ihnen laufende Mannschaft zu erreichen. Dabei müssen alle Gruppenmitglieder zusammenbleiben.

„Seeschlangenwettlauf"

4 Kinder in Hüftfassung bewegen sich vorwärts.

2.3.2 Ballspiele

„Haltet die Seite frei"

In zwei Spielfeldern schwimmen viele Bälle. Die Schüler versuchen bis zum Abpfiff möglichst viele Bälle in das gegnerische Feld zu werfen.

„Parteiball"

Zwei Parteien (z.B. 4:4): Jede versucht, durch genaues Zuspiel möglichst lange in Ballbesitz zu bleiben. Erobert der Gegner den Ball, so kommt dieser in Ballbesitz.

„Treibball"

Zwei Parteien versuchen, einen oder mehrere Bälle mit Hilfe von Schwimmbrettern an die gegnerische Seite zu befördern. Schlagen und Werfen ist nicht erlaubt!

„Seitenwechsel"

Zwei Parteien nehmen an den Stirnseiten des Beckens Aufstellung. Jeder Schüler besitzt eine Ball, den er, ohne ihn mit den Händen zu berühren, auf die andere Seite transportieren soll. Wer hat mit allen Spielern und Bällen zuerst die Seite gewechselt?

„Wasserball mit mehreren Bällen"

Da ohne Torwart gespielt wird, werden 2 „Torezähler" benannt. Besondere Regel: Der Ball darf nur 3 Sekunden gehalten werden.

„Sammelkönig"

Zwei Parteien nehmen an den Stirnseiten des Beckens Aufstellung. In der Mitte des Beckens befinden sich verschiedene Gegenstände (Schwimmbretter, Noodles, Ringe, Bälle, Reifen etc.). Sammelkönig wird die Mannschaft, welche am meisten Gegenstände auf ihre Seite (Beckenrand) gebracht hat. Auf jeder Bahn darf immer nur ein Gegenstand transportiert werden.

2.3.3 Partner- und Gruppenschwimmen

● Synchronschwimmen zu zweit oder zu mehreren:
  - 3 Züge Brust, Winken mit der rechten Hand, 3 Züge Brust, Winken mit der linken Hand;
  - 3 Züge Brust, 3 Tauchzüge etc.;
  - 3 Züge Brust, Rolle um die Längsachse, 3 Züge Brust, Rolle vorwärts;
  - 3 Brustbeinschläge in Rückenlage, Ballettbein etc.;
  - 4 Züge Brust, 4 Züge Kraul (bzw. Kraularmzüge im Gehen) etc.
● Mit dem Partner in Handfassung schwimmen und tauchen
● Nachahmungsschwimmen

2.3.4 Laufen, Springen oder Hüpfen auf verschiedenen Raumwegen

● auf runden Raumwegen, z. B. Schnecke
● auf eckigen Raumwegen, z. B. Buchstaben
● Polonaise schwimmen

2.3.5 Singspiele mit Bewegung

● Kleine Volkstänze im Gehen oder Schwimmen, z. B. Breakmixer, Jiffy Mixer etc.
● „Alle meine Entchen"
  „Alle meine Entchen": Kinder hüpfen im Wasser
  „schwimmen auf dem See": Kinder gehen vw und paddeln dabei mit den Armen
  „Köpfchen in das Wasser": tauchen kurz unter (2 Gruppen abwechselnd)
  „Schwänzchen in die Höh": heben ein Bein rückwärts aus dem Wasser
● „Was müssen das für Bäume sein"

2.3.6 Übungen zum Entwickeln des Wassergefühls

- Schwimmen mit Fäusten, gespreizten Fingern, gestreckten Fingern
- mit angezogenen Füßen Kraul schwimmen
- mit gestreckten Füßen Brust schwimmen

2.3.7 Koordinationsübungen

Koordinationsübungen sind im Schwimmen häufig anspruchsvoll!
Manche sind erst durchführbar, wenn der Schwimmstil entsprechend gefestigt ist. Zur Schulung der Koordination sind sämtliche Kombinationsmöglichkeiten von Arm- und Beinbewegungen denkbar:

● eine Bahn schwimmen, unterwegs 3–5 Rollen vorwärts im Wasser ausführen,
● eine Bahn schwimmen und sich dabei auf den Rücken und wieder zurück drehen,
● Rückenschwimmen mit Bein-, aber ohne Armtätigkeit, die Arme liegen neben dem Körper und die Hände paddeln mit,

- langsames Kraulschwimmen, dabei streift der Daumen bei der Überwasserphase die Achselhöhle,
- nahe am Beckenrand Kraul schwimmen, was den „hohen" Ellbogen unterstützt,
- langsames Kraulschwimmen, bei jedem dritten Atemzug bei der Überwasserphase auf der gegenüberliegenden Seite Richtung Gesäß ins Wasser langen,
- eine Bahn Brust schwimmen, dabei einen Tischtennisball vor sich herblasen,
- Schwimmen mit Flossen und/oder Paddels
- schwimme mit möglichst wenigen Brustzügen eine Bahn
- zähle deine Armzüge beim Kraul- oder Rückenschwimmen und versuche die nächste Bahn einen Armzug weniger zu brauchen
- transportiere einen Wasserbecher in der Hand oder auf dem Brett, ohne Wasser zu verschütten.

2.3.8 Spaß mit der „Noodle"

Für je drei Schüler zwei Noodles: Dreiergruppen halten sich jeweils seitlich an zwei Noodles fest und gehen/laufen/hüpfen vorwärts oder rückwärts durch das Wasser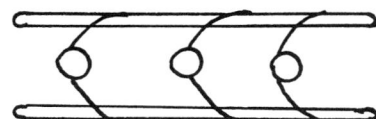

Varianten: Bei Musik-Stopp oder Pfiff

- steigt der Hintere aus dem „Zug" aus und wechselt in ein anderes „Abteil" (Gruppe)
- taucht der Mittlere unter den Noodles in ein anderes Abteil
- taucht der ganze Zug unter
- hängen sich alle Waggons aneinander und bilden einen langen Zug

Der mittlere Schüler darf die Beine anhocken und wird dadurch „getragen", die beiden anderen Schüler ziehen ihn durchs Wasser.

Varianten:

- Der mittlere Schüler sitzt bequem auf den Noodles, Arme und Beine hängen nach außen
- Der mittlere Schüler liegt quer zu den Noodles auf dem Bauch
- Der mittlere Schüler liegt quer zu den Noodles auf dem Rücken

„Schäfflertanz"

Die Hälfte der Schüler bildet im schultertiefen Wasser einen Innenstirnkreis. Die Kinder halten Noodles wie Torbögen. Die anderen Schüler laufen, schwimmen oder tauchen im Uhrzeigersinn durch diese Bögen hindurch.
Die stehenden Kinder bestimmen die Höhe der Torbögen.
Wechsel der Gruppen nach akkustischem Signal.

2.3.9 Aquarobic

- Gymnastik mit Musik nach Vorbild des Lehrers oder eines Schülers

3. Übungsformen zum Abwärmen

Dem in anderen Sportarten üblichen Abwärmen kommt das **Ausschwimmen** am nächsten. Dabei soll ruhig und gleichmäßig solange geschwommen werden, bis „die Pulsfrequenz wenigstens 100 unterschreitet" (WILKE 1979, 73).

Ausschwimmen ist umso wichtiger, je härter die vorausgegangene Trainingsbelastung z. B. durch Intervalltraining oder Tempowiederholungsschwimmen war. Entweder werden dabei 5–10 Minuten lang einige Bahnen langsam geschwommen, oder man beendet das Training mit einer leichten Serie. Letzteres hat den Vorteil, dass man im Schulbereich die Schwimmer besser unter Beobachtung hat. Oft fehlt aber die Zeit bzw. ein Schwimmbecken zum Ausschwimmen. Hier bieten sich Dehnübungen insbesondere für die Hauptantriebsmuskeln (Trizeps, Quadrizeps, Schulterrotoren) an. Die Übungen sind dabei im Wesentlichen die gleichen, die auch in der Aufwärmphase verwendet werden. Sie können aber länger gehalten werden, da sich keine wettkampfmäßige Forderung mehr anschließt.

Kleine Spiele im Wasser eignen sich aber genauso gut, eine Schwimmstunde zu beschließen. Es wird sehr von dem vorhergehenden Lern- oder Trainingsteil abhängen, wie die letzten Minuten des Unterrichts ablaufen sollen. Nach hartem Training ist unbedingt eine ruhige Phase nötig; umgekehrt bietet sich nach konzentriertem Üben (z. B. von Wenden) ein bewegterer Ausklang an.

Weitaus öfters klingt aber eine Schulstunde im Schwimmen mit **anderen Übungsformen** aus. Entweder wird das Gelernte in spielerischer Form, z. B. Staffeln, angewandt oder es erfolgt die Bewertung der Schülerleistungen im Schwimmen. Dabei sollte aber nicht auf Zeit geschwommen werden, sondern die einzelnen Schüler schwimmen noch einmal technisch korrekt eine kurze Strecke vor. Danach werden noch einige Dehnübungen durchgeführt.

Etwas rasanter und durchaus im Sinne der Kinder gestaltet sich das Stundenende, wenn man noch einmal einen **Wettbewerb**, sei es eine Staffel (versuche immer gleichstarke Mannschaften zu bilden; dies setzt aber die Kenntnis der Fähigkeiten der Schwimmer voraus) oder ein Wettspiel ansetzt. Er löst in freudvoller Stimmung die Spannung des intensiven Übens. Auch nach einer Staffel oder einem Wettspiel sollten noch einige Dehnübungen nach der Methode der Dauerdehnung in Verbindung mit der Beruhigungsatmung ausgeführt werden (mindestens 3 Minuten), um den Puls wieder abzusenken.

Sollte sich keine weitere Sportklasse im Schwimmbad befinden, so könnte zum Ausklang eine kurze Geschichte (Phantasiereise) erzählt werden.

● **Phantasiereise**

Dabei liegen alle in Rückenlage (mit Schwimmbrett oder Noodle unter dem Rücken) im Wasser. Vgl. Kapitel II Pkt. 2.2, S. 69 ff.

● **„Wir zeichnen auf die Wasseroberfläche"**

Alle liegen in Rückenlage (mit Schwimmbrett oder Noodle unter dem Rücken) im Wasser. Durch Paddelbewegungen mit den Händen neben der Hüfte und kraftlosen Flossenschlägen werden die von der Lehrkraft oder vom Mitschüler genannten Formationen geschwommen.
Beispiele: Drehungen; in Kopfrichtung schwimmen; 6 Schüler bilden einen Stern (Köpfe im Mittelpunkt, Füße im Zentrum, mit Handfassung), alle Schüler liegen nebeneinander in einer Linie etc.

● **Akrobatik im Wasser**

Gruppen zu je 5–7 Schülern bauen eine Pyramide (mit oder ohne Geräte). Nach einer bestimmten Übungszeit (z. B. 5 Minuten) zeigen die Gruppen ihre selbst gestalteten Formationen.

● **Kunststücke**

„Toter Mann" in Bauch- oder Rückenlage, „Qualle" (sich im Wasser klein wie eine Kugel machen), Zuber (Rückenlage, Anziehen der Unterschenkel Richtung Gesicht, Unterschenkel bleiben auf der Wasseroberfläche), Rolle vw, Handstand.

Literatur:

ANDREAS, P.: Schwimmen, Lernen – Trainieren – Kämpfen. Frankfurt: Limpert 1963.

BAYERISCHES STAATSMINISTERIUM FÜR UNTERRICHT, KULTUS, WISSENSCHAFT UND KUNST (BayStmfUKWK): Lehrerforbildung für den Sportunterricht in Bayern 1985, Konzept für Fortbildung im Schwimmen II (LG-Nr. 28/333). München 1985.

–: Lehrerfortbildung für den Sportunterricht in Bayern. Schwimmen. München 1997.

–: Konzept für Betreuer von Schulmannschaften im Schwimmen (LG-Nr. 41/326). München 1991.

BECKMANN, R.: Zur Trainingspraxis Schwimmen. Wolfsburg: Beckmann o. J.

BRUNNER/KNEBEL/WIRTH: Konditionstraining des Schwimmers. Berlin, Frankfurt, München, Berlin: Bartels & Wernitz 1976.

BUCHER, W.: 1000 Spiel- und Übungsformen zum Aufwärmen. Schorndorf: Hofmann 1993.

–: 1001 Spiel- und Übungsformen im Schwimmen. Schorndorf: Hofmann 1989.

COUNSILMAN, J. E.: Schwimmen. Bad Homburg: Limpert 1975.

FREITAG, W.: Schwimmen. Hamburg/Reinbek: rororo 1977.

FUCHS, G.: Skriptensammlung zur Trainerausbildung Schwimmen. München: Bayer. Schwimm-Verband 1977.

GARRATT, P.: Gymnastik für Schwimmer. Bockenem: Fahnemann 1981.

GIEHRL, J.: Richtig schwimmen. München, Wien, Zürich: BLV 1981.

LEWIN, G., ET AL.: Schwimmsport. Berlin: Sportverlag 1967.

PFEIFER, H.: Schwimmtraining im Verein. Berlin: Sportverlag 1993.

POPESCU, A.: Schwimmen. München, Bern, Wien: BLV 1978.

SCHRAMM, E., ET AL.: Sportschwimmen. Berlin: Sportverlag 1987.

VOLCK, G.: Schwimmen in der Schule. Schorndorf: Hofmann 1982.

WAEGBER, N./GIES K.-G.: Schwimmen: Grundschule – Sporttechniken. München: Humboldt 1984.

WEISS, N.: Gestalten im Schwimmunterricht. Manuskript zur Lehrerfortbildung „Spielen und Gestalten im Schwimmunterricht an Grundschulen", 1998

WILKE, K.: Schwimmen. Düsseldorf: Bagel 1979.

WILKE, K./MADSEN, Ö.: Das Training des jugendlichen Schwimmers. Schorndorf: Hofmann 1983.

ZEITVOGEL, M.: Aquatraining. Hamburg/Reinbek: rororo 1992.

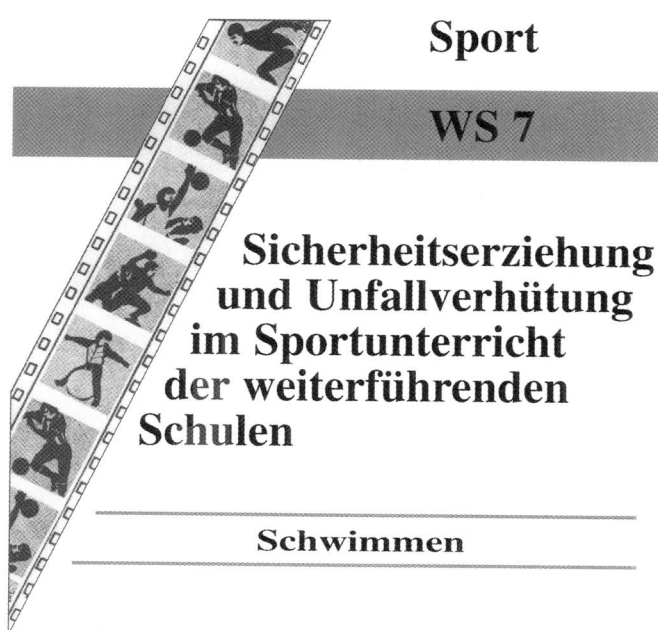

Das Video kann bestellt werden bei: *Bayerischer Gemeindeunfallversicherungsverband, 80791 München*

PETER DÄXLE

 Auf- und Abwärmen beim Turnen an Geräten

1. Didaktisch-methodische Vorbemerkungen

Ohne Zweifel hat das Turnen an Geräten in den letzten Jahren in Schule und Verein stark an Beliebtheit verloren.

Zum einen haben sich im Freizeitbereich völlig andere sportliche Aktivitäten in den Vordergrund geschoben, zum anderen werden auch heute noch turnerische Elemente zu einseitig angeboten und durchgeführt. Turnen an Geräten erfordert zudem eine gewisse Stützkraftkomponente, die bei übergewichtigen Kindern nicht mehr gegeben ist. Dabei kann Turnen an Geräten vielerlei Bewegungserfahrungen und -erlebnisse vermitteln. Es kann unterstützend andere Sportarten fördern und es schafft, vorausgesetzt richtig und sinnvoll trainiert, eine stabile Körperhaltung. Auf- und Abwärmen beim Turnen an Geräten bedeutet deshalb spielerischen und ungezwungenen Umgang mit den Geräten, freudvollen Einstieg und Ausklang der Turnstunde, partnerschaftliches Üben an den Geräten und dynamisches Turnen in der Gruppe.

2. Übungsformen zum allgemeinen Aufwärmen

2.1 Vorbereitende Übungsformen

- Herz-Kreislauf-Aktivierung
- Spielformen zur Schulung koordinativer Fähigkeiten (vgl. Kapitel II Pkt. 3, S. 86)
- Kleine Spiele (vgl. Kapitel II Pkt. 4, S. 90)

2.2 Dehn- und Kräftigungsübungen

(vgl. Kapitel II Pkt. 1.2, S. 27)
Ausgiebiges Dehnen ist nach wie vor charakteristisch für das Aufwärmen im Gerätturnen, dies gilt besonders für die Vereinsarbeit.

Folgende Effekte sollen u. a. dabei erzielt werden:

- Verbesserung der allgemeinen Beweglichkeit und Kraftfähigkeit
- Vergrößerung der erreichbaren Gelenkwinkel
- Verletzungsprophylaxe durch Erhöhung der Körpertemperatur

Je nach Altersstufe sollen die entsprechenden Dehnmethoden angewandt werden („wiederholtes Dehnen" in allen Jahrgangsstufen, ab Jahrgangsstufe 6 die Methode durch Anspannung der Antagonisten und ab der 10. Jahrgangsstufe die CHRS-Methode, vgl. Kapitel II Pkt. 1.2)
Allgemein gilt für jede turnerische Aufwärmarbeit: **Erst dehnen, dann kräftigen!**

3. Spezielles Auf- und Abwärmen

3.1 Spielformen zum Turnen

3.1.1 Aufwärmen

(Spiele zur Musik: Bei Musik-Stopp müssen bestimmte Aufgaben erfüllt werden!)

- Bibi Blocksberg
  - „Hex, hex, alle Kinder sind weg!"   → verstecken
  - „hex, hex, alle Kinder stehen Kopf!"   → Zappelhandstand
  - „hex, hex, alle Kinder drehen sich im Kreis!"   → im Ballenstand drehen
  - „hex, hex, wir fliegen durch den Wald!"   → Standwaage

- McDonalds-Spiel:
  - „Hamburger"   → Fahrstuhlpyramide
  - „Cheesburger"   → Bankpyramide
  - „Pommes frites"   → paarweise zur Bauchlage mit Handfassung
  - „Chicken Mac Nuggets" → 4 Schüler bilden einen Kreis

3.1.2 Abwärmen

In Gruppen stellen die Schüler aus den Spielformen selbstständig erdachte Übungen zusammen und führen sie aus.

3.2 Turnen am Boden

3.2.1 Aufwärmen

- Partnerübungen:
  - Laufübungen in verschiedenen Variationen (Hopserlauf mit und ohne Handhaltung; Umkreisen des Partners; Seitstep mit Handhaltung; rhythmisches Laufen nebeneinander; rhythmisches Laufen hintereinander; Schlusssprünge; Schattenlaufen mit turnerischen Elementen wie Sprünge mit Drehungen, Spreizsprünge, Grätschwinkelsprünge etc.
  - Rad über den Partner in Bankstellung
  - Bocksprünge über den Partner
  - Grätschsprünge über den Partner
  - in Gegenüberstellung Rolle vw und Grätschspringen im Wechsel
  - Partnerschaftliches Turnen: Vor- und Nachturnen (**Abb.** 1)

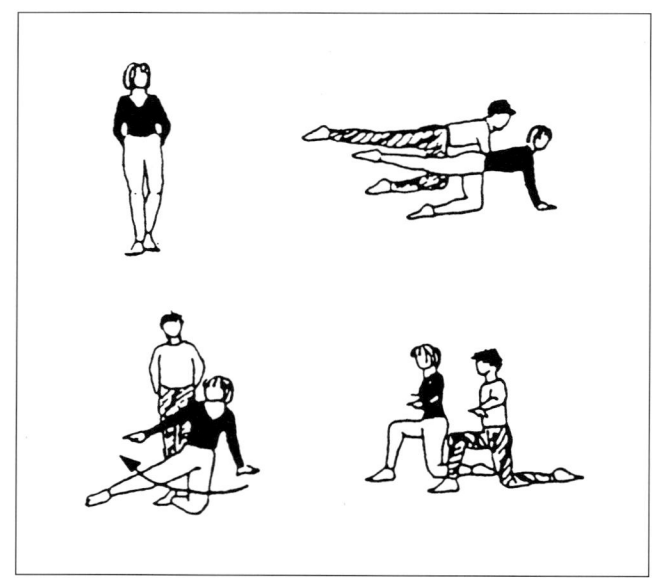

Abb. 1: Partnerschaftliches Turnen (BRUCKMANN 1992, 40)

● Komplexübungen (**Abb.** 2)
 – aus der Bauchlage,

– aus dem Liegestütz vorlings (vl), langsame Bewegungsausführung!

– aus dem Liegestütz rücklings (rl),

– mit dem Partner. Matten unterlegen!

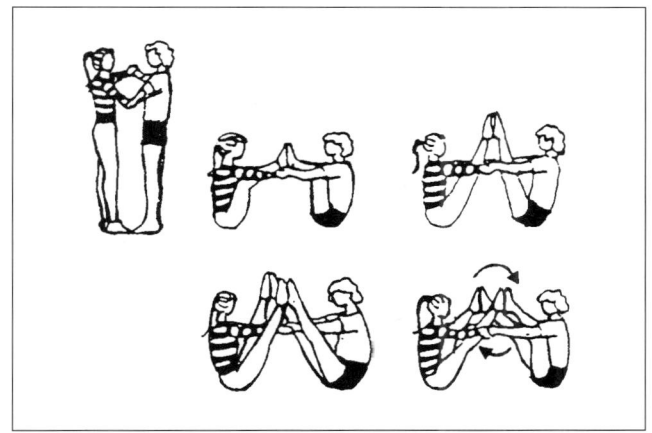

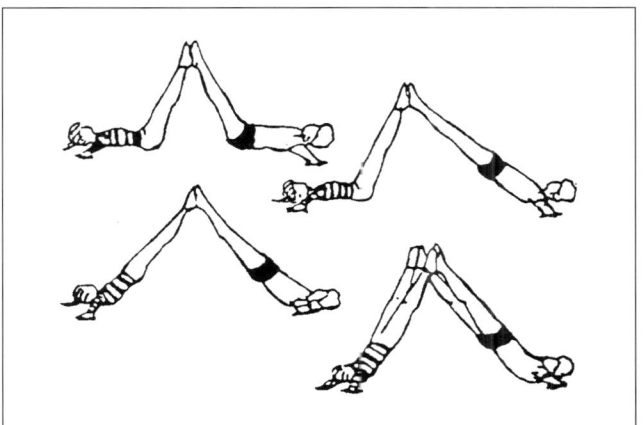

Abb. 2: Komplexübungen (Bʀᴜᴄᴋᴍᴀɴɴ 1992, 35/42)

– Beutelratte: In Rückenlage den Partner in Bankstellung mit Beinen und Armen umklammern, Vierfüßlergang – Partnerwechsel (Vorsicht! Nur kurze Strecke; langsamer Gang!)

3.2.2 Abwärmen
 (vgl. Kapitel II Pkt. 2.2, S. 49!)

Trefft den Schwanz: (10–14-Jährige)
Zwei Mannschaften werden zusammengestellt, wobei eine Gruppe einen großen Kreis bildet; die andere tritt in den Kreis und bildet eine Schlange (Hüftfassung). Diese Schlange windet sich, um den letzten Schüler zu schützen, der von den Angreifern (großer Kreis) mit einem weichen Ball abgeworfen werden soll. Rollentausch!

Alternativen:

Stretchübungen auf den Matten, Meditation, Austraben (je nach Hauptteil) oder Bewegungskunststücke wie Bankpyramide.

3.3 Turnen am Reck

3.3.1 Aufwärmen

- Stange kniehoch
  - über die Stange laufen, umdrehen, unten durch und zurück (Vorsicht, langsames Tempo!)
  - Hocksprung über die Stange; Hocksprung mit halber Drehung
  - Balancieren auf der Stange, vorwärts (vw), rückwärts (rw), stehen (ein-, zweibeinig)
  - Sitzen, Liegen auf der Stange

- Stange brusthoch
  - Stange überwinden (Fuß aufsetzen!)
  - Stützsprünge mit Rückschwung in den Stand
  - 5 Sek. mit gebeugten Armen und angezogenen Beinen an der Stange hängen
  - Hüftabzug aus dem Stütz – Traben zu einem Umkehrpunkt – erneuter Hüftabzug

Abb. *3a/b:*
Aufwärmen in der Gruppe (BRUCKMANN *1992, 94*)

- Stange reichhoch
  - Schwingen mit Niedersprung beim Rückschwung
  - Schwingen im Beugehang
  - ruhiges Hängen, Partner zieht die Beine des Hängenden nach unten
  - Zug in den Sturzhang
  - Baumeln im Kniehang

Aufwärmen in der Gruppe (jedes Alter) (**Abb.** 3a)
  - Gruppe A turnt, B hüpft locker auf der Stelle
    Variation (**Abb.** 3b): Ristgriff, Durchhocken der Beine und rw überdrehen zum Stand, Rolle rw; andere Gruppe
  - Sprung zum hanghohen Reck aus dem Minitrampolin oder vom Kasten (**Abb.** 4)

Abb. *4: Sprung zum Reck (Bruckmann 1992, 97)*

3.3.2 Abwärmen (vgl. Kapitel II Pkt. 2.2, S. 49!)

- z. B. entspanntes Gestalten am Reck, z. B. hängen, hangeln, schwingen
- „Metronom": Stange fassen, Gruppe wirft in Gassenaufstellung einen Schüler über den Handstand in die Hände der Fängergasse (ab 14 Jahre!)

3.4 Turnen am Barren und Stufenbarren

3.4.1 Aufwärmen am Barren

- Quer zum Gerät:
  - Überwinden der Holme in verschiedenen Variationen, mit Bodenkontakt zwischen den Holmen und ohne
  - Unterlaufen der Holme ohne Berührung der Matten unter dem Barren
  - Liegestützwandern rl vw, vl rw / rl vw, rl rw
  - Durchstützeln im Seitstütz (auf einem Holm) und im Querstütz

- Gruppenturnen:
  - auf Kommando geht der Erste einer Gruppe am Barrenanfang in eine bestimmte Ausgangslage (Grätschsitz, Stand auf den Holmen etc.); der Zweite schlüpft unten durch und sitzt oder steht vor ihm; Abbauen der Gruppe von hinten bis zum Sitz am Boden vor dem Barren (auch zum Abwärmen geeignet!)

Abb. 6: Gruppenturnen am Barren (BRUCKMANN 1992, 156)

Achtung:
Schräg unter dem Barren herausturnen!

- zu zweit; aus dem Sitz am Boden in den Grätschsitz auf dem Barren und zurück zum Sitz am Boden (3×)

Abb. 7: Gleichzeitiges Aufwärmen (BRUCKMANN 1992, 203)

Abb. 5: Gruppenturnen am Barren (BRUCKMANN 1992, 157)

- (Barren möglichst breit gestellt!) Übende stehen nebeneinander (**Abb.** 5); springen in den Stütz, Abschwingen nach hinten zur Hockstellung, Rolle vw unter dem ersten Holm, Aufrichten, Sprung in den Stütz, Abzug vw in den Stand (max. 3–4 Schüler/Barren)
- 2 Gruppen stehen sich am Barrenende gegenüber; eine Gruppe bewegt sich auf dem Barren stützend vw, die andere turnt unter dem Barren hindurch (**Abb.** 6)

- zu dritt gleichzeitig aufwärmen (**Abb.** 7):
  A und A1 stehen in der Holmengasse und schwingen die Füße auf den niederen Holm (nH).
  B steht im Außenseitstand vl mit Ristgriff am hohen Holm (hH), hockt die Beine über den nH zum Liegehang durch. A, A1 und B beginnen gleichzeitig (auf Kommando!): A/A1 turnen nebeneinander einen Abzug vw in den Stand; B greift um zum Ristgriff am nH und turnt aus dem Sitz Überdrehen rw in den Stand. Übung wiederholen!

3.4.2 Aufwärmen am Stufenbarren

- Überwinden der Holme von beiden Seiten
- Unterlaufen der Holme
- Balancieren am niederen Holm (Geländer!)
- Sturzhang mit Griff an beiden Holmen
- am oberen Holm hangeln
- Holme umklettern:

  Ausgangsstellung: *Schrägstand unter dem hH mit Zwiegriff am hH* (**Abb.** 8a)

  – mit Aufsetzen eines Fußes in den Außen-quersitz auf den nH schwingen und ab-springen

  – mit Aufsetzen eines Fußes den nH über-winden (Formung zum Unterschwung in Schrägrichtung möglich)

  – beide Füße auf den nH setzen und mit $\frac{1}{8}$ Drehung zum hH aufwinden, Abzug vw am hH, Hockwende über den hH oder nach hinten über den nH abspringen

– Absprung und Beinschwung über den nH zum Sitz auf dem nH, Griffwechsel zu nH und abspringen (Formung zum „Abschnep-pern" möglich)

– mit Aufsetzen eines Fußes auf den nH den Körper zum kurzzeitigen Sitz auf den Holm schwingen und niederspringen (Formung zum Unterschwung möglich)

– Beinschwung zum Sitz auf den nH, Griff-wechsel zum nH, durch den Kniehang rw abschwingen zum Hangstand mit den Hän-den auf dem Boden, die Beine senken (rw überschlagen) und Rolle vw, um den Kopf nicht am Holm zu stoßen; aus dem Sitz kann auch Überdrehen rw zum Stand ge-turnt werden

– mit Abdruck eines Beines vom nH Hüftauf-schwung in den Stütz am hH, mit Aussetzen eines Fußes Unterschwung über den nH

3.4.3 Abwärmen am Barren und Stufenbarren

- Pendeln, entspannen (**Abb.** 9)

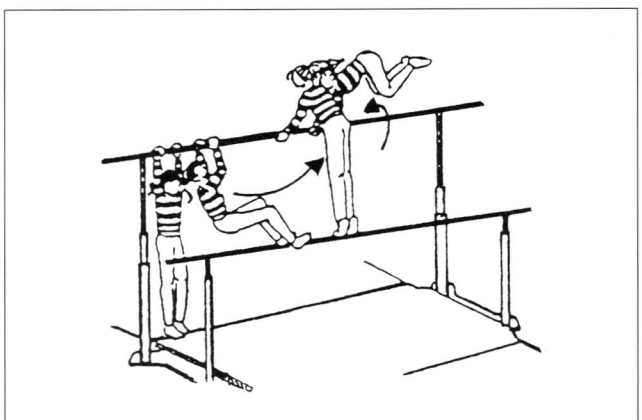

Abb. *8a:*
Aufwärmen am Stufenbarren (Bruckmann *1992, 200*)

Ausgangsstellung: *Außenseitstand hinter dem hH mit Ristgriff am hH* (**Abb.** 8b)

Abb. *8b:*
Aufwärmen am Stufenbarren (Bruckmann *1992, 200*)

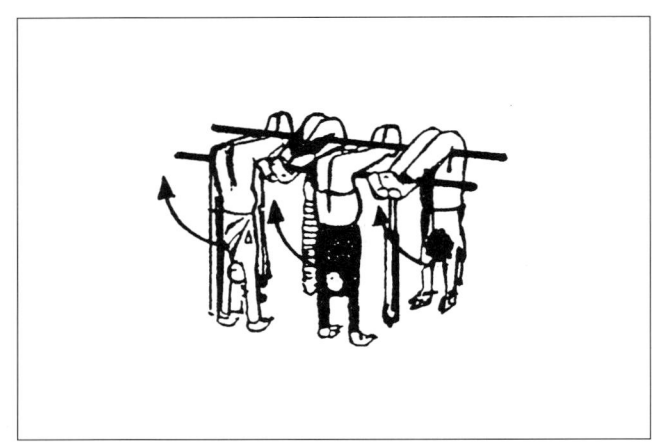

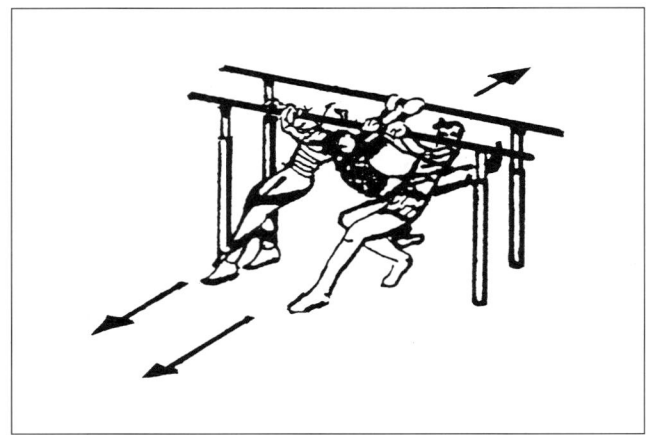

Abb. 9: *Abwärmen am Barren* (Bruckmann *1992, 162*)

● ruhiges, konzentriertes Abwärmen:
  – 2 Partner stehen auf den Holmen, Hände fassen, Wechseln der Holme
  – 2 Partner stehen auf den Holmen, Hände fassen, einbeinig stehen, evtl. Augen schließen oder Standwaage (nur für Geübte; max. 2 Schüler/Holm)
● freudvolles Abwärmen mit Minitrampolin (MT) und Weichboden (WM):
  Federn im Minitramp mit Stütz am Barrenende (evtl. bis Handstand), Überfallen auf WM, die auf dem Barren liegt.

Stretching! Atemübungen!
Vgl. Kapitel II Pkt. 2.2, S. 49

3.5 Turnen an den Ringen

3.5.1 Aufwärmen

Anmerkung:
Auf gute Mattensicherung achten; nur geringe Schwungweiten erlauben, denn Ringeturnen belastet die Hände! Sicherung des Turners durch Hilfestellung gewährleisten!

Übrigens:
Auf- und Abwärmarbeit an den Ringen eignet sich für den Hauptteil der Stunde an den verschiedenen Geräten!

● Kniehohe Ringe:
  – in den Ringen stehen;
    Partner hilft beim Anschaukeln
  – Stand in den Ringen
    ⇒ Grätschen der Beine, Kreisel, Arme halten Ringseile am Körper
  – Stand in den Ringen
    ⇒ Beine geschlossen, Druck der Arme gegen die Ringseile
  – Stand in den Ringen
    ⇒ Grätschen der Beine und Öffnen der Arme
  – im Liegestütz in den Ringen, Armbeugen, Armstrecken vl oder rl
    (Vorsicht: Auf Hüfte achten!)
● Schulterhohe Ringe
  – Sprünge in den Stütz
  – Wechsel zwischen Sturzhang und Strecksturzhang
  – im Hang Beine kreisen

3.5.2 Abwärmen (freudvoll!)

● Schaukeln im Sitz bei hüfthohen Ringen (Vorsicht, keine weiten Schaukelausschläge!)
● Stand in den schulterhohen Ringen; Wechseln in den Stand auf die Schultern eines am Boden stehenden Partners (Ringseile als Stütze benutzen!)
● mit Minitrampolinunterstützung:
  nach Absprung aus dem MT die schaukelnden Ringe fassen (Vorsicht: Mattensicherung!)
● Stretchen, entspannen, spielen; vgl. Kapitel II Pkt. 2.2, S. 49!

3.6 Turnen an der Langbank

Ebenso wie die Ringe eignet sich auch die Langbank vorzüglich als Gerät für die Aufwärmarbeit. Die Bänke müssen allerdings sicher stehen und dürfen nicht umkippen.

3.6.1 Aufwärmen

● Bänke umlaufen, überlaufen, überspringen; auf der Bank in den verschiedensten Variationen und Aufstellungsformen laufen
● längs über die Bank; Wechsel zwischen Grätschstand und Schlussstand auf der Bank
● Vierfüßlergang:; Spinne; Häschensprünge; Rückenlage mit Beinschub

Die Plakate „Der Klammergriff als Drehgriff" und „Der Klammergriff als Stützhilfe, Schubhilfe und Zughilfe" können kostenfrei beim Bayer. GUVV und bei der Bayer. LUK bezogen werden.

● Bankgasse

● Gruppe (6–10 Schüler); Rückenlage, Kopf unter der Bank, auf Kommando mit den Händen die Bank vom Boden wegdrücken und langsam auf den Boden zurückstellen
● Gruppe, im Grätschstand die Bank anheben, jeder Zweite setzt sich auf die Bank (auf geraden Rücken achten!)

● Aufgrätschen – Niedersprung – Hockwende – Hockwende – Aufgrätschen – Niedersprung usw.

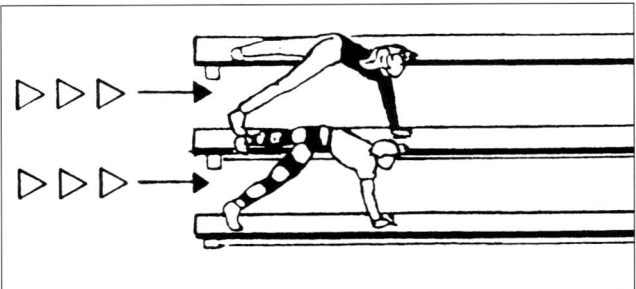

● Hockwenden, Rückweg Schlusssprünge über die Bankenden (**Abb.** 10)

Abb. *10:*
Hockwenden zum Aufwärmen (Bruckmann 1992, 140)

3.6.2 Abwärmen (spielerisch)

● im Grätschstand die Bank anheben, nach hinten oder nach vorne reichen, die Freiwerdenden laufen nach vorne oder nach hinten
● Bankstraße; Hintereinandergehen mit Hüft- oder Schulterfassung neben der Bank; im Vorwärtsgehen gleichzeitiges Steigen mit einem Bein auf die Bank

3.7 Turnen am Kasten

3.7.1 Spezielles Aufwärmen am Kasten zur Vorbereitung des Stützschwingens am Barren (10 Minuten)

Anmerkung zur Sicherheit:
Die Kastenteile dem Können und der Körpergröße anpassen; Kastenteile müssen fest ineinander greifen; die Matten so verteilen, dass kein Aufsprung an den Mattenberg möglich ist.

Kastengasse:

● Einlaufen, Überwinden der frei in der Halle stehenden Kästen, Umlaufen der Barren (2 Min.)
● Sprung in den Stütz, Vorschwung, Niederschwung, Lauf zur anderen Kastengasse
● Sprung in den Stütz, Vor- bzw. Rückschwung zum Liegestütz vl oder rl
● Schwingen im Unterarmstütz
● Stützschwingen mit Grätschen und Schließen der Beine am Ende des Vor- bzw. Rückschwunges
● im freien Lauf Durchhocken der Kastengasse

3.7.2 Hauptteil (25 Minuten): Turnerische Arbeit am Barren

● Schwingen in verschiedenen Variationen am Barren (Hilfestellung!)
● Schwingen mit Aufgrätschen nach vorne
● Vor- und Rückschwung, Außenquersitz nach beiden Seiten
● Zusammenstellung einer kleinen Übung aus Elementen des Schwingens

3.7.3 Abwärmen

Ruhiges Traben in der Halle; auf Kommando in Bauchlage quer über den Kasten legen und entspannt atmen; wiederholen!

3.8 Erlebnisturnen
„Wir turnen über Brücken und Stege" –
Schulung der Gleichgewichtsfähigkeit

Anmerkung:

„Wr turnen über Brücken und Stege" schafft bei Kindern schnell eine Vorstellurg von den zu erwartenden Erlebniswerten beim Balancieren durch die Gerätelandschaft.

Der Bedarf an Geräten orientiert sich an den vorgegebenen Möglichkeiten der Halle. Die Gerätearrangements können vielfältig variiert werden, auch Querverbindungen und Abkürzungen sollten möglich sein.

Gerätelandschaft

Station 1: Die Langbänke werden auf einer Höhe zwischen 60 und 80 cm eingehängt

Station 2: Zügiges Gehen auf den umgedrehten Langbänken; Abkürzung über Stufenbarren zum kl. Kasten (Station 10) möglich

Station 3: Mit den Ringen zur Station 4 schwingen

Station 4: Möglichkeit der Abkürzung über gleich hohen Barren zum Reck; balancierendes Gehen auf den Holmen

Station 5: Hängende Sprungseile auf dem Schwebebalken überschreiten

Station 6: Auf dem niederen Holm im Seitstep gehen; Hände fassen am oberen Holm nach

Station 7: 2 Reckstangen; untere ca. 80 cm über dem Boder, obere in Reichhöhe

Station 8: Taue fest am Reck verknotet (siehe Reckhöhe bei Station 7!)

Station 9: Achtung! Schüler kommen von der Abkürzung; ansonsten wie bei Station 7

Station 10: Vom Kasten am Reck über die Ringe zum kleinen Kasten schwingen; Warteschleife über seitlichen Kasten zum anderen Ringepaar → hängen und schaukeln

Station 11: Balancieren über die auf den Kästen liegenden Reckstangen; Alternative über die Sprossenwand

Station 12: Langsames Gehen über die Kastenelemente; Matten unterlegen

Station 13: Über die Klettertaue von einem quergestellten Kasten zum anderen schwingen (Achtung: Taue dürfen am Ende nicht verknotet sein und es darf nicht gerutscht werden!)

Station 14: Auf dem Bodenbalken zurück zu Station 1 (Alternative: Kleine Kästen, Langbänke!)

Wichtig:
Gesamte Gerätelandschaft mit Matten begleiten und absichern!

Das Poster kann kostenfrei bezogen werden bei: Bayerischer Gemeindeunfallversicherungsverband, 80791 München

Aufbau der Stationen:

Der Gesamtplan wird skizziert und an einem zentralen Platz in der Halle aufgehängt. Die Schüler werden in Bautrupps eingeteilt; jeder Bautrupp stellt seine Station her, wobei auf den sicheren Transport der Geräte zu achten ist.
Nach Fertigstellung überprüft die Lehrkraft die jeweiligen Stationen.

4. Schlussbemerkung

Für die Auf- und Abwärmarbeit im Turnen eignen sich noch weitere Geräte wie Schwebebalken, kleiner Kasten, Sprungseil, Stab, Trapez und Minitrampolin.
Damit turnerische Elemente Freude bereiten, sollten Auf- und Abwärmarbeit nach Möglichkeit spielerisch mit dem Partner oder in der Gruppe erfolgen.

Literatur:

BRUCKMANN, M.: Wir turnen miteinander. Stuttgart: Fördergesellschaft des schwäbischen Turnerbundes 1992.

BUCHER, W.: 1000 Spiel- und Übungsformen zum Aufwärmen. Schorndorf: Hofmann 1994[6].

–: 1008 Spiel- und Übungsformen im Gerätturnen. Schondorf: Hofmann 1992.

BUNDESVERBAND DER UNFALLVERSICHERUNGSTRÄGER DER ÖFFENTLICHEN HAND E. V. (BAGUV): Alternative Nutzung von Sportgeräten. In: BAGUV – Sicherheit im Sport, Heft 9, 1996.

FILLINGER, F.: Die Gruppenarbeit als Mittel zur Leistungsmotivation im Gerätturnen. Celle: Pohl 1974.

KEGLMAIER, H./SCHNEIDER, F.: Freies Turnen. München 1994.

LENHART, P./SEIBERT, W.: Funktionelles Bewegungstraining. Oberhaching: Sportinform 1991.

LÜTGEHARM, R./HEROLD, W.: Turnen, Leichtathletik und Spiel in der Grundschule. Celle: Pohl 1978.

LÜTGEHARM, R.: Zusatzaufgaben im Gerätturnen. Celle: Pohl 1977.

REUTER, M.: Fertig ausgearbeitete Unterrichtsbausteine für das Fach Sport. Kissing: Weka Fachverlage 1994.

SPORTPÄDAGOGIK: Heft Nr. 5, 1994. Seelze: Friedrich.

TENDEL, K.: Lehr- und Übungswege für das Gerätturnen. Celle: Pohl 1977.

Lehrerfortbildung audiovisuell
Sport
WS 3
Sicherheitserziehung und Unfallverhütung im Sportunterricht der weiterführenden Schulen
Turnen an Geräten

Das Video kann bestellt werden bei: Bayerischer Gemeindeunfallversicherungsverband, 80791 München

Das Plakat „Matten sind echte Spezialisten" kann kostenfrei beim Bayer. GUVV und bei der Bayer. LUK bezogen werden.

3. Auf- und Abwärmen bei den Rückschlagspielen des Differenzierten Sportunterrichts

WOLFGANG WEISER, PETER FÄTH

 Auf- und Abwärmen im Badminton

1. Didaktisch-methodische Vorbemerkungen

Die folgenden Ausführungen sind bei straffer Organisation für eine Einzelstunde Badminton konzipiert. Zielgruppe: Fortgeschrittene Schüler (8.–10. Jahrgangsstufe). Das Programm kann jederzeit weiter gekürzt oder ausgeweitet werden. Grundkenntnisse im Stretching und in der Kräftigungsgymnastik werden vorausgesetzt.

Die Zeit für das allgemeine und das spezielle Aufwärmen beträgt jeweils etwa 10 Minuten, so dass für den Hauptteil 20 Minuten und für das Abwärmen 5 Minuten zur Verfügung stehen.

Nach einem „kleinen" Spiel, durch welches das Herz-Kreislauf-System aktiviert werden soll, wird mit einem Dehn- und Kräftigungsprogramm die Muskulatur vorinnerviert. Im Anschluss bereiten Lauf- und Schlagübungen die Schüler auf die Spielform im Hauptteil optimal vor. Das Ende der Stunde leiten einfache Atemübungen ein, damit der Pulsschlag wieder „normale" Werte erreicht.

Alle genannten Übungsformen sind nur als Vorschlag zu sehen und können beliebig durch andere Beispiele ersetzt werden. Auch die Zeitvorschläge sind nicht bindend.

Gerätebedarf: Schläger, Bälle, Netze (eventuell Volleyball-Ständer mit Zauberschnur), Reifen, Matten, Parteibänder ...

2. Übungsformen zum Auf- und Abwärmen für die Lauf- und Schlagtechnik und die Turnierform „Kaiserspiel"

2.1 Allgemeines Aufwärmen   ca. 10 Min.

2.1.1 Ausdauer

„Badminton-Fußball" (mit einem alten oder kaputten Badmintonball):
Für 2 eingeteilte Mannschaften werden Matten als Tore verwendet. Jetzt wird nach den bekannten Regeln „Badminton-Hallenfußball" gespielt.

2.1.2 Beweglichkeit

Dehnen nach der CHRS-Methode (Anspannungs-Entspannungs-Dehnung):
3 Partnerübungen nach Kapitel II Pkt. 1.2 „Übungsauswahl II", S. 29

2.1.3 Kraftausdauer

Kräftigungsprogramm mit Schwerpunkt Rumpf- und Extremitätenmuskulatur (Kniebeugen, Crunches, Liegestütz, Statue) nach Kapitel II Pkt. 1.2 „Übungsauswahl III", S. 30 (4 Übungen)

2.1.4 Ergänzende Übungsformen (ohne Schläger) zum allgemeinen Aufwärmen

Nachdem für den Bereich „Allgemeines Aufwärmen" in den Teilgebieten *Beweglichkeit* und *Kraftausdauer* im Kapitel II Pkt. 1.2 eine große Zahl von Übungen vorgegeben ist, sollen nachfolgend *ausdauerbetonte* Spiele aufgelistet werden.

- *Badminton-Indiaca*

  Es wird nach den Badmintonregeln Indiaca gespielt, und zwar mit einem echten Indiaca-Ball oder mit einem Badminton-Ball.

- *Badminton-Jägerball*

  Es wird Jägerball mit einem Badminton-Shuttle gespielt. Wer den Shuttle besitzt, ist Jäger; wer abgeworfen wird, nimmt so lange auf einer Bank Platz, bis „sein" Jäger selbst getroffen wird. Jeder Spieler hat so die Chance, ins Spielgeschehen zurückkehren zu können.

- *Badminton-Handball*

  Auf einem verkleinerten Feld mit beliebigen Toren wird ein Handballspiel mit einem Badminton-Ball iniziiert.

- *Badminton-Parteiball*

  Es werden zwei Mannschaften mit Parteibändern gekennzeichnet. Diejenige Mannschaft, die den Shuttle besitzt, muss durch Passen und Fangen versuchen, möglichst viele Ballkontakte zu verbuchen, während die andere Mannschaft versucht, dies zu verhindern.

2.2 Spezielles Aufwärmen

2.2.1 Laufschulung

Für die Laufschulung im Badminton werden Reifen ausgelegt, und zwar nach folgendem Muster:

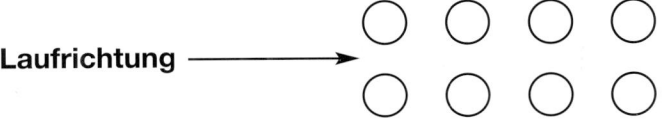

Der Spieler „springt" bzw. läuft durch die beiden Reihen zum Einlaufen nach der Kombination links, rechts, links, rechts usw., im 2. Lauf nur links mit dem linken Bein, im 3. Lauf nur rechts mit dem rechten Bein bzw. Fuß. Für den Laufrhythmus bei den folgenden Durchgängen bieten sich folgende Kombinationen an:

li, li, re, re, li, li, re, re ...
li, li, re, li, li, re ...

(Die Anzahl der Läufe, der Reifen usw. wird beliebig festgelegt!)

Hinweis:
Der Bodenkontakt der flachen „Sprünge" soll sehr kurz sein!

2.2.2 Schlagschulung

Voraussetzung: Griff- und Spielfeldkenntnis

● *Fun-Runs*

(hohes Netz, jeder Spieler hat einen Schläger, 1 Ball)
Nach dem Aufschlag, mit dem der Ball immer wieder ins Spiel gebracht wird, soll der Shuttle (Ball) durch „Clear"-Bälle (lange hohe Grundlinienbälle) möglichst lange in der Luft gehalten werden. Nach jedem Schlag wird gewechselt und der Spieler, der geschlagen hat, läuft seinem Ball hinterher (rechts herum!).

● **Partnerspiel**

mit folgenden Vorgaben (L = lang, K = kurz, F = flach, S = seitlich)
Kombinationsbeispiele: KKL, LLK; LLKK, LKSS, ...

2.2.3 Ergänzende Übungen zum speziellen Aufwärmen

- Slalomlauf um die ausgelegten Schläger, zurücksprinten
- jeder überspringt seinen Schläger mit beiden Beinen, einbeinig; auch andere Lösungen möglich
- weite Ausfallschritte über den ausgelegten Schläger
- Schläger aufstellen, aus einiger Entfernung anlaufen und versuchen, den Schläger so tief wie möglich zu fassen und aufzunehmen
- Gegenüberstellung mit Partner, jeder stellt seinen Schläger auf den Kopf auf, sprintet los und versucht, den Schläger des Partners am Umfallen zu hindern (rechts vorbeilaufen!)
- mit dem Schläger große Kreise beschreiben
- Gegenüberstellung, ein Partner wirft einen Federball in die Nähe des Partners, dieser muss fangen
- Stellen mit Platzwechsel: Zu zweit, erster schlägt einen hohen Ball und läuft auf den Platz des Partners, dieser „stellt" den Ball senkrecht hoch und läuft auf den Platz des Partners, dieser spielt wieder einen hohen Ball ...
- den Schläger hinter dem Rücken nach unten führen
- Grätschstellung, Schläger an beiden Händen fassen, Arme in Hochhalte weit nach hinten drücken. Ohne den Winkel der Armstreckung zu verändern, den Oberkörpfer nach vorne neigen
- Grätschstand, Arm und Schläger in Hochhalte, andere Hand einstützen, Schlagarm seitlich über den Kopf führen, Oberkörper so weit wie möglich neigen – gegengleich
- Clearduell von Grundlinie zu Grundlinie bzw. Netzdropduell an der vorderen Aufschlaglinie
- Spieler A steht im Hinterfeld, B im Vorderfeld und C auf der anderen Seite des Netzes. A spielt immer einen Clear zu C, C retouniert im Wechsel einen Clear auf A oder einen Drop auf B. Falls B angespielt wird, zeigt er einen Netzdrop, sodass C in diesem Fall nach vorne laufen und mit einem Unterhandclear auf A antworten muss.
- Die Spieler A, B und C befinden sich in der einen Spielfeldhälfte, D steht in der anderen Spielfeldhälfte. A ist Ballmaschine und darf D im ganzen Feld anspielen. D kann frei retounieren, während C die Bälle einsammelt und B dem Spieler A die Bälle reicht.
- Spieler A und B treten gegeneinander an. Jeder von ihnen markiert in seinem Feld beliebig viele Spielfeldecken, die in dem folgenden Match nicht angespielt werden dürfen (zählen z. B. als Fehler).
- ...

2.3 Kaiserspiel

2.3.1 Organisation

- halbe Spielfelder oder Streifen
- Spielzeit: 2–3 Minuten (Bei einer durchschnittlichen Sportklassengröße von 20–25 Schülern kann jeder „Kaiser" werden!)

2.3.2 Beschreibung

Bei dieser Turnierform lässt sich die Rangfolge der Schüler am Ende der Stunde daran ablesen, auf welchem Feld sie spielen. Die Felder sind fortlaufend nummeriert, wobei der Sieger des Spiels auf Feld Nr. 1 am Schluss „Kaiser" der Stunde ist. Entsprechend wird die Platzierung der anderen Teilnehmer weitergezählt. Wer gewinnt, wechselt zum Feld mit der niedrigeren Nummer (nach oben), wer verliert, zum Feld mit der höheren Nummer (nach unten). Bei unentschiedenem Spielstand muss nach dem 2-Minuten-Pfiff bis zum nächsten Punkt weitergespielt werden.

2.4 Entspannung

- Der Übende sitzt oder liegt entspannt. Er versucht zunächst ca. 30 Sekunden bei geschlossenen Augen die Geräusche in der Halle wahrzunehmen; anschließend achtet er etwa 30 Sekunden auf die Geräusche im Körper (z. B. Puls fühlen). Ebenso wird mit der Atmung verfahren. Die Schüler versuchen erst, Gerüche in der Halle aufzunehmen und atmen daraufhin bewusst ein.
- Massage der Rückenmuskulatur mit einem oder zwei Badminton-Shuttle (Partnerübung).
  Vgl. auch Kapitel II Pkt. 2.2.

Literatur:

BOECKH-BEHRENS, W.-U.: Badminton heute. Krefeld: Intermedia 1983.
DEUTSCHER BADMINTON-VERBAND: Badminton in der Schule. Mülheim a. d. R. 1991.
FISCHER, U./WOLFF, U./ HIDAJAT, R.: Sportiv – Badminton. Leipzig: Klett 1996.
KNUPP, M.: Badminton-Praxis. Hamburg/Reinbek: Rowohlt 1989.

JENS-PAUL RABE

 Auf- und Abwärmen im Hockey

1. Didaktisch-methodische Vorbemerkungen

Aufwärmen vor Training und Spiel sowie das Auslaufen oder „Abwärmen" nach der Trainingsbelastung oder dem Wettkampf sind auch für den Hockeyspieler ungeliebte Pflichten, die nur zu gern durch das beliebte „Ballern auf die Hütte" zu Beginn ersetzt oder – am Schluss – ganz weggelassen werden. Dass dies in jeder Hinsicht fatal sein kann, zeigt ein Blick in die einschlägige Fachliteratur (etwa WEINECK 1988, 367 ff.) oder in die mit Sportverletzten gefüllten Praxen der Haus- und Sportärzte; wo auch immer die Sportverletzungen behandelt werden, sie sind meist das Resultat von unzureichender Aufwärmarbeit.

Gerade im Sportunterricht, der es ja zu einem guten Teil mit untrainierten, wenig bewegungserfahrenen Schülern zu tun hat, kommt dem Aufwärmteil zu Beginn einer Sportstunde besondere Bedeutung zu (vgl. Kapitel II Pkt. 1.2, S. 17).

Zu beachten ist ferner die Situation, in die der Schulsport eingebettet ist – ein im Großen und Ganzen eher bewegungsfeindliches, zumindest jedoch wenig bewegungsförderndes Ambiente mit völlig anderen Schwerpunkten, aus dem der Schüler zunächst „abgeholt" werden will.

Nachdem wir es in der Schule, wo Hockey ab der 7. Klasse im Differenzierten Sportunterricht oder als Schnupperangebot im Basissportunterricht angeboten werden kann, in der Regel zunächst mit Anfängern zu tun haben, bewegt sich der Hockeyunterricht im Wesentlichen im Bereich des Grundlagentrainings. Hier wird in der neueren Didaktik ein Trend berücksichtigt, der auch in vielen anderen Spielsportarten zu beobachten ist: „Weg vom isolierten Üben einzelner technischer Fertigkeiten, hin zur spielmethodischen Schulung sowohl hockeyspezifischer Fertigkeiten als auch sportartübergreifender, allgemeiner, koordinativer und konditioneller Fertigkeiten." (HILLMANN/PETERS/ZEUCHNER 1994, 1 f.) Entsprechend sollte das Aufwärmen schwerpunktmäßig spielerisch erfolgen.

Hierbei ist darauf zu achten, dass durch die Aufwärmarbeit zum einen – **im allgemeinen Teil** – eine Leistungssteigerung in den Bereichen von Koordination, Kraft, Schnelligkeit, Ausdauer und Beweglichkeit erreicht wird, zum anderen – **im speziellen Teil** – bereits das angestrebte hockeyspezifische Stundenziel vorbereitet wird. Unter diesem Aspekt kann der Einleitungsteil einer Doppelstunde durchaus 15 bis 20 Minuten dauern.

Bei den Übungen im allgemeinen und spezifischen Teil des Aufwärmprogramms sollten sich einfache, bekannte und unbekannte Bewegungsformen abwechseln, um durch die Vielfältigkeit des Angebots neben der allgemein-motorischen und der sportartspezifischen Schulung auch die Motivation der Spieler zu fördern (HILLMANN/PETERS/ZEUCHNER 1994, 90).

Je nach Alter und Leistungsstand der Spieler lassen sich dabei die meisten Spiel- und Übungsformen in unendlicher Weise variieren, und der Kreativität der Trainer/Lehrkräfte sind keine Grenzen gesetzt. Anregungen, die über die im Folgenden abgedruckten Beispiele hinausreichen, finden sich sowohl in Kapitel II dieser Veröffentlichung als auch in der einschlägigen allgemeinen und sportartspezifischen Fachliteratur.

2. Übungsformen zum Aufwärmen

2.1 Vorbereitende Übungsformen

Gemäß dem spielerischen Schwerpunkt bereits im Aufwärmteil sollen hier zunächst einige Spielformen – mit und ohne Hockeystock und -ball – gezeigt werden, die sich besonders im Kinder- und Anfängerbereich bewährt haben.

2.1.1 Allgemeine Übungen

● *Kettenfangen*

Alle Spieler versuchen, von einer Seite der Halle (des Feldes) auf die andere zu laufen. Zwei Fänger, die sich an den Händen fassen müssen, versuchen nun, möglichst viele Spieler abzuschlagen. Wer gefangen ist, verlängert im nächsten Durchgang die Kette und hilft beim Abschlagen.

● *Raumfahrt*

Im abgegrenzten Feld bewegen sich die Schüler als „Atome". Der Spielleiter ruft nun laut z. B. „Atom 4". Die Spieler gehen zu Gruppen zu je 4 Spielern zusammen, die sich an den Händen fassen. Wer übrig bleibt, ruft die nächste Nummer.

● *Weckersuche*

Alle Spieler laufen frei im abgegrenzten Feld (Halle). Einer von ihnen versteckt an seinem Körper einen Wecker. Alle anderen müssen versuchen, sich am Ticken zu orientieren. Wer den Standpunkt gefunden hat, teilt dies dem Spielleiter mit und setzt sich in die Mitte. Wer braucht am längsten?
Bei diesem Spiel sollte nicht gesprochen werden.

2.1.2 Sportartspezifische Übungsformen mit Stock und Ball (MÜLLER/RABE 1988, 70 f.)

● *Räume wechseln*

Zwei Mannschaften dribbeln in je einem Schusskreis (in einem begrenzten Feld), wobei jeder Spieler einen Ball führt. Auf Pfiff werden die Schusskreise gewechselt, wobei jedes Team dabei an der Mittellinie ein bestimmtes Tor (Breite je nach Leistungsstand der Spieler zwischen 4 m und 1 m) durchlaufen muss. Sieger ist die Mannschaft, die zuerst den ihr gegenüberliegenden Schusskreis erreicht.

Modifizierung:
Die Tore an der Mittellinie fallen weg, die Mannschaften dribbeln durch die entgegenkommende Gruppe hindurch.

● *Kegel umschießen*

An der Mittellinie in einer neutralen Zone, die kein Spieler betreten darf, stehen zwei Kegelreihen mit je 10–12 Kegeln. In jeder Spielfeldhälfte steht eine Mannschaft, jeder Spieler hat einen Hockeyball. Jede Mannschaft versucht nun, aus ihrer Hälfte heraus, die Kegel des Gegners durch präzise Pässe umzuschießen. Sieger ist das Team, das zuerst alle Kegel des Gegners umgelegt hat.

● *Haltet die Seite frei!*

Zwei Mannschaften stehen sich in je ihrer Hallenhälfte gegenüber, die sie nicht verlassen dürfen. Jeder Spieler hat einen Ball. Auf Startzeichen versuchen alle Spieler, ihre Bälle in die Hälfte des Gegners zu schieben und die Bälle des Gegners möglichst wieder zurückzuschicken.
Gewonnen hat das Team, in dessen Hälfte nach Abpfiff die wenigsten Bälle liegen.

2.2 Dehn- und Kräftigungsübungen

Bei Übungen zum allgemeinen Dehnen und Kräftigen wird auf Kapitel II Pkt. 1.2 verwiesen.

2.2.1 Sportartspezifische Dehnübungen

Im Folgenden sollen einige Beispiele zur Muskelpflege vorgestellt werden, die Muskelgruppen weichdehnen, die beim Hockey besonders gefordert werden. „2 mal 10 Sekunden pro Muskelgruppe reichen aus, um eine griffige Größe zu haben." (BECKER 1996, 28)

Die Übungen lassen sich sowohl in niedrigen Altersstufen als auch in der Oberstufe einsetzen. Vgl. hierzu Kapitel II Pkt. 1.2 „Übungsauswahl I und II" (S. 27 ff.):

- Dehnung der Wadenmuskulatur
- Dehnung der Oberschenkelmuskulatur
- Dehnung der Adduktoren
- Dehnung des Hüftbeugers

2.2.2 Sportartgemäße Kräftigungsübungen

Im Hockey wird Kraft vorwiegend als Schnellkraft und Kraftausdauer benötigt, weshalb im Training darauf besonders zu achten ist. Die Kräftigungsübungen folgen nach den Dehnübungen (vgl. Kapitel II Pkt. 1.2, S. 30 ff.).

- *Pendelstaffel mit Medizinbällen*

Der Medizinball muss zum gegenüberstehenden Mitspieler (ca. 15 m) gerollt werden. Welche Mannschaft schafft dies zuerst, so dass wieder die Ausgangsaufstellung erreicht ist?

- *Schlägertauziehen*

Zwei Spieler stehen sich auf zwei Seiten einer Linie gegenüber und versuchen jeweils, den Partner mit dem Hockeystock auf die eigene Seite der Linie zu ziehen.

- *Bälle zurollen*

Zwei Spieler liegen sich in Liegestützhaltung in ca. 2 m Entfernung gegenüber und rollen sich einen (zwei) Hockeybälle (wahlweise Medizinbälle) zu.

- *Drehen des Hockeystocks in der Hand*

Der Spieler hält den Hockeystock mit der rechten (linken) Hand waagerecht vor dem Körper, wobei dieser mit zwei Fingern schnell gedreht wird.

2.3 Aufwärmen in der Gruppe

Dem Wesen des Mannschaftsspiels Hockey entsprechend findet das Aufwärmen vor Training oder Wettkampf – mit Ausnahme der Dehn- und einiger Kräftigungsübungen – in aller Regel in der Gruppe statt.

Für die sportartspezifische technische Qualität, den Umgang mit Ball und Hockeystock, sind die koordinativen Fertigkeiten von entscheidender Bedeutung (HILLMANN/PETERS/ZEUCHNER 1994, 50) und sollten deshalb in altersgemäßer Form im Aufwärmprogramm ihren festen Platz haben. Im Folgenden deshalb einige Beispiele hierzu, die sich gut in der Gruppe durchführen lassen.

● *Schlägertausch*

Die Spieler stehen im Kreis, etwa eine Armlänge nach rechts und links vom nächsten Spieler entfernt. Vor jedem Spieler steht der eigene Hockeystock, den er am oberen Ende mit zwei Fingern hält. Auf Kommando der Lehrkraft bewegen sich alle je eine Position nach rechts (links) und greifen den Stock des Nachbarn, ohne dass dieser umfallen darf.
Die Übung wird schwieriger, wenn die Abstände zwischen den einzelnen Spielern vergrößert werden.

● *Durchlaufen eines Stangenwaldes*

Vier Gruppen zu je 4 (5) Spielern stehen an den vier Seiten eines Stangenparcours. Auf das Startzeichen läuft von jeder Gruppe ein Spieler los, ohne eine Stange zu berühren. Wenn er alle Stangen umlaufen hat, darf der Nächste starten. Welche Gruppe ist zuerst fertig?
Modifikation für Fortgeschrittene: Die Stangen müssen mit Ball und Stock umdribbelt werden.

● *Pendelstaffel mit „Ditschen" des Hockeyballs auf dem Schläger*

Der Ball muss auf dem Stock „geditscht" und dem gegenüberstehenden Spieler übergeben werden, ohne dass er zu Boden fällt. Welche Gruppe schafft es, mit den wenigsten Fehlern am schnellsten den Ball zu übergeben?

● *Heißer Stab* (HILLMANN/PETERS/ZEUCHNER 1994, 110)

Alle Spieler laufen im Schusskreis frei umher, wobei ein Hockeystock ständig weitergereicht wird. Jeder Spieler versucht, wenn der Stock zu ihm kommt, diesen so schnell wie möglich weiterzugeben. Wer beim Pfiff der Lehrkraft den Stock in der Hand hält, bekommt einen Minuspunkt. Wer hat am Schluss die wenigsten Punkte?

2.4 Spielnahe Übungen und Komplexübungen

Bei fortgeschrittenen Spielern, besonders auch vor Wettspielen, bieten sich im letzten Teil des Aufwärmprogramms komplexe Übungs- und Spielformen an, die gezielt auf die Anforderungen des Sportspiels Hockey vorbereiten.

● *Kombination verschiedener Techniken*

– **Ballannahme in Verbindung mit dem Torschuss**
  Ein Spieler steht auf Höhe des Schusskreisrandes. Ca. 10 m rechts und links von ihm entfernt steht je ein Spieler mit drei Bällen. Der Mittelspieler erhält abwechselnd von rechts und links den Ball, muss diesen annehmen und sofort aufs Tor schießen. Anschließend wechseln die Spieler die Positionen.
– **Ballführen – Umspielen eines Gegners – Torschuss**
  Mittig vor dem Schusskreis steht ein Abwehrspieler (zunächst semiaktiv). Der Angreifer startet ca. 10 m vor dem Schusskreis, umspielt den Verteidiger mit einem (eventuell angetäuschten) Vorhand- oder Rückhandzieher und schießt sofort aufs Tor.
– **Ballführen – Abspiel – Ballannahme – Torschuss**
  Zwei (drei) Spieler starten ca. 20 m vor dem Schusskreis und spielen sich den Ball mit Querpässen zu. Der Spieler, der zuerst mit dem Ball in den Schusskreis eindringt, schießt sofort aufs Tor.

● *Hockeytreibball* (MÜLLER/RABE 1988, 71)

Zwei Mannschaften mit je vier bis fünf Spielern stehen sich in je ihrer Spielfeldhälfte gegenüber. Jede Mannschaft hat einen Ball (bei Fortgeschrittenen auch zwei Bälle) und versucht nun, diesen über die Grundlinie des Gegners zu schieben. Der Ball darf vor dem finalen Pass bis zu dreimal in der eigenen Mannschaft abgespielt werden. Die Spieler dürfen ihre Hälfte nicht verlassen.

Modifikation: Jede Mannschaft hat in der gegnerischen Hälfte einen „Joker", der die Spielzüge des Gegners unterbinden darf, der aber auch für die Mitspieler als Anspielstation agiert. Dieser Spieler darf ebenfalls „Tore" erzielen.

● *Kontaktspiel*

In einem abgesteckten Feld (z. B. halbe Halle) spielen zwei Teams (je vier bis fünf Spieler) gegeneinander. Ziel des Spiels ist es, den Ball durch geschicktes Passspiel möglichst lange in den eigenen Reihen zu halten. Sieger ist die Mannschaft, die in einer bestimmten Zeit die meisten Ballkontakte schafft.

3. Übungsformen zum Abwärmen

Hier sollen die Spieler locker „austraben", wobei immer wieder Dehnübungen und auflockernde Spielformen eingestreut werden.

● *Wanderstock*

Die Gruppe trabt geschlossen, wobei ein Hockeystock von Spieler zu Spieler weitergereicht wird.

● *„Ditschen" und balancieren*

Jeder Spieler trägt in der rechten und linken Hand Ball und Stock. Auf Kommando der Lehrkraft wird der Ball immer wieder über eine gewisse Distanz (15–20 m) auf dem Schläger „geditscht" oder balanciert.

● *Zielschieben*

In der Halle liegen ca. 20–30 Hockeybälle verteilt. An den Längs- und Querseiten der Halle (des Spielfeldes) sind mit Stangen oder Hütchen vier bis sechs Tore gesteckt. Die Spieler traben frei durchs Feld und schieben die Bälle in die Tore. Zu achten ist allerdings darauf, dass daraus kein Wettkampf entsteht.
Modifikation: Die Bälle werden zu einem Spieler (zur Lehrkraft) gespielt, der (die) sie in einen Behälter einsammelt.

● *7-m-König*

Die Spieler teilen sich in zwei Gruppen auf und nehmen bei je einem Tor Aufstellung. Jeder Spieler schlenzt (schiebt) einen 7-m-Ball aufs Tor. Wird der Ball gehalten oder geht er vorbei, scheidet der Spieler aus. Wer am längsten im Spiel bleibt, ist der „7-m-König".
Vgl. Kapitel II Pkt. 2.2, S. 49!

4. Zusammenfassung

Entsprechend dem spielgemäßen Konzept der Hockeydidaktik sollten bereits der **Aufwärmteil** schwerpunktmäßig spielerisch erfolgen und möglichst bereits die sportartspezifischen Geräte – Hockeystock und -ball – eingesetzt werden. Zu achten ist ferner auf Vielseitigkeit und Vielfältigkeit der Übungs- und Spielformen.
Das Programm sollte neben ersten allgemeinen Übungen zum Aufwärmen auch spezielle Dehn- und Kräftigungsübungen sowie Übungen zur Schulung der Koordination enthalten.
Im letzten Teil des Aufwärmens erscheinen komplexe Spielformen, die deutlich auf das sportartspezifische Anforderungsprofil sowie des Hauptteils hinführen.

Der Zeitrahmen kann durchaus 15–20 Minuten betragen.

Im Schlussteil der Stunde, beim **Abwärmen**, werden in das ruhige Austraben sowohl Dehnübungen als auch kleine Spielformen mit Stock und Ball eingefügt, wobei aber darauf zu achten ist, dass hier kein Wettkampf unter den Schülern entsteht.

Literatur:

BECKER, U.: Das 6 × 6 des Aufwärmens. In: Deutsche Hockeyzeitung, Nr. 10/1996, 28.

HILLMANN, W./PETERS, B./ZEUCHNER, S.: Kinderhockeytraining. Köln: DHB 1994.

MÜLLER, J./RABE, J.-P.: Hockeytraining mit Jugendmannschaften. München: BHV 1988.

WEINECK, J.: Optimales Training. Erlangen: perimed 1988[6].

Unfallverhütung und Sicherheitserziehung in Schulen

GUV 40.0.3

Medien-verzeichnis 2001

Bayerischer Gemeindeunfallversicherungsverband
Bayerische Landesunfallkasse
Unfallkasse München

RALPH APFEL/RUDOLF KUHN

C   Auf- und Abwärmen im Tennis

1. Didaktisch-methodische Vorbemerkungen

In der Freizeit- und Breitensportart Tennis stellt man immer wieder fest, dass das Aufwärmen nicht ausreichend genug durchgeführt wird. Ein Einschlagen wird oft mit einem gezielten Aufwärmen gleichgesetzt, was wegen der einseitigen Belastungsstruktur keine umfassende körperliche Vorbereitung bewirken kann und nicht der Verletzungsprophylaxe dient.

Daher ist von der Lehrkraft besonders bei der Sportart Tennis eindringlich auf die absolute Notwendigkeit eines gezielten Aufwärmens hinzuweisen.

Für die praktische Durchführung des allgemeinen und eines tennisspezifischen Aufwärmtrainings sollten motivationsfördernde Übungen dem Schüler das „Vorbereiten" schmackhaft machen.

Außerdem ist es im Hinblick auf eine umfassende koordinative Schulung sinnvoll, einige Übungen mit der rechten und linken Hand ausführen zu lassen.

Inhalte eines 5–10-minütigen Aufwärmens im Tennis sind:

● Herz-Kreislauf-Aktivierung:
   Übungen mit Geräten (z. B. Jonglieren eines Luftballons, Reifentreiben) oder Gruppenspiele,
● Dehnen und
● Kräftigen (vgl. Kapitel II Pkt. 1.2)

Den Abschluss bilden lockere Einspielübungen im Kleinfeld. Mit diesen Übungsformen soll gezielt auf die koordinativen Fähigkeiten eingewirkt werden, um einen optimalen Vorstartzustand für den Hauptteil der Stunde bzw. das Techniktraining zu erhalten. Diese Kleinfeldübungen haben einen hohen Motivationsgrad und sind daher bestens nach belastenden Schulstunden zum Spannungsabbau geeignet. Sie müssen dem jeweiligen Könnensstand angepasst werden, was nicht immer automatisch mit der jeweiligen Altersstufe konform gehen muss.

2. Übungsformen zum Aufwärmen

2.1 Vorbereitende Übungsformen

2.1.1 Laufübungen

● Laufformen im und um das Tennisfeld (z. B. Hopserlauf, Anfersen, Skipping, Linienläufe, Vorwärtslaufen, Rückwärtslaufen, Seitsteps und Begrüßungsspiele)

● Seillaufen  ***Abb. 1***

● Reifenlaufen
(vgl. Kapitel Badminton,
S. 200)   ***Abb. 2***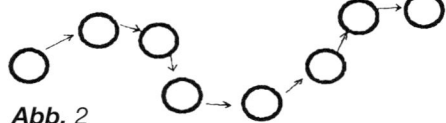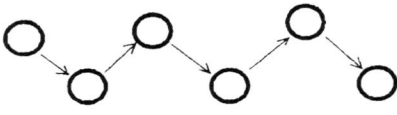

2.1.2 Einzel- und Partnerübungen mit Geräten

● Jonglieren mit dem Tennisball auf dem Schläger (z. B. über einen Hindernisparcours)

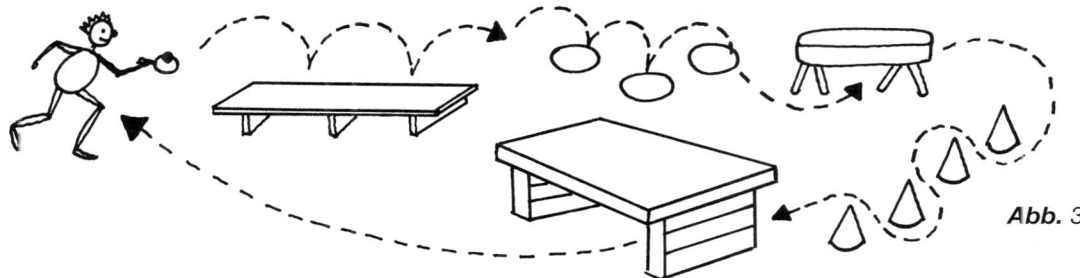

Abb. 3

2.1.3 Geschicklichkeitsspiele

● Luftballontreiben mit dem Schläger (Ausführung mit der rechten und der linken Hand)

mit dem Schläger

Abb. 4

● Schlägerfangen
Beide Schüler versuchen den Schläger des Partners zu erwischen, bevor der Schläger umfällt.

Abb. 5

● Pyramidentransport: Die Schüler haben ca. 15 Bälle auf ihrem Schläger und versuchen diese auf dem Schläger zu balancieren. Beim Wechsel gemeinsamer Aufbau der Bälle auf dem Schläger des nächsten Schülers.
● Übungen mit dem Gymnastikreifen (SCHNEIDER 1996)
   – Reifentreiben

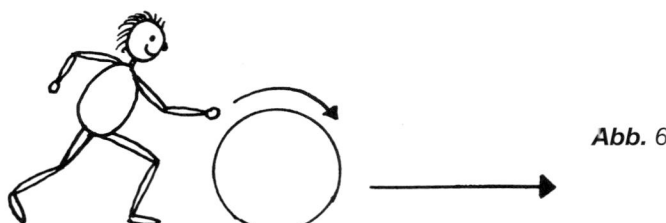

Abb. 6

   – Rhythmusspringen im Gymnastikreifen (GR) am Boden
   – Schlusssprünge mit GR wie mit einem Seil
   – Tennisschläger waagrecht halten; den Tennisball so hochspielen, dass er immer wieder im GR aufkommt

- Spielen des Balles in ein Ziel auf dem Boden: der Ball soll vom Schüler in ein Ziel (z. B. Gymnastikreifen) gespielt werden. Variation: Vor dem Reifen stehen ein Verteidiger und mehrere Schüler versuchen in das Ziel zu treffen.
- zwei Spieler stehen in je einem Reifen, zwischen ihnen wird ein Kasten postiert; ein Tennisball wird über den Kasten gespielt

Abb. 7

Anmerkung:
Beim Vorhand- oder Rückhandschlag kann ein Fuß vor dem Reifen auf den Boden aufgesetzt werden.

- zwei Spieler stehen hinter dem Reifen, der Ball wird jeweils in den Reifen vor dem Partner gespielt: Schulung der Treffsicherheit und Zielgenauigkeit

Abb. 8

- ein Spieler hält einen Reifen hoch, zwei Spieler stehen rechts und links vor ihm und spielen sich den Ball durch den bewegten Reifen zu
- desgl., Spiel als Rundlauf organisieren

Abb. 9

- **Prell-Einzelübungen** (alle gleichzeitig, synchron gemäß Lehrervorbild; Reihenfolge: schwache – richtige – starke Schlagarmseite)

  - Anwerfen des Balles und versuchen, den springenden Ball immer wieder nach oben zu prellen, mit der Vorhandseite, mit der Rückhandseite, mit der Rahmenkante, im Wechsel und in vorgegebener Reihenfolge, im Gehen, im Laufen, mit einer 360°-Drehung, in der Hocke, den Ball im Wechsel nach oben und zu Boden prellen
  - durch Seitbewegungen des Schlägers mit dem Ball auf der Vorhand- und Rückhandseite beim Hochprellen einen Drall verleihen
  - mit der freien Hand oder mit der Schlägerfläche den Ball hochwerfen und mit der Vorhand- oder Rückhandseite des Schlägers den Ball „tot" auf der Schlägerfläche aus der Luft auffangen

- **Prell-Staffelübungen**

  - in Reihenform (um Ziele, um Platzhälften oder den gesamten Platz gegengleich)
  - in Slalomform
  - in Achterform
  - als Pendelstaffel

● *Spielformen im Kleinfeld oder auf „halbe" Aufschlagfelder im Normalfeld mit und ohne Wettkampfcharakter*

Abb. 10

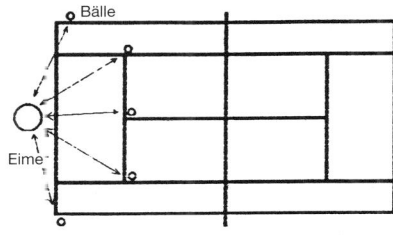
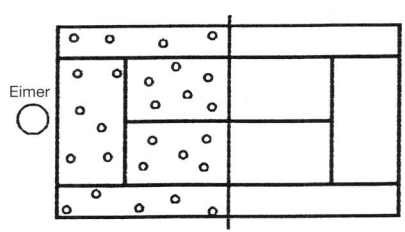
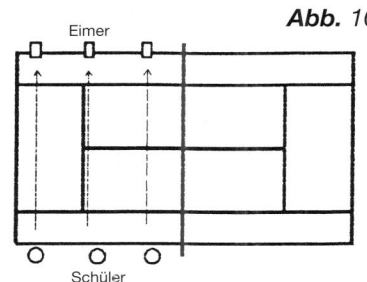

Schüler 1 sammelt die Bälle ein. Schüler 2 legt sie wieder aus. Es darf nur jeweils ein Ball geholt werden.

Wie lange braucht ein Schüler, bis alle Bälle im Eimer sind? Es darf nur ein Ball geholt werden.

Bälle in den Eimer rollen. Wer hat als Erster 3 Bälle im Eimer?

2.2　Dehn- und Kräftigungsübungen

2.2.1　Dehnübungen

Ein systematisches Dehnprogramm (Ganzkörperdehnung) sollte immer direkt nach der Herz-Kreislauf-Aktivierung durchgeführt werden, da erst bei einer durchbluteten Muskulatur ein bestmöglicher Dehneffekt erreicht werden kann.
Vgl. auch Kapitel II Pkt. 1.2, S. 27 ff.
Vgl. MICHLER/GRASS 1996, 349 ff.

2.2.2　Kräftigungsübungen

Die anschließenden Kräftigungsübungen haben aus tennisspezifischer Sicht zwei Zielsetzungen.
Erhöhung der Belastbarkeit des Sehnen- und Bandapparates im Bereich der Beine (abruptes Abstoppen und höchstmögliche Startbeschleunigung), des Rumpfes (Wirbelsäulenbelastung bei Aufschlag, Smash und schnellem Rumpfdrehen bei Flugbällen und beidhändigen Schlägen) und des Schlagarmes (Schulter-, Ellbogen- und Handgelenksbelastung bei ungenaueren Treffpunkten) sowie *Vorbeugung gegen muskuläre Dysbalancen,* hauptsächlich im Rumpfmuskelbereich der Nichtschlagarmseite (Skoliosen, Rundrücken usw.).
Besonders geeignet sind insbesondere Kräftigungsübungen zur Verbesserung der Kraftausdauer und Schnellkraft, die schwerpunktmäßig die schwache Seite belasten.
Grundsätzlich sollte die schwache Seite beim Aufwärmen mittrainiert werden (Beidseitigkeit).
Vgl. auch Kapitel II Pkt. 1.2, S. 30 ff.

2.3 Aufwärmen in der Gruppe

Im Gruppenrahmen eignen sich alle Arten von Imitationsübungen, seien es tennistechnische Elemente oder Verbesserungen der tennisspezifischen Beinarbeit. Dabei ist generell auf eine niedrige Intensität bei korrekter Bewegungsausführung zu achten. Es wird nach dem Prinzip vom Leichten zum Schweren vorgegangen.

2.3.1 Vorbereitende Spielformen

- **„Wanderball":** Den Ball zuspielen in Kreisstellung.
- **„Volleyballtennis":** Aufstellung ähnlich wie beim Volleyball, Aufschlag von unten, Positionswechsel
  Variation: Nur Volleys erlaubt.
- **„Zonenball":** Die Schüler platzieren nacheinander die zugespielten Bälle in festgelegte Treffzonen.
  Wer erreicht mit 10 Schlägen die meisten Treffer?
- **„Rundlauf":** Großer Rundlauf um das Netz bzw. die Halle. Kleiner Rundlauf ⇒ in Stirnreihe wieder
  anstellen. Rundlauf mit Zuspieler.
- **„Wandertennis":** Zuspiel über das Netz nach Positionsveränderung
- **„Mattenball":** Statt des Netzes werden zwei Weichbodenmatten zwischen je zwei Kästen aufge-
  stellt. Die Schüler können sich beim Schlagen nicht sehen und müssen schnell reagieren. Auch mit
  mehreren Schülern und mehreren Bällen möglich.
- **„Namenspiel":** Mehrere Spieler stehen um eine Flächenmarkierung herum, auf der der Ball aufkommen muss. Der erste Schüler schlägt den Ball senkrecht in die Höhe, nach dem Aufsprung auf
  der Flächenmarkierung schlägt der nächste Schüler den Ball wieder senkrecht in die Höhe.
  Variation: Spieler ruft den Namen des Schülers, der den Ball als Nächstes hochspielen soll.

2.3.2 Große Spiele in abgeänderter Form

Dabei können bekannte Spiele in abgewandelter Form sehr motivierend sein. Viele der allgemein bekannten Spiele können so variiert werden, dass sie für die Aufwärmarbeit im Tennis sehr gut geeignet
sind und einen hohen Aufforderungscharakter besitzen.

- ***Bierfilzhockey mit Bieruntersetzer***

Abb. 11

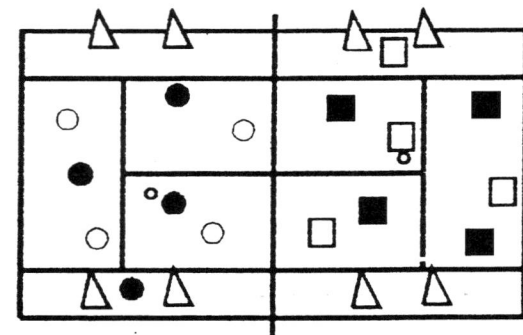

– Schüler halten einen Bierdeckel in der Hand
  und versuchen sich damit den Tennisball zuzuspielen.

o = Ball   ○ = Mannschaft A   ● = Mannschaft B   ■ = Mannschaft C   □ = Mannschaft D   Δ = Hütchen

- Schüler spielen Fußball mit einem Tennisball auf kleine Tore oder auf Eimer.

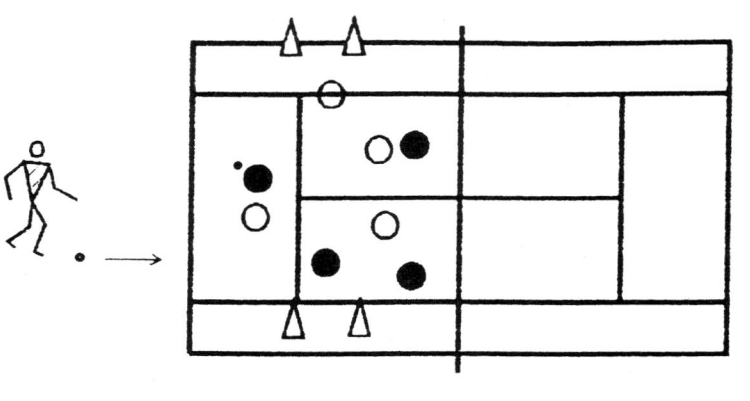

Abb. 12

• = Ball   ○ = Mannschaft A   ● = Mannschaft B   Δ = Hütchen

● Handball mit dem Tennisball
Ein Tennisball soll den Handball ersetzen. Der Tennisball muss dem Mitspieler so zugespielt werden, dass der eigene Spieler einen Eimer treffen kann.
Spielvariante:
Der Ball darf nur mit der schwächeren Hand geworfen werden.

● = Ball

○ = Mannschaft A

● = Mannschaft B

◯ = Balleimer

▨ = Zone
(darf nicht betreten werden)

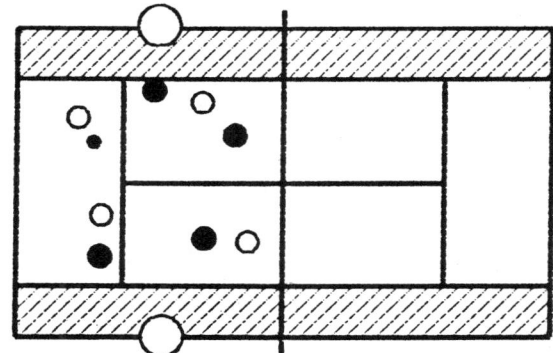

***Abb.** 13*

2.3.3 Imitationsübungen

Hier können tennistechnische Elemente imitiert und mit der dafür spezifischen Beinarbeit verknüpft werden. Dies kann entweder ohne oder auch mit dem Schläger (auf ausreichende Abstände zwischen den Schülern ist zu achten!) durchgeführt werden. Die Lehrkraft als Vorbild demonstriert synchron oder spiegelbildlich vor der Gruppe. Die Auswahl der Übungen wird nach dem Leistungsstand der Schüler getroffen. Dabei gelten folgende Kommandos (von der Lehrkraft aus gesehen):

Hand nach rechts:	Side step nach rechts
Faust nach links:	seitlich überkreuzen nach links
Hand nach vorne:	Rückwärtslaufen
Hand zum Körper:	Vorwärtslaufen
Lehrkraft läuft vorwärts	Spieler läuft rückwärts
Side step links	Side step rechts
rückwärts	vorwärts

***Abb.** 14   Allgemeine Aufwärmarbeit in der Gruppe (DANGEL 1993, 166)*

2.4 Spielnahe Übungen/Komplexübungen

Die sich anschließenden Übungen im Kleinfeld mit Ball und Schläger zielen auf die koordinative Vorbereitung für das Techniktraining ab. Dabei sollte ständig sowohl mit Übungs- als auch Spielformen (Punkte ausspielen) gearbeitet werden. Wichtig ist, die Übungsformen immer wieder unter Berücksichtigung des Prinzips „vom Einfachen zum Komplexen" zu variieren, um die Motivation über Erfolgserlebnisse zu erhalten und zu steigern.
Die zeitliche Gestaltung ist von der Schülermotivation sowie vom Gesamtstundenablauf abhängig.

Übungsbeispiele

Alle nachfolgenden Übungen sollten einhändig, beidhändig, mit der schwächeren Hand oder auch mit 2 Schlägern versucht werden.
Im Anfängerunterricht wird die Verwendung von Softbällen und Kurzschlägern empfohlen.

Übungen:

- den vom Partner zugespielten Ball einmal anstoppen, aufspringen lassen, zurückspielen: Vorhand und Rückhand im Wechsel
- das Ganze seitenverkehrt – Rückhand stoppt, Vorhand spielt zurück und umgekehrt
- eine schnelle Körperdrehung bei beiden Übungen nach dem Abstoppen
- alle Übungen werden ohne Aufspringen des Balles gespielt
- der Ball wird mit dem Schläger hochgespielt und zum Partner zurückgeköpft
- der Schläger wird von hinten nach vorn durch die Beine geführt und der Ball zurückgespielt

- *Kleinfeld-Doppel mit nur einem Schläger*

Ein Spielfeld besteht aus zwei Aufschlagfeldern ohne Doppelstreifen. Das Team muss immer abwechselnd schlagen, dazwischen wird dem Partner der Schläger übergeben. Erlaubt sind nur „weiche" Schläge, keine Volleys.

- *Tischtennis-Doppel*

Regeln wie beim Kleinfeld-Doppel, nur jetzt hat jeder Spieler einen Schläger; der Ball muss ständig wie eine Tischtennis-Angabe in das gegnerische Feld gespielt werden, also zunächst im eigenen Feld aufspringen.

- *Kleinfeld-Einzel*

Ein Spielfeld besteht aus zwei gegenüberliegenden Aufschlagfeldern; ein Schüler spielt den Ball von unten neutral in das gegnerische Feld, wo dieser einmal aufspringen muss, bevor er zurückgespielt werden kann; ab diesem Zeitpunkt dürfen sämtliche Schlagvariationen eingesetzt werden, natürlich auch Volleys. Es sind wieder nur weiche Schläge erlaubt.

- *Spielnahe Komplexübung (Aufwärmen/Einspielen)*

Die dargestellte Trainingsform (**Abb.** 15) soll als spielnahe Komplexübung die Verbindung zum Spiel im Großfeld herstellen.

Thema: Vorhand (VH) im Kleinfeld (Unterthema: Vor- und Rückhand (RH));
                    Gruppenunterricht
Ziel: Tennisspezifische Fortführung des Aufwärmens, Einspielen, Rhythmus, Konzentration
Belastung: Niedrige Intensität, Konzentrationsübung, ideal als Einspielübung (3 Min.)
Inhalt: VH und RH von T-Linie zu T-Linie, beide Schüler versuchen das Hütchen (Δ) auf der Seite
                    ihres Partners zu treffen. Wechsel der Spielpaarung ist möglich.

Variation:

● Der Abstand der Hütchen (Ziele) zum Netz und zu den Seiten kann verändert werden. Wer erreicht die meisten Treffer in einer vorgegebenen Zeit?

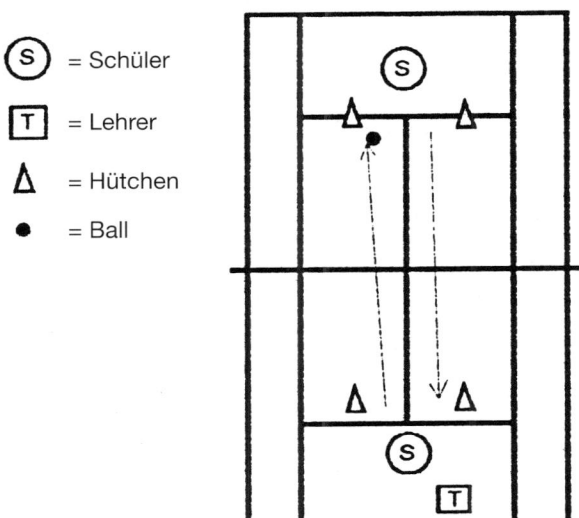

(S) = Schüler

[T] = Lehrer

Δ = Hütchen

● = Ball

Abb. 15:
Spielnahe Komplexübung „Vorhand im Kleinfeld"

Auf das spezielle Aufwärmprogramm folgt der Hauptteil der Trainings- bzw. der Unterrichts(doppel)-stunde, und damit in den meisten Fällen das Techniktraining.

3. Übungsformen zum Abwärmen

Die Einheit Abwärmen orientiert sich an der Intensität des beendeten Übungsprogramms sowie am noch bevorstehenden Unterricht. Hierfür bieten sich verschiedene Übungen vor allem zur Entspannung an (vgl. hier Kapitel II Pkt. 2.1, S. 42 ff. und 2.2, S. 49 ff.):

● lockeres Auslaufen – Beruhigungsatmung; einige Minuten zur Einleitung regenerativer Stoffwechselprozesse
● bewusstes Dehnen der Muskulatur
● bewusstes Dehnen der Muskulatur kombiniert mit Beruhigungsatmung
● Progressive Muskelrelaxation
● Autogenes Training
● Phantasiereisen
● Atemübungen (dienen auch der Stressbewältigung bei Wettkämpfen)

Literatur:

APFEL, R.: Fitness-Serie. In „bayern tennis", München 1993-1996; 1 u. 2/1994, 3/94, 5/94, 9/94, 10/95.

BORN, P., ET AL.: DTB-Handbuch „Tennistraining 2000". Komplettsystem, Buch- und PC-System für Tennistrainer. DTB 1996.

DANGEL, G.: Tennis Konditionstraining. Sindelfingen: Sport-Verlag 1993.

DLUGOSCH, H./PÖTTINGER, P.: Tennis-Fitness-Training. Traunreut: Eigenverlag 1990.

FWU: Tennis in der Schule, Grundkurs. Lehrfilm des Instituts für Film und Bild in Wissenschaft und Unterricht. Grünwald Nr. 4201264.

KNEBEL/HERBECK/SCHAFFNER: Tennis Funktionsgymnastik. Reinbek: rororo 1988.

MICHLER, P./GRASS, M.: Gymnastik – aber richtig! Hard, Österreich. Eigenverlag 1996.

SCHNEIDER, H.: Der Einsatz des Gymnastikreifens im Tennisunterricht. Ein Lehrfilm für den Unterricht mit Anfängern und Fortgeschrittenen in Tennis. Weiden-Letzau: Jaba GmbH 1996.

–: Koordinationstraining im Tennis. DTB 1995 Videokassette.

WÖRLE, M.: Tennis an der Grundschule – Möglichkeiten und Grenzen. Zulassungsarbeit in Didaktik Sport. Katholische Universität Eichstätt. Eichstätt 1992.

WÖRLE, M.: Tennis. Chance für ein zeitgemäßes Rückschlagspiel in der Grundschule. In: Grundschule. 28. Jahrgang. Heft 9, Sept. 1996.

KARL STEGER

 Auf- und Abwärmen im Tischtennis

1. Didaktisch-methodische Vorbemerkungen

Bei den Auf- und Abwärmprogrammen muss man sehr genau unterscheiden, um welche Zielgruppe es sich handelt (Anfänger, Fortgeschrittene oder Spitzenspieler), und ob das Aufwärmen bzw. das Abwärmen für das Training bzw. für den Wettkampf durchgeführt werden soll.

Im schulischen Bereich wird sich das Auf- und Abwärmen mehr auf den Anfängerbereich und das Training konzentrieren; deshalb wird neben dem allgemeinen Aufwärmprogramm noch auf spezielle Formen des spielerischen Aufwärmens für die Schule sowie auf schulrelevante Entspannungsübungen eingegangen.

Durch ein gezieltes Aufwärmen kann der Erregungszustand so gesteuert werden, dass er auf dem richtigen mittleren Niveau liegt.

Das Aufwärmen in der Schule muss nicht immer nach ein und demselben Programm ablaufen; es dient ja nicht nur der Vorbereitung des Körpers auf eine Trainingsstunde, sondern auch zur Einstimmung auf den Wettkampf, auf das Wettspiel und auf den Gegner; deshalb ist im Rahmen des Aufwärmens auch an die **psychische** und **mentale** Vorbereitung zu denken. Mentale Techniken können dazu dienen, zu hohe Erregungszustände zu vermeiden, Angstzustände abzubauen und eine positive Einstellung zum Wettkampf zu erreichen. Diese Art von Training kommt besonders im Leistungsbereich zum Tragen. (Weitere Hinweise und Beispiele in der Broschüre zur „Weiterbildung in Tischtennis", BayStmfUKWK 1996, die über die Bayerische Landesstelle für den Schulsport in München zu beziehen ist.)

Zielsetzungen des Aufwärmens:

In welchem Zustand soll sich der Spieler befinden, wenn er mit dem Training oder dem Wettkampf beginnt?

- Die Bewegungen im Tischtennis sind überwiegend schnellkräftig, d. h. die an diesen Bewegungen beteiligten Muskeln, z. B. beim Vorhandtopspin, müssen sehr gut erwärmt werden.
- Der passive Bewegungsapparat (Bänder, Sehnen, Gelenke) muss vorbereitet werden, um den schnellen Bewegungen standzuhalten.
- Konzentration und Koordination müssen sich bei Spielbeginn auf hohem Niveau befinden, vor allem im Wettkampf, da man sonst schnell in Rückstand gerät, und auch im Training, da sonst Techniken unsauber trainiert werden.

Zielsetzungen des Abwärmens:

- Durch ein **aktives** Abwärmen (Cool-down) sollen das Herz-Kreislauf-System nach dem Training oder nach dem Wettkampf (Turnier) beruhigt und psychische Belastungen nach einem Wettspiel abgebaut werden.
- Das passive Abwärmen soll das aktive Abwärmen begleiten. Damit wird die Regeneration nach dem Trainingsprozess bzw. Wettkampf unterstützt und die Konzentration auf die nächste Unterrichtsstunde/Trainingseinheit bzw. auf die nächsten Wettspiele (Turnier!) verbessert.

2. Übungsformen zum Aufwärmen

2.1 Vorbereitende Übungsformen

Das „Einlaufen" soll für die Schüler nie zu einer langweiligen Routine werden; deshalb sollen die Laufübungen, die den Kreislauf anregen, abwechslungsreich sein.

2.1.1 Variationen der Laufart und des Lauftempos

- Laufen mit Armkreisen vorwärts oder rückwärts
- Laufen mit Anfersen
- Kniehebelauf
- Laufen mit Sidesteps
- Laufen mit Überkreuzen der Beine
- Änderung der Laufrichtung
- Beschleunigung des Tempos auf Signal
- Slalom zwischen den Tischen

2.1.2 Laufen zu zweit

- ein Läufer bewegt sich wie sein Partner
- spiegelbildlich laufen

2.1.3 Laufen in Spielformen

- Kettenfangen:
  Ein Schüler beginnt zu fangen, der Fänger fasst den Gefangenen an der Hand und fängt mit ihm weiter.
- Schwarzer Mann
- Krakenfangen: Zwei Fänger sitzen in einem eingegrenzten Raum auf dem Boden (Kraken) und versuchen, wie beim „Schwarzen Mann", Läufer zu fangen. Die Gefangenen setzen sich mit auf den Boden und fangen getrennt mit.
- Drachenfangen:
  5–6 Schüler fassen sich von hinten um den Bauch. Der freie Fänger versucht den hintersten Mann (Drachenschwanz) abzuschlagen. Dabei bewegt sich der Drache und versucht den hintersten Mann abzuschirmen. Nach Abschlag wird der Fänger vorderster Mann, der Abgeschlagene zum Fänger.

2.2   Dehn- und Kräftigungsübungen

2.2.1 Übungsbeispiele Dehnen

Für das Aufwärmen empfiehlt sich das „wiederholte Dehnen" für alle Jahrgangsstufen und die CHRS-Methode (vgl. Kapitel II Pkt. 1.2.2) ab der 10. Jahrgangsstufe. Das „wiederholte Dehnen" und die CHRS-Methode bereitet die Spieler gut auf die schnellen Bewegungen im Tischtennis vor.
Die Übungen sollen locker und mit allmählicher Temposteigerung durchgeführt werden. Ruckartige Bewegungen sollen vermieden werden. Oft wird nach der Reihenfolge von Kopf bis Fuß mit folgenden Dehnübungen (vgl. Kapitel II Pkt. 1.2 „Übungsauswahl I", S. 27 ff.) gearbeitet:

- Wegweiser
- Türsteher
- Riesenausfallschritt
- Schräger Käfer
- Stütz die Wand

2.2.2 Übungsbeispiele Kräftigen

Um im Rahmen des Aufwärmens ein sinnvolles Kräftigungsprogramm zu betreiben, sollte die Kräftigungsgymnastik nach dem Dehnen verstärkt präventive Ziele verfolgen: Durch die beim Tischtennis typische, nach vorne geneigte Oberkörperhaltung, durch die schnellen Ausholbewegungen und durch die abrupten Abbremsbewegungen des Armes wird die Wirbelsäule besonders stark belastet. Um möglichen Haltungsschwächen vorzubeugen, muss insbesondere die Rückenmuskulatur und der Schultergürtel gekräftigt werden. Dies sollte während der Aufwärmphase regelmäßig, aber nicht allzu intensiv erfolgen, damit auf ein nachfolgendes Dehnen verzichtet werden kann. Vgl. hierzu auch Kapitel II Pkt. 1.2.2.

Übungen mit mittlerem Krafteinsatz und hohen Wiederholungen sind die Regel (vgl. Kapitel II Pkt. 1.2 „Übungsauswahl III", S. 30 ff.):

- Ausfallschritt
- Kickback einbeinig
- Bein abspreizen
- Statue in Bauchlage I und II

2.3 Aufwärmspiele mit Tischtennisschläger

- **Ballgewöhnungsübungen**

  Im Anfängerbereich ist es oft sinnvoll, mit Ballgewöhnungsübungen zu beginnen, da hierdruch Erfolgserlebnisse vermittelt werden können und schneller eine Spielfähigkeit erreicht werden kann (BayStmfUKWK 1996, 25).

- **Übungsformen mit Ball und Schläger:**
  - Rollenlassen des Balles auf dem Schläger
  - Rollen des Balles mit Schläger auf dem Tisch
  - „Sandschieben": Partner rollen sich den Ball auf einer Tischhälfte mit dem Schläger zu
  - Tippen des Balles: nur mit Schläger – einmal Schläger, einmal Ball – Vorhand und Rückhand im Wechsel
  - im Kreis spielen: Ein Spieler steht in der Mitte und spielt nacheinander die Mitspieler an.

- **Tischtennis-Tennis**

  Spielen über Umrandungen oder Langbänke mit abgegrenzten Feldern, Zählweise wie beim Tennis Variation: Mit links und rechts spielen, beidhändig spielen

- **Volley oder Bodenberührung (am TT-Tisch)**

  Spielen über den Tisch: Der Ball darf entweder Volley genommen werden oder muss einmal auf den Boden aufhüpfen, nachdem er auf dem Tisch aufgesprungen ist. Es wird gezählt!

- ## Volleyball mit Tischtennisschläger

  Spielen auf Volleyballfeld mit Volleyballnetz. Ball darf insgesamt zweimal auf den Boden auftippen, sonst Volleyballregeln anwenden.

- ## Partnerspiel

  Ein Spieler schlägt den Ball mit dem Schläger senkrecht nach oben, der Partner muss den Ball ebenfalls nach oben schlagen, bevor der Ball zum zweiten Mal aufhüpft. Der Ball soll möglichst tief gehalten werden.

- ## Spiel in der Gruppe

  In einer Gruppe von 4–5 Spielern tippt jeder Spieler einen Ball mit dem Schläger, auf Pfiff wird der Ball gleichzeitig weitergespielt.

- ## Gassenläuferabschussspiel

  Die Tische werden, wenn möglich, auseinandergestellt, Netz auf einer Seite.
  Partner spielen sich den Ball über die Gasse zu. Der „Gassenläufer" muss einen Ball mit dem Schläger tippen und dabei durch die Gasse laufen. Die Spieler versuchen, den „Gassenläufer" durch Schmetterbälle abzuschießen. Treffer werden gezählt, dann Wechsel. (**Abb.** 1)

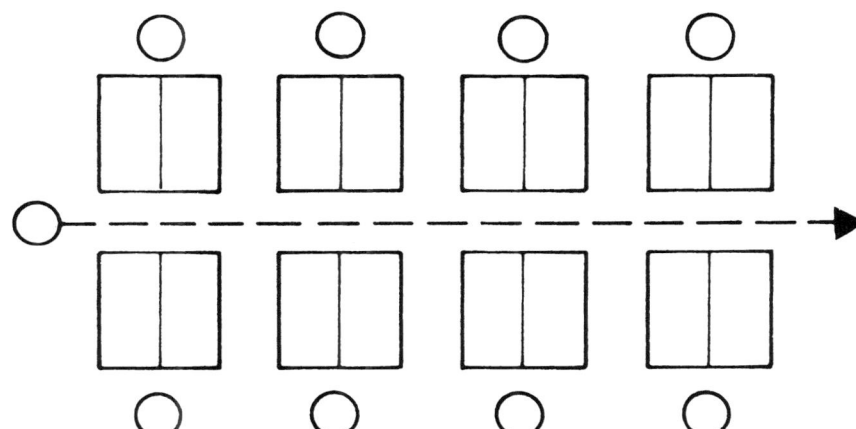

Abb. 1: Gassenläuferabschussspiel

2.4 Aufwärmen in Rundlaufformen

- ### Rundlauf zu dritt (Kondition)
  4, 5, 6 an einem Tisch. Rundlauf auch mit dem Schläger in der schwachen Hand durchführen.

- ### Rundlauf am Doppeltisch (Abb. 2)
  lange Wege

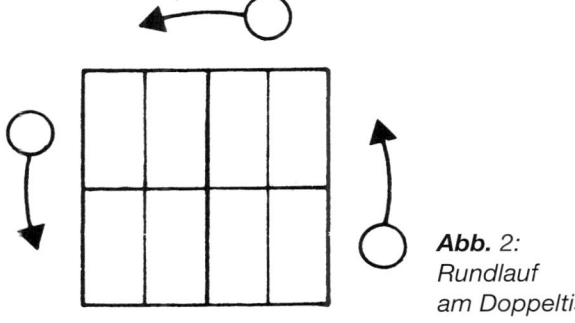

Abb. 2:
Rundlauf
am Doppeltisch

- ### Rundlauf mit Hindernissen
  z. B.: Bänke, Weichbodenmatte, ...
  – Hindernisrundlauf (**Abb.** 3)
  o = Spieler
  x = Markierung (Hütchen etc.)
  ——▸ = Laufweg
  ┄┄▸ = Ballweg
  ▭ = Hindernis

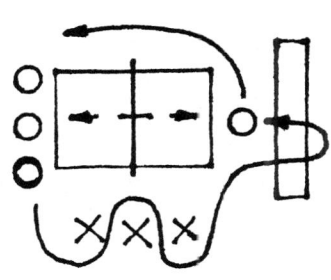

Abb. 3: Hindernisrundlauf

– Doppelrundlauf
  Es werden Doppelpaarungen gebildet, jeder Spieler des Doppels muss einmal den Ball spielen.

● **Rundlauf zu dritt am Dreiertisch (Abb.** 4)

Rundlauf mit einem Schläger weniger
z. B.: 4 Spieler, 3 Schläger
(ein Schläger muss immer weitergegeben werden)

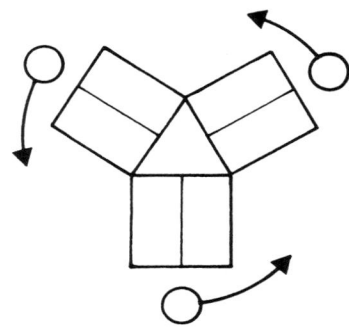

Abb. 4: *Rundlauf am Dreiertisch*

● **Rundlauf mit einem festen Zuspieler (Z)**
  (Abb. 5)

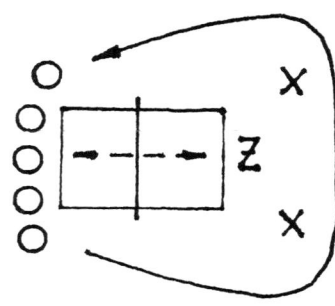

Abb. 5: *Rundlauf mit Z*

● **Rundlauf mit einem festen Zuspieler und**
  zwei Riegen
  Der Zuspieler spielt abwechselnd beide Riegen an (**Abb.** 6)

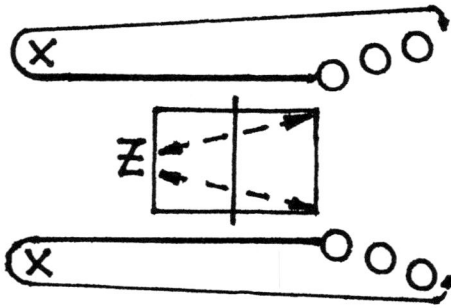

Abb. 6: *Rundlauf mit Z und 2 Riegen*

● **Rundlauf X:X am halben Tisch mit Hindernisparcours (Abb.** 7)

1 = Sidesteps zwischen Umrandungen
2 = Langkasten
3 = Langbank

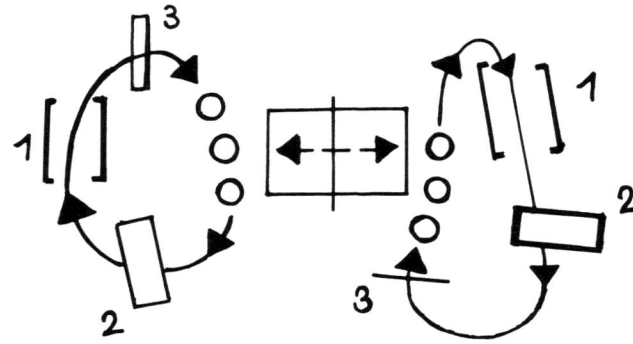

Abb. 7: *Rundlauf mit Hindernissen*

● **Rundlauf mit zwei Zuspielern (Z_1, Z_2)**
  Beide Spieler spielen parallel zu, jeder Rückschläger spielt einmal vom Rh-Eck und anschließend vom Vh-Eck (**Abb.** 8)

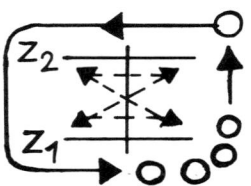

Abb. 8: *Rundlauf mit Z_1 und Z_2*

● **Rundlauf mit zwei Zuspielern, zwei Riegen**
  und Positionswechsel
  Erster Spieler der Riege spielt diagonal und stellt sich bei der anderen Riege hinten an, Z_1 spielt parallel zur anderen Riege, erster Spieler der Riege spielt diagonal zu Z_2 und wechselt die Riege usw. (**Abb.** 9).

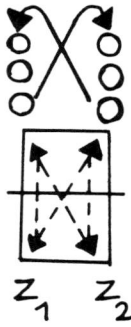

Abb. 9: *Rundlauf mit Positionswechsel*

● **Rundlauf mit zwei Zuspielern und zwei Tischen**
Steigerung der Laufintensität, wenn die meisten Spieler zu Beginn auf einer Seite stehen (**Abb.** 10).

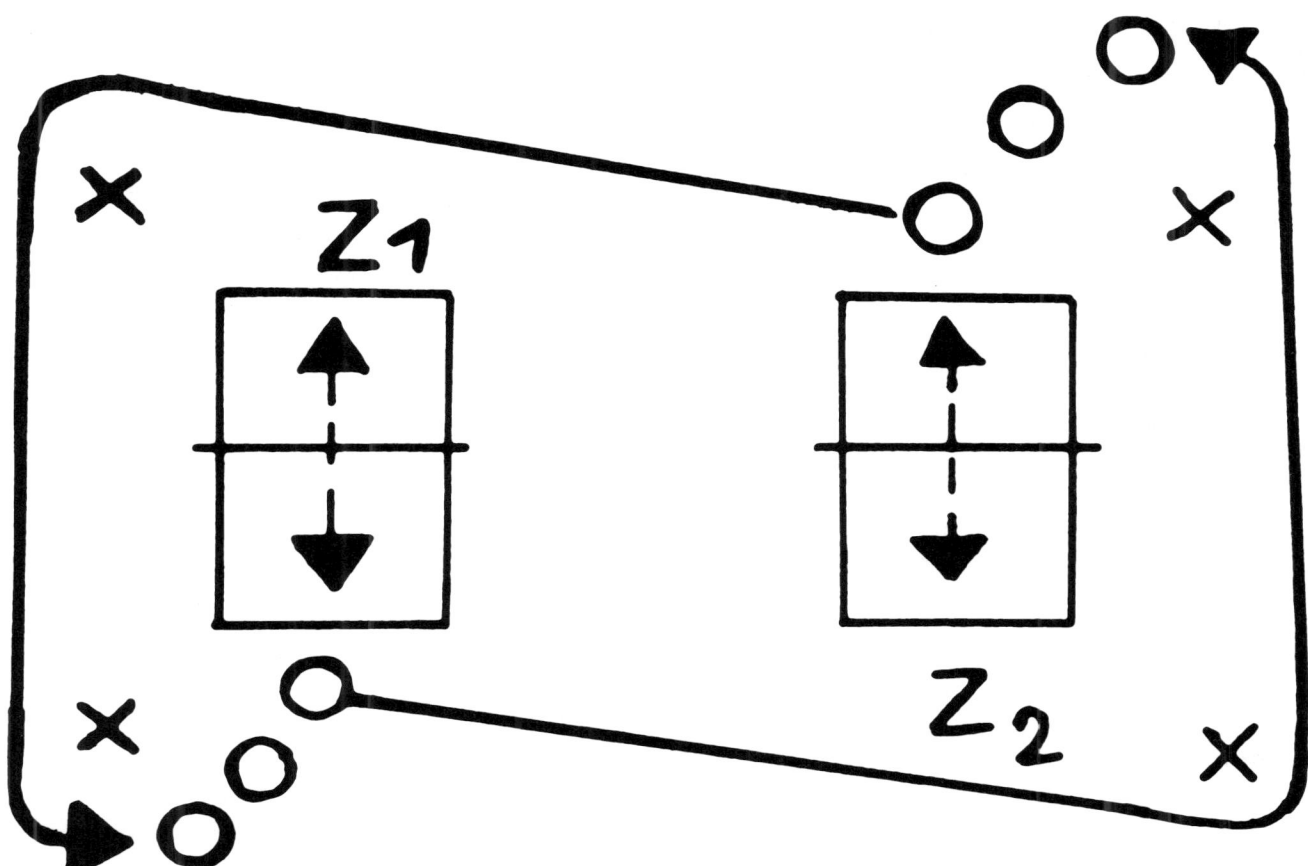

Abb. 10: Rundlauf um zwei Tische

● **Dauerrundlauf:** Sieger ist, wer in einer Zeiteinheit die wenigsten Fehler macht.
BayStmfUKWK 1996, 41, 42

2.5 Einspielen am Tisch

● **Einspielen im Training**

Durch das Einspielen soll das Ballgefühl wieder erlangt werden. Die Einspielzeit beträgt ca. 10 Minuten. Meist beginnt man mit Konterbällen zum Finden des Spielrhythmus und geht dann zum Üben der Schäge des persönlichen Spiel-

systems über. Das Einspielen am Tisch sollte auch unregelmäßige Übungen beinhalten, die eine erhöhte Anforderung an die Koordination stellen, damit sich die koordinativen Fähigkeiten für Training und Wettkampf rechtzeitig auf hohem Niveau befinden (BayStmfUKWK 1996, 88).

● **Einspielen vor dem Wettkampf**

Die eigenen Schäge werden eingeübt mit leichten, regelmäßigen Beinarbeitsübungen. Auch die Schläge, die durch die Spielweise des Gegners gefordert werden, sollten eingespielt werden. So müssen z. B. bei einem Spiel gegen einen Verteidigungsspieler einige Spins gegen Unterschnitt gespielt werden.

3. Übungsformen zum Abwärmen

3.1 Abwärmen im Training

Das Abwärmen gewinnt im Tischtennis immer mehr an Bedeutung, vor allem dann, wenn nach einer hohen Trainingsbelastung eine rasche Regeneration gewährleistet werden soll. Meist besteht das aktive Abwärmen aus einem lockeren Auslaufen und einer Stretchingphase (Dauermethode). Hierbei wird die stark beanspruchte Arm- und Beinmuskulatur gedehnt und auf eine verstärkte Ausatmung geachtet. Hierzu können die o. a. Dehnübungen des Aufwärmens auch für das Abwärmen angewandt werden. Die Dehnübungen sollten beim Abwärmen länger ausgeführt werden als beim Aufwärmen. Es ist darauf zu achten, dass z. B. beim Auslaufen oder bei den Dehnübungen das Herz-Kreislauf-System nicht angeregt, sondern beruhigt wird. Die Lehrkraft soll die Übungen mit ruhiger Stimme ansagen und neben der Dehnung auf den Entspannungscharakter (Atmung!) achten. Keine Kräftigungsübungen beim Entspannen! Auch die Methode der Progressiven Muskelrelaxation wird häufig eingesetzt (vgl. Kapitel II Pkt. 2.2.4, S. 59).

Wenn der Schüler gelernt hat, nach einem Erregungszustand rasch zu entspannen, ist er auch in der Lage, seine Affekte bei Bedarf zu kontrollieren. Um über die Entspannung zur Selbstkontrolle zu finden, kann ein innerer Dialog hilfreich sein, z. B.:

wenn er aufgeregt ist   ⇒ „ich bin ganz ruhig“,
wenn er unkonzentriert ist   ⇒ „ich bin ganz konzentriert“ (BayStmfUKWK 1996, 98).

Die persönlichen Vorsatzformeln sollten einfach, kurz und positiv (ohne Verneinung) formuliert werden.

Wichtig im Anschluss an das „Cool-down“ ist neben einer gesunden Körperpflege (Duschen, Wechsel der Sportkleidung und -schuhe) der Ausgleich des Ernährungs- und Flüssigkeitsdefizites durch geeignete Nahrung (leichte, fettarme, kohlenhydratreiche, eiweißreiche Nahrungsmittel) und Getränke (Apfelsaftschorle, Mineralwasser).

3.2 Abwärmen im Wettbewerb

Bei Mannschaftswettkämpfen und Turnieren ist für den Spieler die psychische Beruhigungsphase sehr wichtig, in der es gelingen muss, die psychische Erregung aufgrund des Wettkampfes abzubauen, um die Konzentration für weitere Spiele zu verbessern; denn ein Tischtennisspiel wird meist im Kopf entschieden. Entspannte Gelassenheit und psychische Stärke führen zum Erfolg. Diese Entspannung im Rahmen des **aktiven** Abwärmens kann erreicht werden durch bestimmte Übungen (Jonglieren!), Entspannungstechniken, Geschichten und Haltungen: Beruhigungsatmung, Progressive Muskelrelaxation, Entspannungsübungen aus dem Autogenen Training, Entspannungsgeschichten (Phantasiereisen) oder spezielle Entspannungsprogramme von Kassetten. Auf diese Phase muss rechtzeitig eine Aktivierungsphase folgen, um wieder in Wettkampfbereitschaft versetzt zu werden, d. h. es muss z. B. rechtzeitig nach dem Autogenen Training die Aktivierung des Kreislaufs erfolgen.

Im Wettkampf bei Turnieren ist auch das **passive** Abwärmen von Bedeutung.

Weitere Hinweise und Übungsbeispiele bei Kapitel II Pkt. 2.1, S. 42 ff. und Pkt. 2.2, S. 49 ff.

Literatur:

BAYERISCHES STAATSMINISTERIUM FÜR UNTERRICHT, KULTUS, WISSENSCHAFT UND KUNST (BayStmfUKWK): Weiterbildung in Tischtennis; Lehrerfortbildung in Bayern. München 1996.

BUCHER, W.: 1014 Spiel- und Übungsformen im Tischtennis. Schorndorf: Hofmann 1986.

GATZEMEYER, St.: Warm up Tischtennis. Berlin 1993.

KNEBEL, K.-P./HERBECK, B./SCHAFFNER, S.: Tennis-Funktionsgymnastik. Reinbek: Rowohlt 1988.